品牌拍档

20 | 50

BRAND PARTNER

营销行业创新研究

赵琼 编著

胖鲸智库

中国出版集团
東方出版中心

图书在版编目（CIP）数据

品牌拍档20 | 50：营销行业创新研究 /赵琼编著
. 一上海：东方出版中心, 2020.5
ISBN 978-7-5473-1621-4

Ⅰ. ①品… Ⅱ. ①赵… Ⅲ. ①品牌营销 Ⅳ.
①F713.3

中国版本图书馆CIP数据核字（2020）第053804号

品牌拍档20 | 50：营销行业创新研究

编　　著　赵　琼
策　　划　刘佩英
责任编辑　陈嘉梦
封面设计　钟　颖

出版发行　东方出版中心
地　　址　上海市仙霞路345号
邮政编码　200336
电　　话　021-62417400
印 刷 者　上海万卷印刷股份有限公司

开　　本　710mm × 1000mm　1/16
印　　张　19
字　　数　256千字
版　　次　2020年5月第1版
印　　次　2020年5月第1次印刷
定　　价　68.00元

目 录

20 大公司

50 酷公司

自　序

令我印象尤为深刻的是，走进复星集团首席增长官的办公室时，一幅出自某研究机构的代理商格局图占据了几乎整面墙壁。每一位营销管理者，心里都应该有这样一幅版图。它能帮助营销人迅速了解这个纷繁复杂的市场，当品牌主面对复杂多变的市场时，这些版图会告诉你：在这个成熟的行业里，哪些伙伴可以与你并肩同行；在这个快速进化的行业里，哪些伙伴可以帮助你走得更快更好。

今天，各大研究机构都有自己研发的营销服务行业格局图。随便拿出一份格局图，第一眼的感受都是：复杂。的确，市场的不断革新让营销服务行业中不断衍生新的需求和新的服务形态。玩家多，赛道杂，一张图并不足以让我们真正了解行业生态与动向。在公司名字与品牌标识之外，我们更需要去看：他们正在实践哪些代表行业最高水准的解决方案？他们做了哪些引领行业的创新？

这个行业不断在做加法，新玩家不断出现，业务形态不断创新；这个行业也在不断做减法，老的业务形态在萎缩，传统的玩家在转型。因此，“品牌拍档 20 | 50”的这份研究，也是加法之后的减法。我们倾听了品牌主千头万绪的营销服务需求，收集了大量营销服务商信息。在此基础上，抓住营销主线，再厘清主线下的新兴赛道。层层深入，抽丝剥茧，希望化繁为简，最终用七大主干道和下属新干线来还原营销生态最基本的面貌。

当然，七大主干道之间也不可避免地有业务的重合，这是整个行业的大势所决定的：竞争与融合。这份研究，就是在竞争与融合的基础上，来看各个营销赛道之间的独特之处与相通之处。正如来自锐澳（RIO）的受访者在采访中所言："今天的竞争是多维的竞争，不仅是内容与内容的竞争，也是内容与产品在竞争，内容与体验在竞争。"

2020，对于营销服务商而言，眼光不仅投向同一个赛道下的对手。未来的竞争，不仅在单一赛道，也来自跨赛道的对手。对于品牌而言，也需要放眼整个生态，从而找到最佳的解决方案。

因为，最终我们竞争的都是消费者的注意力、偏好、购买与忠诚。不取决于你在哪条赛道，而取决于谁真正帮助品牌解决了这些根本问题。

为什么研究

Brand

Partner

品牌拍档？

第一章

“品牌拍档”研究源起

一、深刻变化中的营销环境

1. 数字化消费者与离散的“营销中心”

100 多年前，马歇尔 · 麦克卢汉（Marshall McLuhan）提出“媒介是人体的延伸”。今天的数字媒体不仅延伸了消费者感官、知觉与体验，而且重塑了消费者。消费者的信息获取、信息生产、信息传播，以及购买行为、生活方式乃至思维方式，都高度依赖各类数字媒体。因此，品牌洞察消费者、触达消费者、转化消费者、运营消费者的方式也都发生了颠覆性变化。

“以消费者为中心”被品牌作为口号喊了很多年，但以往更多停留在理念层面上。品牌与消费者之间有着遥远的距离，他们之间隔着分销商、媒介、供应商，尽管有各种销售数据、消费者调研数据、营销效果数据，品牌对于消费者的认知依旧是模糊的。今天的数据营销技术帮助品牌更好地做到了“以消费者为中心”。在基于用户打通第一方、第二方与第三方数据后，品牌能够更清晰地勾勒目标人群的画像，洞察他们的需求，预测他们的行为，真正实现以消费者为中心的内容与体验优化。这依赖于大数据的赋能，要求企业利用社交聆听等大数据分析的先进手段，充分归纳和消化内外部信息，描绘多维立体的消费者画像和旅程，进行准确、及时、全方位、多维度的消费者洞察，为精准合理的管理决策提供输入。[1]

同时，媒介与渠道的裂变与创新让消费者触点不断更新并日益复杂，每个触点所沉淀的数据在营销的各个环节散落在不同地方。随着平台数据从封闭到开放，品牌方能够收集与利用的数据更加丰富，这助力了品牌数据营销的转型。面对全新的数据营销环境，安客诚中国区董事总经理提到：“品牌需要依靠技术与数据的赋能，以用户为中心，做到高度相关与即时响应。这意味着，使消费者与品牌接触的过程变得更流畅，使消费者购买转化过程变得更简单。营销的工作是依靠数据与技术，围绕找到正确的人、在合适的渠道、给他们推荐高度匹配的内容与产品、推动转化。”

2. 市场即对话，媒介即渠道

当各类社交媒体占领消费时间，“交谈”与“交易”的关系变得更加紧密。今天女孩们更愿意在直播间买一支唇膏，而不是去商场的柜台。除了价格因素、便利因素之外，主播与粉丝之间的对话是这场交易的本质。作为现代人必需的社交方式与表达通道，购物早已超越了“买”这个单一行为，而是一种表达、娱乐、体验，以及一场对话。女孩们并不缺唇膏，缺的是感受惊喜、娱乐自我、短暂满足的瞬间，缺的是群体归属感与自我价值感。这些是货架给不了的，而主播可以。

这些看起来新鲜的营销模式，其实不过是还原了营销的本质。正如里克·列文（Fredrick Levine）所描绘的古老传统集市——“人们到市场中去看去听，去感受惊奇、购物、娱乐，更重要的是去与人会面和交谈。”道克·希尔斯（Doc Searls）称早期的市场是“富有人情味的交谈的场所”，“市场就是寻找有共同利益的人们之间进行的对话。”[2]

因此，传播媒介与销售渠道在进一步融合，以往的销售渠道，必须提供更加丰富的内容与社交玩法，传统意义上的信息载体也要能够在站内完成即时的转化。

---

[1] 德勤中国. 未来消费者系列研究：大数据驱动的消费者洞察［R/OL］2020-01-21.https://www2.deloitte.com/cn/zh/pages/consumer-business/articles/big-data-driven-consumer-insights.html#.

[2]［美］里克·列文，克里斯托弗·洛克，戴维·瑟尔斯，戴维·温伯格. 线车宣言：互联网的 95 条军规［M］. 北京：中国青年出版社，2010.

3. “营销技术就是营销”（“Martech is Marketing”）

技术革新宣告了营销新时代的来临，让更多人开始关注营销技术如何颠覆了传统营销行业。营销技术（Martech=Marketing+Technology）这一名词的创始人斯科特·布林克（Scott Brinker）认为，区别于广告技术（Adtech=Advertising+Technology），营销技术指的是利用技术并运营随之产生的数据资产以实现营销目标，且营销目标关注重点由新用户的获取转移到存量用户运营，表现为用户的精细运营及数据驱动企业增长。根据 2019 营销技术生态图[1]，营销技术已经渗透到包括广告及推广、内容与体验、互动与关系、交易与销售、数据、管理六大部分的营销业务中，贯穿企业营销全链路。正如斯科特·布林克所言：“营销已经成为技术赋能的行业，因此营销企业必须让技术能力渗透进基因。”

二、重新洗牌的营销代理行业

市场环境的变化对营销代理公司提出了新的挑战。为了应对变化，营销代理公司加速业务调整与升级。智能、整合、延伸、品效，是这场革命的关键词。

1. 整合：全链路服务能力

品牌主的营销需求决定了营销代理行业的发展方向，品牌主对全链路的业务能力的需求，让大量营销代理将整合能力作为业务升级方向。但现实是有些公司创意很强，但没有传播策略指导或传播渠道支撑创意落地；有些营销公司拥有较好的传播资源，但策略与创意能力有所局限；更多的数据公司拥有很强的数据处理分析技术，却无法与创意、渠道更好地整合在一起。所以，营销代理商们都在强调自己的整合能力、一站式服务能力、全链路服务能力，以此建构竞争壁垒。虽然整合这个词不新鲜了，但是整合的环节、链条在不断变化，真正形成一站式服务能力也并非易事，对于代理商的单向业务能力、综合管理能力、资源整合能力都是考验。

---

[1] Scott Brinker. Marketing Technology Landscape Supergraphic (2019): Martech 5000 (actually 7040) [R/OL]. 2019-04-04. https://chiefmartec.com/2019/04/marketing-technology-landscape-supergraphic-2019.

2. 智能：开启全域智能时代

研究显示，大型组织使用数据分析自动化的比例上升了近 20%，从 55% 上升到 64%。[1] 人工智能、机器学习在营销领域有了更多的应用场景和影响，包括从市场研究人群洞察、到内容生产、精准投放、体验优化和转化提升，人工智能正迅速整合到营销系统和平台中的每个环节，全链路的智能应用，被进一步打开。

首先，营销始于人群洞察。在这个环节中，数据与 AI（Artificial Intelligence，人工智能）正在帮助品牌实现精准勾勒人群画像、洞察需求、优化体验。其次，原本我们认为人类最不可被替代的就是创意，但是现在，正如李开复所言，5 秒以内能够被完成的工作都在被机器替代，包括基础的创意工作。阿里妈妈、宝尊、特赞、筷子科技等，将创意标准化、量化、智能化，将创意人进一步从基础的执行工作中解放出来。此外，在精准触达的环节，人工智能技术让数据自动做出决策，从而实现规模化的个性化。最后是转化与测量，今天的测量是实时动态的，不再局限于第一个接触点和最后一个接触点，而是每个触点都能够被测量。

以上每个环节，都在经历从人类决策到机器辅助人类决策，再到机器决策的转变，从而帮助企业提高效率。营销人的生产力被从基础工作中解放出来，让他们将更多的时间用于思考与创造。

3. 延伸：从“1P”到“4P”

传统营销服务商的核心领域是营销传播，即营销“4P”中的促销（Promotion）环节。在电商领域，我们率先实现了“4P”的全部覆盖，真正参与了产品（Product）、价格（Price）、渠道（Place）与促销（Promotion）全链路业务。此外，更多代理商都在做业务的延伸。例如创意热店，早已从最初的创意内容生产者向更全面的营销服务转型，从策略、内容、体验、渠道多维度切入来全面提升品牌的增长表现。不仅是生产创意内容，拍拍创意视频，而是在体验创新、产品创新上有更多的发力。体验、技术、文化、商业模式的再造，都在帮助营销创意服务商突破传统创意边界。此外，有更多的整合营销代理商，如利欧提出：我们不再只是市

[1] Econsultancy, Adobe. 2020 年数字趋势 [R/OL].2020-02-12.https://www.adobe.com/cn/offer/digital-trends-2020.html?DigitalTrend-C.

场部的合作伙伴，而是与产品研发部和销售部协同探索更多可能性，去尝试拓展上下游产业链，上游延伸至产品的商业策略端、研发设计端，下游探索媒介与内容的结合，发力社交电商和短视频。

4. 品效：品牌广告预算与效果广告预算的争与同

经济大环境的影响下，企业营收受到影响，品牌的营销投入更加谨慎，也更加以效果为导向。CTR 媒介智讯发布的数据显示，2020 年 1 月中国广告市场刊例花费同比下滑 5.6%。[1] 一时间，首席营销官（Chief Marketing Officer，CMO）们变成了首席增长官（Chief Growth Officer，CGO），所有的营销投入都更加谨慎并且以结果为导向，广告投入与销售的直接关联被认为是理所当然的。

在传统的营销领域，广告与销售之间的距离是被公认的。广告被认为是在价格、分销、包装、产品、竞争、消费者等众多影响销售的因素之一，在这些因素中将广告的影响分离出来是困难的。同时，广告对销售的影响是滞后的，因此仅仅依靠即时数据来评价广告效果并不科学。而数据技术改变了古老的效果评价理念与方法，消费者的每一个触点都得以被记录，通过归因分析（Attribution Analysis）能够精准掌握在特定时间周期内，用户旅程中所经历的不同营销渠道的不同接触点对达成转化目标的贡献。

品牌主的增长需求加剧以及营销数据技术的赋能，带来的是各类营销服务商围绕"增长"开展的业务升级。从广告平台到媒介、整合营销、创意都把转化和效果放在极其重要的位置，各种各样的转化闭环和增长模型出现了，社交媒体、电商也成为品效合一最重要的主战场。因为核心竞争力不同，大家的方法论不同，有的依靠数据驱动、技术优化，有些通过策略主导、或资源整合，但归根结底，核心竞争力都将越来越多地建立在数据的基础上。

同时，对效果的追求离不开科学测量。因此，秒针也提出，要实现跨媒体、跨平台、品效合一的营销数据整合，产生全域营销智能，仅凭借数字广告测量是难以实现的，企业还需要触及数字广告之外的线下媒体，并对营销层面的内容和创意进行评估测量。

值得注意的是，在绝对效果导向的趋势下，我们也看到了更多理性的声音和探

---

[1] CTR. 2020 年 1 月广告市场刊例收入同比下降 5.6%[R/OL]. http://www.ctrchina.cn/insightView.asp?id=3666.

索。不是盲目追求品效合一，而是承认品与效之间的距离，使他们更好地发挥协同作用。来自知名快消品牌的受访者表示，品牌内部在分配预算时也会出现品牌广告预算与效果广告预算之争。如果没有人再去讲品牌故事和精神，如果每一次品牌与消费者的对话都是在带货，那么，在产品如此同质化的时代，流量明星到处流的时代，是什么让我们成为一个品牌，我们用什么去谈共鸣？最终，一个购买行为的产生，始终是长期品牌积累与短期营销刺激共同作用下的结果。

三、迭代中的品牌主与代理商关系

市场环境的变化推动品牌与代理商关系产生进化。作为营销行业中经久不衰的话题，自代理商诞生起，甲方与乙方之间的博弈与共生故事就在不断上演。

1. 关系 1.0：媒介代理时期

追根溯源，广告代理成为一门职业始于 19 世纪中叶，其核心业务是为报纸代理版面销售，广告人的工作是说服商行们买下报纸广告版面，并从报纸拿到更低的版面价格，从中赚取差价。这样一个极其简单的业务，却是最早关于品牌与代理商之间博弈与共生关系的开端。当时，大量代理商的做法是将报纸版面价格严格保密，客户从来不知道版面的价格，通过隐瞒来赚到更多的钱。但有一个叫艾尔（F. Wayland Ayer）的人做了“公开合同”，他不仅公开了报纸的版面价格，估算了更可靠的发行量数据，还把佣金价格定在 15%。这使得客户能够更清晰地了解媒体版面的价格，从而有可能降低广告投放的成本。于是，依靠灰色操作而生的代理商慢慢消失，而 N.W. 艾尔父子公司成为美国第一家现代广告公司。[1]

2. 关系 2.0：综合代理时期

随着全国性广告客户与新的媒体的诞生，广告代理商不再只是媒介代理或只是提供广告印刷的艺术指导和文案撰写服务，而是开始做起了电车、杂志等媒介的推

[1]［美］朱丽安·西沃卡.肥皂剧、性和香烟——美国广告 200 年经典范例［M］. 光明日报出版社，1999.

销，也逐渐拓展营销战略与广告战役业务。此时的代理商，开始为客户解决更多企业家的市场问题，随之诞生了一批全国性甚至全球性广告公司，广告代理商进入综合业务代理的角色。这个时期诞生的大批广告公司中有一些成为后来著名 4A（The American Association of Advertising Agencies）广告公司的前身，其综合业务代理的角色也被延续并被延伸到全世界。

3. 关系 3.0：商业伙伴时期

广告人与营销人的角色与职责发生了巨大变化，代理商与品牌方的关系也有了更多千丝万缕的联结。在社交媒体中“如何看待广告行业中甲方与乙方的关系”的议题下段子无数，并总能激起圈内共鸣。面对时刻变化的市场与不断增加的业绩压力，品牌方对代理商的期待逐渐超越了供应商的角色，不是拿钱做特定的事，而是能够站在与品牌同等的维度，共同探索如何更有效地解决商业问题，他们的关系更加紧密，合作也越来越灵活。

品牌与代理商关系变迁

品牌与代理商关系	代理商角色	核心业务	关系	合作方式
关系 1.0：媒介代理时期	媒介代理商	报纸版面销售	供应商	缺乏规范
关系 2.0：综合代理时期	综合业务代理商，品牌的手和脚	媒介代理、营销战略、广告战役等	供应商	相对固定
关系 3.0：商业伙伴时期	全链路业务伙伴或细分领域专家，不仅是品牌的手和脚，也是品牌头脑的一部分	品牌 / 营销咨询、营销平台服务、整合营销服务、营销数据服务、营销创意服务、营销媒介服务、电商营销服务等	商业伙伴	灵活动态

什么是 Brand Partner 品牌拍档？

第二章

“品牌拍档”：重新定义代理商

市场环境的变化、营销代理行业的洗牌、甲方与乙方关系的迭代，都在重新定义一个优秀的营销代理商应该是什么样子。

为了找到这个问题的答案，我们需要倾听来自品牌方与代理商双方的声音。通过对不同行业与营销规模的品牌主进行抽样访谈，我们重点了解了两个问题，第一，在与营销服务商合作过程中，品牌主要遇到哪些问题？第二，在选择营销代理商时，品牌主更看重的因素是什么？此外，我们也找到了服务主要客户超过十年的优秀代理商代表们，挖掘了他们能够赢得客户信赖与认可的经验与秘密。

一、品牌主的痛点

与营销代理商的合作几乎渗透在品牌方营销人员工作的每个环节中，好的代理商能够帮助甲方营销人员事半功倍地完成工作。但是现实中，找到令人满意的营销代理商并且用好他们，并不那么容易。

1. 如何高效找到对的代理商？

每一个品牌手上都握有大量的供应商，尤其是每年营销支出高的头部品牌，在采购部门的供应商名单中可能有数百家营销代理商的名字。但在考虑预算、回避竞争等条件的限制下，又要从中找到比同类竞争者更优秀的公司，其实在看起来海量的代理商中，符合品牌需求的少之又少。同时，各类新兴营销业务不断兴起，品牌方时刻需要有新的行业伙伴来帮助他们保持对市场变化的敏感，并且抓住变化的红利。例如，国潮风刮起时，就会有品牌问我们：有没有专门做国潮的代理商？

比稿当然是业内最常规的方式，现在也仍然是品牌方在寻找营销服务商的主要方式之一。但是这种古老的工作方式，也是遭遇最多吐槽与争议的方式。一方面，优质代理商的已有客户已经可以很好地满足其业务需求，很少通过比稿再去寻求客户。另一方面，参加比稿的公司，可能常常是小公司或业内头部公司的小团队。想要邀请到真正有实力的团队参与比稿，需要支付比稿费用。还可能出现另一种情况，参加比稿的是代理商最优秀的团队，但拿到项目后执行团队换人了。这对于高度依赖人的营销服务如策略、创意，将意味着比稿对于品牌来说增加了时间与金钱成本却并不一定能够找到好的团队。

此外，业内推荐也是品牌方寻找代理商时最常用的方式。尤其是在新的业务领域，品牌方在没有相关资源与经验的情况下，会更加倾向于依赖同行的推荐。同行的信任关系是有效推荐的基础，但其实最终好不好，只有用过了才知道。因为，每个品牌所处的市场阶段、行业特征、业务需求、工作风格都有差异，这决定了不同的品牌给同一家代理商的评价可能会不同。

评估和淘汰机制是筛选供应商服务的必要方式。因为对于新接触的代理商，品牌方除了依靠业内口碑，更多的会通过过往案例来了解他们。因此，今天的代理商很懂得自我营销与包装。面对营销代理商们通过发稿、复盘、报奖等等方式来构建的各领域专家形象，品牌的决策似乎有更多依据，但也更加难以分辨优劣。因此，在真正合作后，需要对代理商的业务能力进行再次评估，通过优胜劣汰来再次筛选一轮代理商。例如，某知名快消集团设立了代理商池（Agency Pool），每年都将通过当前业绩表现进行末位淘汰，通过优胜劣汰对代理商进行再次筛选，同时根据新业务需求，筛选新的、淘汰不合格的。但对于预算没有那么充分的品牌，优胜劣汰的机制似乎较难建立和运转。

2. 如何有效管理众多代理商？

随着营销手段越来越强调整合性，一个再小的营销项目，也需要五脏俱全，用到的代理商也会横跨营销平台、整合营销、创意制作等多个类型。而对于营销花费巨头品牌来说，供应商的数量会更多。

某知名快消集团每年合作超过 100 家代理商。其中，4A 公司主要负责 KV（主视觉）和 TVC（广告片），他们的灵活性有一定的制约，但是在传统的营销工作领域有专业的积淀；内部工作室（Inhouse Studio）会做创意、营销活动等工作，因为他们更了解品牌，跟品牌互动更多，响应速度更快，成本更低，因此使用率更高；同时，在自己的代理商池中的代理商，不同类型的公司将会支持不同营销业务需求；此外，还有营销资源平台，在平台中可以找到各种营销服务，包括创意、导演、制作等等各类团队；最后，还会与媒介平台直接合作，媒介平台的营销部门或者商务部门拥有制订营销方案和落地的能力，他们更了解自己的平台，也愿意拥抱创新，所以与品牌之间能够擦出不一样的火花。

当下，任一项目的市场时间周期都越来越短，当大型品牌主手握上百个供应商，一个项目往往需要整合多个类型及来源的代理商，这意味着巨大的工作量。同时，还需要协调内部资源，包括供应链的配合。对于品牌方的营销人员来说，需要在项目初期做好各类代理商的规划与筛选工作，在项目进展过程中，需要整合各个公司各个团队之间的配合与对接。因此，在这个过程中，保证项目的整体性与物料的一致性成为甲方营销人员的挑战。例如，在某知名快消集团内部，一个项目中所有的素材出街之前，都将聚合到数字枢纽系统中。营销人员需要评估一个项目中全链路的素材是不是一致的。因为，很有可能出现的情况是，当我们只专注于一个素材，或者单独看一个物料，可能会觉得不错，但是放在全链路中时，就会发现节奏上或者其他问题上有优化的空间。

二、品牌主的“择偶标准”

品牌主与代理商信息的不对称给原本就复杂的筛选与管理工作带来更多困难。如果代理商能够更好地了解品牌方的核心需求，就能扫清合作过程中的部分障碍。因此，我们询问了品牌方，理想中的代理商应该是什么样子。同时，也找到与核心客户合作多年的代理商，了解了他们保持长期客户满意度的关键。

有趣的地方在于，在采访了来自不同行业、不同规模的品牌主与代理商之后，大家的答案惊人的一致，并且与我们寻找伴侣的标准非常类似。

1. 懂品牌：像品牌方一样懂品牌

懂得品牌，是在全面、深入了解品牌的基础上为品牌准确把脉。

来自某知名饮料品牌的受访者提到："消费者的需求多元化，品牌主的推新速度越来越快，要让营销服务商在更短的时间内快速理解品牌主的品牌和产品，是一件耗时耗力的事情。"与代理商的沟通耗时耗力是品牌方共同的痛点。因此，他们尤为看重代理商对品牌是否有足够的理解。

同时，这种理解不是简单网络资料搜集，而是对品牌、产品、竞品、目标市场、渠道、转化等与品牌营销相关的各个要素的理解。就像知名投资集团首席增长官提到："提案的时候，有些代理商只看了百度资料，而有些会做到更全面的功课。"好的营销服务商对品牌有足够深入的了解，不是来源于百度百科，而是倾听和挖掘了来自品牌自身、消费者、竞品和整个市场的声音。

不依赖于甲方提供的简报（Brief），而是与甲方一起写简报。

来自某知名互联网品牌的受访者提到："当下的营销需要跟产品、运营有很强的互动，而不是像传统时代那样，听听简报就结束了。"而中国与品牌合作超过 20 年的代理商，如传立百胜团队，当问及与品牌方的关系时，他们提到："我们很多时候是没有简报的，而是与品牌方一起来界定问题与挑战、需求与解决方案。"

优秀的代理商不仅要像甲方一样了解他们所服务的企业，甚至要比甲方市场人员更了解他们的企业。因为代理商的价值之一，就是以更全面的视角、更科学的方法、更丰富的经验帮助品牌了解市场、竞争、消费者，客观诊断品牌的问题并拿出有效的办法来解决它。他们能够抓住甲方生意的本质，理解他们最紧迫的需求与问题。能够与品牌方站在同一个维度思考问题的伙伴，才能赢得信任与尊重。

2. 懂我不懂的：具备品牌主所没有的专长

说到懂品牌，肯定是自己人更懂自己。因此，近年来，因为对代理商的不够信任，传播动作也更加"短平快"的背景下，不少品牌方组建了内部代理团队（Inhouse Agency）。通过内部代理团队，品牌可以对市场有更快的反应速度，同时也能避免高额的沟通成本。但是，在采访中，来自某知名快消品牌的受访者表示："尽管我们拥有自己的内部代理团队，还是需要来自外部的伙伴。因为有些营销工作的专业程度非常高。内部团队更多是做短平快的执行工作，但是专业的工作还是交给更专业的外部团队来完成。"

哪些代理商是无法被品牌内部营销团队所替代的？答案是：专业的代理商。来自某知名饮料品牌的受访者也表示："好的代理商，在某些领域就是我的老师。"例如，数据和技术不断在对行业产生新的影响，原本市场出身的营销人是缺乏很多相关知识背景的，这需要专门领域的代理商用专业能力帮助品牌主完成工作。欧唯特对自身的定义令人印象深刻："我们是品牌市场部的延伸。品牌不能做的事情我们能做——数据管理工作是非常专业的，品牌的传统的市场部人员做不了。品牌不愿意做的事情我们也做——品牌方不可能自己去建 3 000 人的呼叫中心，所以我们来做。"因此，欧唯特与核心客户都合作了超过 10 年。

3. 适合我的：更灵活、更好地匹配甲方需求、风格和流程

来自某知名快消品牌的受访者表示："好与坏很难界定，但是找到适合我们的是很重要的。对于不同的品牌或者品类来说，适合的定义都是不一样的，所以适合我的就是好的，简单来说就是'好用'。"来自某知名服装潮牌的受访者也提到："每个品牌在不同时期所需要的营销服务商是不同的。不同的品牌，所处的市场阶段，对应的商业需求，决定了合作伙伴是谁。"处于不同行业、不同市场阶段的品牌需求是差异化的，好的代理商需要准确把握品牌方的市场位置与需求。

同时，市场变化迅速，消费者也在不断迭代。传统思维的代理商，离消费者太遥远，对消费者的了解程度远远低于品牌主，因此无法得到品牌主的认同。例如，来自某互联网品牌的受访者表示，互联网行业是有特殊性的，产品变化更快。这要求代理商不是被动等待简报，而是快速学习，跟上用户与市场的变化，与品牌站在同样的层面上去对话。同时，互联网品牌更加强调运营。因此，要求代理商懂产品、懂内容、懂运营。从本质上来讲，互联网品牌离用户更近，他们的市场部更懂用户。所以在很多互联网品牌，其策略创意都在内部完成。因为在他们眼里根本轮不到传统广告公司来做策略创意，因为"他们离真正的用户太远了"。

此外，合作流程也更加灵活。正如欧唯特中国首席战略官提到："我们是市场部的延伸，甲方 20 人，我们 50 人，加起来是 70 个人。很多时候都没有去谈到合同的规范，就先做了。因为指挥下属是不会有合同的。每天都在做合同走流程的，是供应商，而不是品牌生意伙伴。这是我们的文化，与客户的关系不是合同关系，而是上下级关系。"

三、品牌拍档的价值

技术创新、媒介变革、市场迭代，在持续变化的市场环境中，品牌寻求稳定成

长或者全新增长点需要更多生意伙伴的联合。如果仅仅依靠传统的代理商，或者受限于传统甲方与乙方的关系来开展工作，都无法满足品牌主的需求。

基于这样的背景，我们提出了“品牌拍档（Brand Partner）”的概念，重新定义营销代理商，也重新定义品牌方与营销代理商的关系。

1. 定义：什么是品牌拍档？

所谓品牌拍档，是指与品牌方相互信任、共享信息、共担风险的营销服务商们。他们足够懂得所服务的品牌，并且对其生意发挥真正助力，赢得了品牌方对其专业能力的充分信任与肯定，与品牌方朝着同一目标，共同探索、开发和创造。

重新定义营销代理商——真正懂得与理解品牌，在特定领域拥有优秀的专业能力，与品牌共同面对挑战并达成目标的生意伙伴才能被称为品牌拍档。因此，仅仅跟着简报与合同工作，而没有与品牌站在平等位置的代理商不在我们的定义范围之内。而除了传统的优秀代理商，新兴形态的企业或机构也将被我们纳入研究视野，因为他们是优质的品牌生意伙伴并带来更多营销创新的可能性。

重新定义品牌方与营销代理商的关系——从传统的服务与被服务关系，向更平等的、长期的、信赖的合作关系转变。因此，在供应商库中，仅仅合作一次的供应商不在我们的定义范围之内。而是依靠专业能力，赢得品牌信赖与尊重，帮助品牌解决生意问题的伙伴们。

2. 方法：如何挖掘品牌拍档？

为了找到 2020 年度最值得品牌关注的品牌拍档，本研究针对品牌营销服务商及合作伙伴进行了信息征集，包括品牌营销咨询公司、数据服务公司、整合营销代理公司、创意代理公司、公关代理公司、互动体验代理公司、媒介代理公司、电子商务代理公司、出海服务公司、商业化媒体、商业化知识产权（Intellectual Property，以下简称 IP）11 大类企业，并在此基础上对品牌主、营销服务商、合伙伙伴高层及业务精英展开了调研与深访。

本研究覆盖了美妆护肤、个护日化、母婴、3C 家电、食品饮料、酒类、健康保健、文娱休闲、软件应用、零售（线上线下）、家居建材、金融服务、出行旅游、餐饮服务、B2B（公司对公司业务）、服饰鞋履、汽车共 17 大行业。

建构了四大评估维度：经营能力、业务能力、创新能力、服务能力。

3. 产出：谁是最值得品牌主关注的品牌拍档？

根据四大维度的评估，本研究筛选出 2020 年度营销代理行业中最值得关注的品牌合作伙伴，以及他们能与品牌共同创造什么、他们的价值是什么、未来的创新重点是什么、核心客户如何评价他们。

最终，本研究基于 276 份营销服务商评估资料，并结合主要赛道头部公司和十大行业的品牌主深访，在宝贵的数据和经验基础上，筛选出了 70 家最值得关注的公司，包括“20 大公司”和“50 酷公司”。

其中，“20 大公司”是龙头，是稳定成长者。他们是行业基石，也代表了行业整体的基本面，拥有多年行业经验，经历多次转型与升级，服务范围辐射全国或全球市场，始终保持其行业领头地位。

- 经营能力：拥有多年营销服务经验，拥有大体量的企业规模，经营辐射全国、全球市场。能够有效应对市场变化，实现经营目标。连续多年保持增长，在市场中持续占据领导地位；
- 业务能力：具备多元的业务能力，通过发挥其专业能力能够帮助客户有效达成商业目标；
- 创新能力：能够有效应对市场变革调整业务，开展行业引领性的变革；
- 服务能力：与多个客户保持长期合作关系，在行业内拥有良好的声誉，赢得客户的认可。

此外，“50 酷公司”是黑马，新锐变革者。作为行业的创新者与变局者，他们在迅速变化的市场中找准机会点，成为细分赛道下的新生代王者，引领了行业创新风向和新的增长点。

- 经营能力：于近年成立，企业规模不大但增长迅速。能够有效应对市场变化，实现经营目标；
- 业务能力：在特定业务领域拥有独特的竞争力，能够帮助客户有效达成商业目标；
- 创新能力：敏锐地感知行业变革，创造性地开辟了行业创新，产出了引领性的影响力；
- 服务能力：新增客户数量持续增长，赢得客户的认可。

通过对他们的特写，本研究勾勒 2020 年度最值得关注的品牌拍档画像，帮助品牌主迅速形成关于营销合作伙伴的全景式立体素描，根据商业需求清晰对标正确的营销合作伙伴，并掌握他们的核心竞争力与解决方案；也将帮助营销服务商在升级与转型中做到知己知彼，找到正确的上升通道。

最后还需澄清，由于未及时提交材料或商业保密等因素，一部分优秀的公司未能出现在今年的 20 | 50 的名单中，最终名单略有遗憾。因此，在赛道观察部分，我们会提到这些公司的名字，以保证研究的全面和公正。也期待在未来的研究中，能够加入这些公司的详细资料。

营 销 服 务

七大主干道

+

下属新干线

行业赛道观察

第三章

营销代理行业细分赛道观察

市场的不断革新让营销行业不断衍生新的需求和新的服务形态，行业不断裂变细分，同时也在不断洗牌重组，因此行业格局也在不断变化。及时更新脑海中的行业版图，是帮助营销人了解行业现状与创新方向的快速通道。

本研究所筛选出的“20 大公司”与“50 酷公司”，分布在营销代理商行业中的七大主赛道中。通过对他们的画像勾勒，也帮助我们获得了对于营销代理行业的格局现状与进化方向的最新理解。因此，我们对各主赛道中的代表公司高层管理者进行了深度采访，通过他们来对行业趋势以及细分赛道下的创新方向有更深入的理解。

一、营销数据服务商

营销数据服务赛道由通过以数据为核心的营销方法、工具、技术和平台，帮助品牌更好地洞察市场、预测市场，为企业营销全流程赋能的代理商构成。其中，“成熟主干道”以精准投放、线上测量及传统客户关系管理（Customer Relationship Management，以下简称 CRM）为主要业务，“成长新干线”以整合三方数据为基础的企业数据中台及社会化客户关系管理（Social Customer Relationship Management，以下简称 SCRM）、全域测量为迅速成长型业务。

1. 整合三方数据，企业自建数据管理平台成大势

用户增长的发力点逐渐从流量拉新向存量用户运营转移，由此带来的是“数据中台”“私域流量运营”概念的火爆，以及企业自建数据管理平台业务的增长。

企业自建数据管理平台的基础是整合第一方数据、第二方数据、第三方数据所形成的数据库。业内对三方数据的定义其实并没有达成完全的统一，根据安客诚的介绍，三方数据的大致分类方式是：第一方数据是指品牌自己的消费者数据；第二方数据来源于企业外部渠道，例如媒介平台的数据；第三方数据也是企业外部数据，例如来自第三方大型数据整合者的数据。

企业自建数据管理平台的核心价值在于，收集三方数据之后，以人为单位打通数据、触点与内容、体验，从而为营销的各个环节赋能。以欧唯特（详见 20 大公司：欧唯特）为代表，针对当下品牌的多营销触点（如微信公众号、小程序、企业官方网站）、多数据来源（第一方、第二方和第三方数据）和多结构、多形式、多类别的数据，提供全渠道的数据整合与应用服务，实现以人为单位的数据匹配和打通，整合在同一个品牌自有数据库中，并以消费者行为为主要标签，建立目标人群画像，为后续的自动化、个性化消费者沟通策略赋能。真正实现了，我知道我的消费者是谁、他们在哪里、做了什么，在此基础上帮助品牌更有效维护品牌与用户关系，持续产出价值。

未来，营销数据服务商将会进一步围绕人来整合数据。欧唯特中国首席战略官提到，今天的数据收集点是去中心化的。对于品牌来说，每一个接触点（Touch Point，以下简称 TP）都在沉淀数据。例如在化妆品行业中，每一位“柜姐”都是重要的 TP，“柜姐”工作的数据化将会帮助都会帮助品牌更完整的还原消费者。

2. 用户管理思维及方法不断进化：从 CRM1.0 到 CRM3.0[1]

营销的本质没有变化，但是客户关系管理（CRM）的方法一直在变化，其变化经历了三个时期。

CRM1.0 时期，消费者无法细分，并且触达成本极高。因此，传统营销只能做

[1] 注：本节观点由欧唯特中国首席战略官提供。

到大范围的消费者触达，消费者触点也很简单，但是很难个性化地影响个体消费者。传统的 CRM 时代的主导思维是“二八理论”，20% 的顾客贡献了 80% 的利润，维护老顾客的成本远远低于获得新顾客的成本，因此客户关系管理围绕 20% 老客展开。

CRM2.0 时期，营销可以精准到个体，同时互联网红利使得获得新客成本降低，因此传统的“二八理论”失效了，获得新客的成本低于维护老客，营销进入了流量时代。因此，在前几年，大家都在关注新客增长，这个观点流行了 3—5 年。但是，这只是由互联网用户增长的红利带来的错觉，当人口红利吃完，媒介也越来越贵，很快拉新成本与维护老客成本差不多了，这个时期也就结束了。

CRM3.0 时期，进入了私域流量运营时代。传统 CRM 的首字母“C”，是指顾客（Customer），在我的品牌花过钱的人才是 CRM 的范畴。但是，今天的 CRM 是更大的“C”，指的是消费者（Consumer），是消费者运营，而不是顾客运营。以时尚零售为例，我们监测 100 个进店的人群，其中 12 个人买了，剩下 88 个人看完就走了。传统客户关系管理做的是 12 个人的运营，而今天的客户关系管理运营的是看完没有买的那 88 个人。所以，在品牌数据湖（Data Lake）中，传统客户关系管理的数据只占到 1%，今天更关注的是与品牌发生过接触但是没有成交的消费者，我们应该怎么样推动他们的成交。

3. 挑战：消费者行为的快速变化[1]

对于顶级数据服务商来说技术层面不存在太多挑战，人工智能技术并不神奇，很多业内顶尖的企业都能做到。真正的挑战还是来源于消费者，因为消费者的行为改变太快。以营销沟通渠道为例，营销渠道以前每 5 年产生一轮迭代，现在是每 3 年、2 年，甚至一年一变。从反馈这个环节来看，以前消费者对品牌的反馈以 400 电话为绝对主导，但现在消费者不再愿意通过 400 投诉了，对品牌的不满，可能发个微博就结束了，或者在抖音上吐槽。所以，今天真正的挑战是，消费者的沟通方式改变了。需要通过技术手段，把散落在互联网上任意地方的消费者意见抓取到，对他们进行身份判断、筛选，并根据他们发布的内容分配客服回应的优先值。

[1] 注：本节观点由欧唯特中国首席战略官提供。

4. 数据安全成为数据营销代理商核心竞争力[1]

伴随数据技术在营销领域中的广泛应用，数据安全成为核心议题。一方面，消费者与他们信任的品牌、平台共享数据；另一方面，品牌方依靠专业外部数据供应商来帮助他们搭建数据管理平台，并且全权托管或者让他们参与用户运维。用户是品牌的生命线，用户数据是品牌的核心资产，数据的合作必须建立在充分信任之上。

基于对消费者与品牌数据安全的考虑，数据营销服务商对数据合规使用，合法收集数据并合法使用数据，提升消费者与品牌数据的安全性，是赢得品牌方信任的基础。

二、整合营销服务商

整合营销服务商是指为品牌主提供包括消费者洞察、内容策略及创意、媒介策略、电商及新零售策略等全链路营销业务一站式服务的代理商。其中，“成熟主干道”以数字化转型中的 4A 公司为代表，传统公关公司、广告公司正经历数字化转型。通过拓展数据服务能力，延伸全链路运营能力，依托数据和技术优势强化一站式整合营销服务能力。此外，“成长新干线”以娱乐营销、效果营销、社会化营销、出海营销为业务创新成长点。

1. 整合性与专业性，鱼与熊掌能否兼得

所谓整合力，首先是全方位的业务能力。能够提供从捕获用户注意力到互动到购买的全链路解决方案，此外，也是资源的整合能力，包括媒介平台、电商平台、泛娱乐资源等全域资源整合。

当然，在调研过程中，不少同行提出质疑：今天似乎每个公司都在强调自己具有全链路整合能力，但是真的有一家公司能做到吗？事实上，很多集团公司通过收购来完整全链路营销能力的架构规划，但是在业务的打通程度上是不同的。而对于一家公司来说，能够在数据服务能力、营销技术能力、策略能力、创意能力、执行

[1] 注：本节观点由安客诚、Kinesso 提供。

能力等所有营销环节都能做好，更加困难。因此，如何既具备整合的能力，又在每个环节都具备专业性，是整合营销代理商的挑战。

2. 效果营销成主力军

效果与全链路的业务终点密切相关，最终各类整合营销方案将落地为各类社交媒体、电商平台、线下门店的一系列数字，获得了多少新用户、激活了多少老用户，销售数据是终极考量，这是与传统营销传播效果评价体系的本质区别。在此背景下，各类整合营销方案皆以效果为导向，并且出现一批新生代营销代理商，以效果营销为企业定位与核心业务，大量“种草拔草模型”“品牌增长模型”“产品造新模型”，帮助品牌在生意增长上发力。同时，电商作为增长的主战场，整合营销服务商的电商业务增长迅速。在提交评估材料的整合营销服务商中，超半数所提供的代表案例都是电商相关案例。

而不论是哪种闭环或者模型，在大多数代表案例中，都可以看到，整合营销服务商在追求增长的路上，更专注于打通从策略到内容到销售的链条，对消费者旅程（Consumer Journey）的优化设计和深入圈层的精细化运营。如果借鉴营销平台赛道和营销数据服务赛道在增长上的核心竞争力，可以期待未来将会有一批以数据、营销科技为基础的增长模型撬动增长营销赛道。

3. 娱乐力就是竞争力

泛娱乐行业已经成为一个庞大的产业。于营销而言，一方面，大量的娱乐产品有宣发需求，另一方面，对于娱乐领域的巨大流量以及娱乐元素在激活品牌年轻化基因上的能力，品牌也十分热衷，因此有了这个“无娱乐不营销”的时代。

“IP 蓬勃发展的背后，反映的是消费者在物质需求得到满足后，对精神世界、内心感受的更多关照。将合适的 IP 与品牌进行策略性的融合，可以顺应消费者心智的变化，赋予品牌更丰富的内涵，也能为营销行业带来更多生趣。”[1]

娱乐营销赛道下，有策略型选手，通过自研发模型预测娱乐内容产品热度，并能挖掘娱乐内容产品与品牌特质的结合点，用全案策划帮助品牌达成传播效果，如

[1] 注：本观点由蓝色光标数字营销机构数字品牌中心提供。

欧游传媒集团（详见 50 酷公司：欧游传媒集团）旗下欧游娱乐；有资源型选手，起步于娱乐内容（电影、电视剧、综艺）的开发者或出品者，向娱乐营销业务衍生，如极客娱乐（详见 50 酷公司：极客娱乐）；有整合型选手，深谙年轻群体的沟通之道，擅长整合明星、IP、平台、粉丝、品牌多方资源进行联合创新实践，最大程度地激活各项娱乐营销资产，如赞意（详见 50 酷公司：赞意），或以维旺迪集团（Vivendi）大型文化活动“Crxssing”为代表，汉威士（详见 50 酷公司：汉威士）背靠国际集团化优势，融合集团音乐、游戏、电影多领域业务的强大资源，得以打造文化、娱乐、创意和内容的融合体验。蓝色光标数字营销机构也提出：“丰富的 IP、泛娱乐资源，正在成为营销创新的重要抓手，我们会加大与头部、腰部资源的合作，甚至尝试自有 IP 资源的孵化。”

4. 社会化营销是主流，“关系 + 内容”是本质

针对广告主的数字营销预算分配调研数据显示，2018—2020 年，广告主社会化营销预算投入平均增长 15%，社会化营销成为广告主最重视的营销渠道。其中，关键意见领袖（Key Opinion Leader，以下简称 KOL）依然是投入重点，短视频 / 直播热度上升，超半数广告主视社群运营 / 私域流量为重点，官方微信账号运营较去年有所下降。[1]

回归本质，社交营销的核心依然是“关系 + 内容”，关系在变，内容也在变。

先说关系。这两年大家的共同感受是几乎看不到刷屏的案例了。一个明显的转向是，品牌开始从战役思维转向运营思维，深耕社群。因精准圈层的影响力和转化力，KOL 继续成为品牌主投入重点，随着 KOL 的价格水涨船高，数量越来越多，对 KOL 投放也更加倚重数据驱动和效果。有更多营销服务商，利用数据来帮助品牌优化 KOL 合作策略。例如，众引传播（详见 50 酷公司：众引传播）跨平台 KOL 数据监测分析投放系统、微梦（详见 50 酷公司：微梦传媒）旗下新媒体大数据服务平台领库排行榜（KolRank）等。而在 KOL 合作方式上，产品种草、才艺植入、直接带货也成为品牌主最喜欢的合作方式。[2]

同时，关键意见消费者（Key Opinion Consumer，以下简称 KOC）概念大

---

[1] 秒针，Admaster，GDMS.2020 中国数字营销趋势［R/OL］. 2019-12-02.https://www.admaster.com.cn/cn/report/white_paper.

[2] 微播易，益普索 .2020 年自媒体商业价值白皮书［R/OL］. 2019-12-17. https://wby-download-storage.oss-cn-beijing.aliyuncs.com/weiboyi/marketing/1_20191217.pdf.

热。一方面KOL价格越来越贵，另一方面品牌自有数据平台提供了更多的可能性，让品牌可以挖掘和释放更大的用户价值，通过用户与用户之间的链接来撬动更大影响力。Max Communication（详见50酷公司：Max Communication）、力领互动（详见50酷公司：力领互动）等社交营销服务商，都推出了“KOC管理平台”，为品牌提供KOC运营的专门解决方案，帮助品牌识别、招募、培养、管理KOC群体。

尽管KOC尚存争议，但与其埋怨品牌主买不起KOL，不如仔细研究上述精细化运营系统及实操背后，KOC究竟产出了何种价值，以及如何能够整合KOL与KOC的差异性优势以形成更大合力。

再说内容。在内容领域，有趣的是，一方面更多品牌认为自己认清了不可能成为自媒体的现实，双微运营呈降温态势。但同时，短视频和直播热度持续上升，抖音营销等短视频的营销服务业务大量增长。“不同于微博与微信，社交短视频有着自身独特的内容范式和传播规律。”品牌永远不可能离开内容谈关系。从运营内容向运营人转移，不代表放弃内容，而是回归营销传播不变的根本：在对的场景下，跟对的人，用对的方式，说对的话。

5. 向外走，出海业务猛增

基于全球化背景与国内移动流量见顶，国内企业出海需求强烈，海外的互联网广告投入持续增长。中国企业出海营销宣传的重要阵地是谷歌、Facebook、YouTube、推特、抖音等平台。有专注做跨境营销的服务商，例如飞书深诺集团（详见50酷公司：飞书深诺集团），拥有多个海外媒体平台的中国区官方代理权，可提供跨平台的整合营销解决方案，包括媒介策略、广告优化、创意设计、视频制作和社会化营销等服务。也有传统整合营销公司延伸的跨境业务，如久其数字（详见20大公司：久其数字）、蓝色光标（详见20大公司：蓝色光标数字营销机构）等。

目前出海服务更多集中在媒体代理服务领域，基于国内整合营销巨头的综合实力，未来出海营销服务商的业务将有更多的成长空间。

三、营销创意服务商

营销创意服务商指为品牌主提供营销创意服务的代理商，包括产品、内容、体验等各个维度的创意策略，以及创意内容、产品、体验的制作公司。

其中，成熟主干道主要由提供营销创意服务的整合营销服务商构成。创意作为整合营销链条中的一环，是传统整合营销服务商的核心业务之一。其优势在于，从商业挑战到市场洞察、策略开发、创意产出及执行的整合营销服务，为品牌节省用到多个服务商的沟通成本，也更加能够保证一致性。然而市场变化迅速，消费者兴趣点也稍纵即逝，传统 4A 公司周期长，业务灵活度低等问题，也让其创意业务无法满足品牌主的需求。因此，新兴创意热店、智能创意平台、知识产权方的商业化、创意制作公司形成了该赛道下的成长新干线。

1. 创意的评价标准与评估机制被改写

在传统营销时代，对创意的评价高度依赖人的主观判断，这导致不同的人对创意的好坏会有完全不同的标准。创意人可能会觉得天马行空的拿奖稿是好创意，客户会认为完全忠于创意简报的是好创意，品牌方认为只有充分表现了品牌及产品才是好创意。以至于在营销圈中广泛流传大量关于“品牌标志大一点再小一点”“五彩斑斓的黑”这些段子。一旦论及创意，在不同的人之间，很难达成共识。

在整合营销大势的推动下，创意的评价标准更加聚焦了——创意如何帮助客户的业务增长。创意的核心工作是用创意的方式来解决客户的生意问题，因此创意将建立在商业分析与数据的基础上。[1]

同时，创意评估机制也被改写。传统的创意只有一套物料，而今天的创意物料会有 2 个以上的版本，在大规模投放前，在小范围内精准圈定目标用户进行测试（A/B Test），基于用户的反应来确定哪个创意物料更有效、哪些应该如何优化。[2]

2. 倒推创意工作打破边界，重塑组织架构与流程 [3]

创意结果的评价机制与标准的改变，倒推了创意工作的革新。当创意的目标是生意增长，那么创意的起点必然是数据，同时，创意的形式也不被局限于一套主视觉画面或是一支视频广告。因此，原来的创意热店在从创意内容生产者，向围绕消

[1] 注：本观点由马马也提供。
[2] 注：本观点由传立百胜团队总经理王开元提供。
[3] 注：本节观点由马马也提供。

费者体验、以效果为导向在转型。以马马也（详见 50 酷公司：马马也）为例，其能力圈从最初的创意视频生产，到今天的“CCME”体系——从策略制订，内容创造，体验创造和线上线下渠道转化来打通受众的脑和手，提升品牌的增长表现。

同时，谈及创意热店，更多人的第一印象是玩法新鲜，出品高效，并且更多的关注点在人与团队上，因为团队和人是作品质量的保证。其实又好又快的创意，并非依赖于个体的人，而是来源于整体组织架构和业务流程的创新。马马也的组织架构是组织匹配战略和战术，从而实现小团队高产出。而其优秀的财务数字背后，有着环环相扣的运营思考和执行，配合权、责、利的分配，提升运营效率和核心竞争力。当然，以人才为核心的创意热店，其业务形态具有高度非标性，限定了规模化复制的能力。如果能够突破这层限制，将会对传统整合营销服务商形成更大竞争压力。

3. 人工智能颠覆传统创意生产方式

以特赞（详见 50 酷公司：特赞）、筷子科技（详见 50 酷公司：筷子科技）、宝尊（详见 20 大公司：宝尊）、像素偏移为代表的公司，将原本高度依赖人的创意工作进行标准化、量化与智能化，通过创意供给平台和数据智能解决方案，为品牌一站式生成管理、跨渠道优化分发创意内容，挑战传统创意生产模式，成为当下最受关注的风口。

当然，目前机器能解决的仍然是最基础的创意，即李开复所说“能在 5 秒以内完成的工作”。智能创意平台的应用，淘汰了底层的劳动密集型的创意工作，而高级复杂的创意工作，目前仍然是以人为竞争之本。但是可以想象，随着人工智能从感知智能向认知智能演进、机器间大规模协作成为可能，[1] 营销创意领域中的人工智能应用也将越来越广泛和深入。

4. 以体验为中心，技术型创意服务加速崛起

新技术应用扩展了体验优化的可能性，随着 5G 时代的到来，视觉、光场、AI、AR（Augmented Reality，增强现实）等技术将被更流畅地应用到营销体验环节。以 F5（详见 50 酷公司：F5）、熠幻科技（详见 50 酷公司：熠幻科技）、叠境科技

[1] 达摩院 .2019 十大科技趋势［R/OL］. 2020-01-02.http://damo.alibaba.com/events/57.

等为代表的技术性公司，以创新技术能力，结合讲故事的能力，将先进技术与普世的人性洞察所结合，用科技展现打动人心的故事与体验，是品牌主买单的理由，也迎合了当下体验创新的趋势，“内容 + 科技”正是实现体验创新的关键路径。

5. IP 方成为最强广告创意公司

内容爆炸，用户注意力稀缺，IP 因自带流量与内涵而成为营销创意领域的重要玩家，IP 也成为品牌内容和体验创新的重要伙伴。

“一档综艺等于一个广告公司。”一方面，传统营销服务商为品牌提供对接 IP 的服务，另一方面，IP 方也为品牌提供直接的服务。正如《奇葩说》就是最强的广告公司，作为内容生产方，更了解内容，也能更准确地把握品牌与 IP 的链接点，同时能够在最大程度保证用户体验的前提下，给品牌方足够的露出和参与。

此外，IP 方不仅能创意，还有超强制作能力。凭借在影视行业的制作经验和团队成员，赤马广告（详见 50 酷公司：赤马广告）等影视行业中的资深玩家也成为广告创意服务商，以电影级的制作能力，为品牌主最大程度还原创意。

四、营销媒介服务商

营销媒介服务商是为品牌主提供媒介策略、媒介购买、媒体合作的媒介相关业务公司。

其中，成熟主干道以媒介代理公司为主，以媒介策略为核心业务。互联网媒体整体增速放缓，短视频、社交广告是增长主要驱动力。以群邑（详见 20 大公司：群邑）、优盟（详见 50 酷公司：优盟）为代表，基于大数据，形成以受众为中心的个性化媒体策划解决方案，以更好地提供媒体策划、人群定位及沟通传播服务，并最大限度提高投资回报率。

1. 媒介代理进入智能营销新时代[1]

今天的传播不是以往点对点的传播，和通过人工判断来开发媒介策略。不仅信

[1] 注：本节观点由传立百胜团队总经理王开元提供。

息传递效率提高了，也能够基于数据为消费者提供更加细分的极致体验。

人工智能改变信息分发的逻辑，提高了信息分发的精准度和优化频率。以往的媒介代理工作中，关键的决策主要依靠人工判断，例如：产品可能适合哪些消费者、这些消费者可能在哪里，而人工判断的精准度是有限的。此外，在传统时代，评估效果需要很长的周期，评估结果的获得远远滞后于当下媒介策略优化需求。而人工智能的出现，带来了颠覆性改变。今天的信息分发是基于用户画像的“猜你喜欢”。基于数据，营销者能够不断优化内容推送的精准度，并且在更短时间内完成优化。

物联网技术让万物皆可被连接，万物皆媒介。以往品牌信息对消费者的触达主要是基于线上的电子屏幕或线下静态平面信息。而物联网的诞生，让一个个线下的实体设备能够介入互联网，并产生智能交互，且成本越来越低。通过一个几块钱的芯片，就能够让传统实体设备成为承载互动和信息的媒介。营销的边界被打破，不再是只有基于视频或者画面才能进行信息传输，而是一切可以介入互联网的事物都能够变成媒介。

5G 的出现为人工智能与物联网技术在营销领域的顺利应用提供了保障。如果没有足够的数据速率、系统容量以及大规模设备连接，人工智能和物联网的影响就可能只停留在理论层面。

2. 一切皆可测量

过去，品牌主的痛点是媒介效果评估缺乏可衡量的方法论和数据，而对于代理商，最大的痛点在于无法获取媒介最终是否对生意产生影响的数据，如果能够把销售数据与媒体数据打通，就能够看到媒体对销售的影响，以及不同媒体的影响的权重差别。

当下，品牌主逐渐开始自建数据系统，这对推动效果评估有很大的推动作用。同时，越来越多的媒体能够被追踪效果，例如户外广告，正在和阿里数据打通：看过户外广告的线下用户最终有没有在淘宝上购买相关产品能够被追踪。当广告的展现、消费者接触与销售逐渐被打通，正如传立百胜团队总经理王开元所提到的：“未来并非是效果类广告的投放会越来越大，而是越来越多的媒体可以被看到效果和衡量效果。”

以秒针（详见 20 大公司：秒针）为代表的测量公司，在线上测量技术相对成熟、线上流量增长乏力的背景下，提出全域测量的概念，布局线下测量，发布电商测量全新解决方案，“从测量广告、测量营销到测量业务，眼界无限，测量无界”，未来在秒针，一切皆可测量。“科学、有效、公正”这三个看起来简单的测量理想，是不断革新大数据与 AI 技术帮助营销进化的方向。

3. 商业化媒体及自媒体分流媒介预算

传统媒体时代，媒体基本依靠代理商来实现广告营收。而今天，离用户最近的就是媒体，媒体比广告公司更了解用户也更接近用户，是即时触达用户的接触点，又是能够直接推动或形成互动与转化的平台。来自某知名服装潮牌的受访者提到，对于新兴平台，更愿意与平台直接合作。他们更懂得自己的平台与用户，这一点是代理公司做不到的。因此，媒体的商务合作部门正在取代广告公司，成为重要的品牌营销伙伴。

2019 年，多渠道网络服务（Multi-Channel Network，以下简称 MCN）行业爆发式增长，市场规模迅速超 100 亿，艺人网红孵化服务平台大量兴起，数量超过 6 500 家，囊括了 90% 的头部网络红人。MCN 本质是自媒体的孵化与运营，连接起内容方、品牌方、媒介平台、电商平台，形成以红人为核心的小生态，品牌方可以直接与 MCN 机构建立与自媒体的直接合作，带来媒介预算的分流。

其中，最为瞩目的 MCN 机构包括：打造李佳琦的“美 ONE”，旗下有数十名主播，服务网红超过万人；打造了淘宝第一主播“薇娅 Viya”的谦寻，目前与 8 000 多个品牌建立了合作关系，未来将打造超级供应链基地。高效高品质内容生产能力、粉丝运营能力，以及上下游供应链资源的整合能力是 MCN 旗下网红的核心竞争力。

同时，影视内容平台也在开辟 MCN 业务线。在娱乐内容和创作者的基础上，影视内容公司很容易往红人孵化业务上延伸业务。例如，新片场短视频（详见 50 酷公司：新片场）作为国内最大的 MCN 之一，专注短视频内容的生产与传播，目前拥有超过 20 个短视频内容品牌，签约超过 150 位红人创作者，并联合西瓜视频、企鹅号等短视频平台合作研发微剧、微综艺等内容。

为了应对来自媒体商务部门与 MCN 机构孵化自媒体对广告预算的分流，社会化营销服务商也开始开辟 MCN 业务线。社会化营销业务与 KOL 联系紧密，社会化营销服务商为了构建自己的营销生态，也在尝试从单纯的 KOL 购买向 KOL 的孵化延伸。以悦普集团（详见 50 酷公司：悦普集团）为例，从社会化营销服务商，到今天以全案营销 +KOL 采买结合 + 深耕 MCN 为核心业务。目的在于打造社交媒体营销的完整生态，利用大数据和人工智能赋能，海量投放数据，构建数据壁垒。

五、电商营销服务商

电商营销服务商是为品牌主提供电商代运营服务及电商营销的代理商。其中，成熟主干道以宝尊、丽人丽妆等为代表，为品牌提供电商代运营服务。2018 年电商代运营市场规模 9 623 亿元，同比增长 23%，近 4 年复合增长率 44%。服饰鞋履、母婴、3C 家电、包装食品、美妆个护是线上交易额最大的 5 个品类。2023 年主要品类代运营商成交总额有望达 1.1 万亿。在头部电商营销服务商中，宝尊、若羽臣跨品类运营能力突出，丽人丽妆、网创、悠可在美妆个护品类优势明显。而伴随品牌方对电商服务企业的要求逐步精细化、多元化，电商服务从初期的基础服务（运营服务、客户服务）拓展至深度服务（营销服务、IT 服务、仓储物流服务）。

1. 传统运营向营销与运营的融合转向[1]

十年前，传统电商电子商务代运营（Third Partner，以下简称 TP）的营销逻辑就是流量，不论是在天猫、京东还是任一电商平台，电商代运营的任务就是把人往店里拽。做好人群定向，把用户引导到店，就完成了电商营销的大部分工作，所以传统的电商营销被称为"投手"。

但在今天，单纯通过付费来获取流量变得困难，所以现在电商营销的核心工作不再是"投手"，而是"流量经理"或者"流量抓手"，做系统的流量管理工作。

以服饰部门为例，流量的获取方式是多元的。商品的丰富度就是流量，上架的商品越多，消费者在搜索时，产品出现的可能性就越大，就能够获得更多流量；同时，与天猫的关系越紧密，参与更多的活动，如：超品日、小黑盒等等，就能获得越多流量；此外，产品设计师能够做直播，也是一种流量获取的能力。以前这些能力是没有被定义在电商代运营的业务范围内的，传统电商代运营完成了产品上架就结束工作了。而现在卖货越来越困难，所以流量管理是一个综合性能力，对品牌、产品、生意结构、营销手段都要非常了解。不但要获取流量、分配流量，还要进行追踪、回收、分析。

正如宝尊在采访中介绍的："营销和运营的融合，对于宝尊来说是非常重要的。离开运营的土壤，没办法做营销，离开营销，也没有办法做运营。"比如，广告公司可以买很多流量，但是他们没有商品资料、运营资料，也不足够了解平台的信息与平台之间的关系。只有能够真正做到把营销和运营对接，透过数据找到商品与人群之间的匹配性，不仅做到营销传播的部分，还要做到渠道、价格、产品的整合，才真正做到了营销的"4P"。

[1] 注：本节观点由宝尊电商数字营销总经理张芝瑜提供。

2. 从代运营关系向品牌电商伙伴的关系升级[1]

传统的电商代运营与品牌的关系是供应商关系，但由于电商运营牵涉到品牌内部多方资源，从运营、仓储物流到营销都与电商业务紧密关联，因此，电商代运营公司不是仅仅做执行的工作，而是需要赢得品牌方足够的信任。

在信任的基础上，双方的绑定越来越深，合作方式也越来越灵活、多元化。例如，宝尊对自己的定义并不是代理商，而是品牌生意伙伴。因此，代理商是品牌付钱，代理商做特定的事。而宝尊的角色是帮助品牌卖掉更多产品，通过经销、代理等不同模式，以及提成、奖金等不同形式来获得收入。甚至可以跟品牌合作成立一家新的公司，真正成为品牌的生意伙伴，每赚一分钱，都是双方分享，这种形态和形式，让电商代运营公司与品牌成为共存共生的伙伴。

3. 从专注线上向线上与线下的融合延伸

从品牌端来看，主要通过活动把线上与线下连接起来。例如品牌做“天猫超品日”，除了线上部分，还同步做线下快闪店，通过试穿、试妆等体验，与线上活动连接起来。今天不论依托天猫生态还是小程序，都可以很好地实现虚实合一，打通线上与线下的连接。从销售端来看，领先的电商营销服务商也在成立新零售部门，除了线上生意，也帮助做线下店铺改造。并且打通线上与线下的触点，让消费者能够线上买、线下退，或者线下定货、线上发货寄到家。同时也借助数据工具，做客户沟通与关系管理。[2]

当线上与线下之间被打通，场景营销真正得以实现。场景营销，一方面是营销理念的转变，从聚焦产品到聚焦人和场景；另一方面，是新零售建构了全新的“人—货—场”的关系，改变了原有的消费场景。对场景的关注，其实是基于营销的核心问题：什么人，在什么时间，什么地点，使用我的产品，满足了何种需求。以美团点评（详见 20 大公司：美团点评）为例，作为一个以吃为核心的超级平台，通过这个核心延伸到用户生活的全场景中，成为一个多类型商户与用户生活场景的“超级连接器”。其优势在于不仅可以为品牌提供触达用户的渠道，也让品牌能够以

---

[1] 注：本节观点由宝尊电商数字营销总经理张芝瑜提供。

[2] 注：本观点由宝尊电商数字营销总经理张芝瑜提供。

一种更加柔性与流畅的方式进入用户的心智。同时，基于特定场景，挖掘消费需求，并提供即时的满足，有效地建构了营销闭环。

4. 营销技术赋能电商营销各环节[1]

营销技术正在帮助品牌实现一定程度的运营自动化，包括商品管理、分析、上架、图片与文字等环节。

从产品上架来看，产品上架的工作量很大，而今天产品迭代与更新速度更快了，通过运营自动化，一方面减少了人工，另一方面也提高了正确度。

从产品开发及库存管理来看，也会根据平台趋势、电商趋势，分析下一季度订货卖货的需求，通过数据分析决定卖什么、卖多少。

从内容来看，电商营销的内容属性越来越高。以前只要有货就可以了，但今天只有货根本不行，几乎 50% 是内容。而消费者也越来越年轻化，不同的渠道需要不同的内容。只有把产品变成内容，才能利用平台去匹配合适的人。以前是爆款逻辑，把 80% 的营销费用花在 5% 的产品上，用极少量的爆款商品去覆盖大的流量与销售。但今天是千人千面，消费者的个性化需求被释放并得到满足，因此制作 5% 的产品量完全不够。所以，我们要把产品变成内容。因此，宝尊也推出智能写手“云撰”——可以通过识别图片，一键生成海量不同种草文章的“超级 AI 小编”。通过图像识别、自然语言生成、深度学习等技术，帮助品牌更高效地把产品全变成内容。这才能匹配平台的需求量级，帮助品牌更好地获取流量。使每一个商品都可以带来流量，而不是通过付费购买流量。

六、营销平台

营销平台包括媒介平台和电商平台，依托媒体生态、商业数据，赋能品牌营销，实现精准触达、体验优化、互动转化等多维度业务。其中，成熟主干道是以头部互联网平台为主的营销平台，以阿里、腾讯、百度为代表，依靠庞大的平台生态构建起营销帝国，并不断加速技术革新，引领营销服务迭代；成长新干线是伴随新生代媒介活跃而生的各类媒介平台、电商平台、营销资源平台。

[1] 注：本节观点由宝尊电商数字营销总经理张芝瑜提供。

1. 以用户为中心的营销体验优化

阿里妈妈（详见 20 大公司：阿里妈妈）定义了新营销的三个条件，腾讯（详见 20 大公司：腾讯广告）也重新整合了旗下广告平台，升级了智慧营销系统。不论是提出营销新概念，还是架构营销新系统，首句都是“以用户 / 消费者为中心”。用大规模的个性化沟通连接品牌与消费者，实现“千人千愿、千时千愿”，让“友好的广告形态”作为数字内容的一部分建立与用户之间的“美好连接”。巨量引擎（详见 20 大公司：巨量引擎）也将体验与价值作为内容创新的方向。“通过挖掘数据去发现创意之美，然后借助技术手段去帮助大家创造美的创意，并兼顾了广告投放的精准与规模。”

2. 数据赋能，AI 驱动

真正做到用户为中心，依靠的是商业数据和人工智能。阿里提出未来营销由“数据赋能、AI 驱动”，腾讯提出以“体验智达、全景智连、数字智驱”三个“智”为核心理念的新营销体系，百度（详见 20 大公司：百度）则以人工智能定义数字营销 4.0。巨量引擎产品高级副总裁刘思齐在“引擎大会 2020”的开场演讲中指出：“技术已经成为所有重要课题的底色，营销的‘技术 +’时代已经到来。”“技术 + 创意”“技术 + 投资回报率”“技术 + 洞察与度量”“技术 + 工具链”“技术 + 服务”被作为巨量引擎的“技术 +”数字营销新理念的核心维度。

3. 效率与增长

阿里在进一步打通线上线下数据的基础上，基于数据银行全面提升品牌方运营效率，全域营销带来更高广告投放效率；百度提出将“新连接、新场景、新流量、新品牌”的“四新合力”升级；巨量“引擎大会 2020”的主题即为“增长 · GROWTH”，大会上发布了美妆、汽车、游戏行业的增长解决方案。不同行业有不同的转化逻辑，而作为平台，共同的作用在于整合平台资源、构建闭环、全链路深度转化、持续趋近增长目标。当然，同步需要优化的是对增长的度量。

七、营销咨询服务商

营销咨询服务商是为企业提供品牌营销战略规划、企业数字化转型、数字营销等技术与解决方案的代理商，通常以改变顾客体验为中心，促进企业业务升级。营销咨询服务商的主干道以传统咨询公司向数字营销领域的业务扩张为代表，新干线包括大量创新孵化咨询服务商。

1. 头部咨询公司重新定义数字营销

在营销咨询服务赛道下，主干道是头部咨询公司向数字营销领域的进军。结合传统管理咨询方面的优势，传统头部咨询公司通过收购扩张营销业务，迅速构建起数字营销服务能力。

以埃森哲互动为代表（详见 20 大公司：埃森哲互动），在全球数字营销领域业务增长已远超传统 4A 巨头。一方面，其管理咨询、IT 服务等业务，为其服务于数字化转型提供了强大的基础。2018 财年，埃森哲数字化、云计算和网络安全相关的新业务净收入达 230 亿美元，同比增长 25%，占全部收入的六成。同时，埃森哲通过大举并购进一步向数字营销领域扩张，2019 年埃森哲财报显示，埃森哲收入 432 亿美元中有 100 亿美元来自埃森哲互动的业务。[1]

值得注意的是，其强大的咨询业务基础为埃森哲互动提供了丰富的客户资源（埃森哲互动一半以上的客户通过内部导流实现）。传统咨询公司在数字营销领域的表现，不是单纯依靠并购来实现的，而是整合内部优势资源，打通了传统咨询业务与新兴数字营销业务。同时，这也再次显现，拥有全链路一站式服务能力的营销服务商会在未来竞争中占据优势。

尽管目前在中国市场，传统头部咨询公司在营销领域中的影响力还未形成国际领域中的绝对优势，但在其“商业咨询 + 技术 + 数字营销”架构下，商业战略能力、流程革新能力、技术创新能力向营销领域的渗透，都会推动市场加速对营销及传播的重新定义。

[1] 广正恒生．老牌咨询巨头培育新增长点，体验营销成为未来趋势［R/OL］．恒生聚源金融终端，2019-11-20．

2. 创新孵化业务增长迅速

需求端的个性化、多样化，电商渠道、数字媒体、数据化营销手段提供了土壤，一批懂得讲故事的品牌，通过社交媒体，建立社群和线下体验门店，直接与消费者紧密沟通，直接掌控渠道，实现低成本获客。在此背景下，DTC（Direct to Consumer，直达消费者）模式出现了。在美国，以沃顿商学院的创业者为引领的 DTC 市场增长迅猛；在国内，也有一大批 DTC 新兴消费品牌兴起，如完美日记。以美妆个护和食品饮料为代表的传统品牌领域，受到互联网 DTC 品牌的冲击最大。因此，以欧莱雅为代表的巨头，一边通过加速内部新品孵化创新，一边大举收购新兴品牌以应对来自新挑战者的威胁。

DTC 品牌崛起，传统品牌推新需求，新品牌孵化需求加剧，创新化咨询服务商应运而生。传统咨询服务商中，以成立于 1978 年的 IDEO 公司为代表，通过创新设计驱动商业咨询服务。伴随美国市场 DTC 品牌的兴起，也涌现出一些专注于服务 DTC 创新的新兴代理商，如 Red Antler。在中国，传统品牌营销咨询公司在向这块业务转型，同时也有专注于“新物种”孵化的服务商出现。

这类营销服务商，需要为品牌提供从 0 到 1 的服务。他们的服务不同于传统咨询公司只做消费者研究和战略规划；也不同于传统产品设计公司只关注设计而忽略市场与传播。他们擅长通过数据和民族志方式洞察人的行为，挖掘潜在的未被满足的需求，并强调以全新的方式提供产品及服务，这包括全新产品、服务、流程、体验、商务模式的变革，形成差异化的品牌体验。他们需要提供从市场研究、品牌定位、产品设计、视觉系统设计到营销传播的全案服务。

当然，不论是传统咨询公司的转型还是全新的品牌孵化代理商，商业、技术、设计都是驱动品牌创新的三驾马车。

Adobe
阿里妈妈
Accenture Interactive
Bai du 百度
BAO ZUN
Deloitte.
Focus Media 分众传媒
hylink
JOIN 久其数字 DIGITAL GROUP
Ocean Engine 巨量引擎

20大公司

LEO 利欧数字 LEO DIGITAL NETWORK
BlueFocus
Miaozhen Systems
美团 美团点评
arvato BERTELSMANN
groupm
腾讯广告
网易 网易新闻
iFUSION DIGITAL INTERACTIVE
Edenred

1. Adobe

基础信息

成立时间： 1982 年成立，1998 年进入中国市场

员工数量： 140 人以上（中国）

主要服务行业： 金融、零售、汽车、制造、高科技行业等

主要服务客户： TCL，T-Mobile，戴姆勒（Daimler），如新（NuSkin），亚洲万里通（Asia Miles）等

类别： 综合数字体验平台提供商

核心竞争力

Adobe 正通过数字体验改变世界。Adobe 是美国一家跨国电脑软件公司，总部位于加州的圣何塞，主要从事多媒体制作类软件的开发，互联网应用程序、市场营销应用程序、金融分析应用程序等软件开发。2019 年 10 月，在福布斯全球数字经济 100 强榜排名第 55；在国际品牌集团（Interbrand）发布的全球品牌百强榜排名第 39；入选《财富》（*Fortune*）杂志 2019 未来 50 强榜单，排名第 25。

Adobe Experience Cloud

Adobe 旗下数字体验解决方案 Adobe Experience Cloud 提供了一整套技术来帮助品牌提供数据驱动的全触点定制体验，帮助企业提升客户体验管理，加速其数字化进程。这包括集广告、分析、视频及其他渠道为一体的跨屏幕设备的体验管理和个性化的体验交付。Adobe Experience Cloud 包括营销云（Marketing Cloud），交易云（Commerce Cloud），分析云（Analytics Cloud）和广告云（Advertising Cloud）。分析报告统计显示，Adobe 在 24 份有关数字体验的报告中排名均位于业界前列。Adobe Experience Cloud 每年可帮助客户管理超过 233 万亿次的数据交易，包括 41 万次的多媒体请求，以及超过 1 500 亿封邮件和 30 亿美元的广告支出。

Adobe Sensei

2016 年 11 月，Adobe 发布了旗下首个基于深度学习和机器

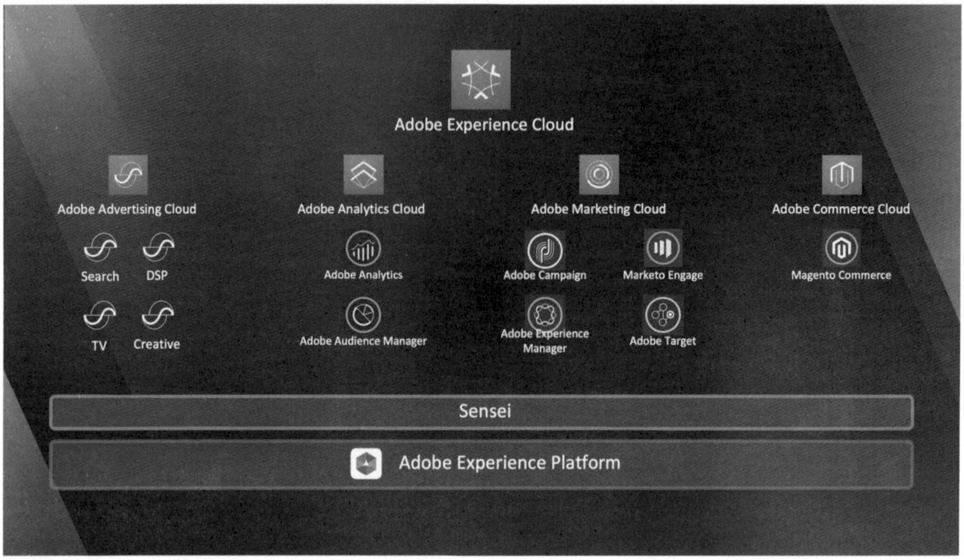

Adobe 客户体验管理平台

学习的底层技术开发平台——Adobe Sensei。Adobe Sensei 将人工智能和机器学习的力量带入体验——深化洞察力，增强创造性表达，加速任务和工作流程，以及推动实时决策。Adobe Sensei 是 Adobe Experience Platform 中的人工智能和机器学习技术，可以增强创建和提供预测客户需求的个性化体验的能力。

代表案例

名称： Adobe Experience Cloud 助力 TCL 加速全球化脚步

背景： 近几年，面对全球化新兴市场的巨大前景和“一带一路”所带来的全新机遇，TCL 制定了集团国际化的再出发路线图，以提升全价值链的竞争力。目前，国际化已经成为 TCL 未来发展的新引擎，未来 5 年都将致力于为全球用户提供具备极致体验的产品与服务。

目标： 帮助 TCL 统一管理全球网站，为各地区客户提供个性化体验，助力其加速其全球化的脚步。

策略： 内部部署 Adobe Experience Cloud 以及与 Microsoft Dynamics 365 的互通，帮助 TCL 完善网站的访问体验和全球的统一管理，从而加快全球数字化步伐。

效果： 通过部署 Adobe Experience Cloud，TCL 进一步优化并同步了全球官网内容，提升了内容质量与工作效率，为全球的客户创造个性化体验，进而提升了营销投资收益率与销售业绩。同时，借助 Adobe 与微软成熟的合作伙伴生态，TCL 还将在全球范围内提供一站式的便捷售后服务，从而更加专注于品牌拓展。

- **创建全球一致的网站体验**
- **为用户提供千人千面的个性化体验**
- **打造集中化、一站式售后服务平台**

创新行动

Adobe 于 2019 年初在全球大型客户体验峰会（Adobe Summit 2019）中面向全球发布了业界首个实时客户体验管理平台（Customer Experience Management，以下简称 CEM）——Adobe 体验平台（Adobe Experience Platform）。作为一个开放可扩展的平台，Adobe Experience Platform 可以整合企业内部的数据，并通过 Adobe Sensei 的人工智能和机器学习功能实时创建客户档案。Adobe Experience Platform 可以根据这些客户档案激活相应内容，从而实时为客户提供个性化体验。除此之外，Adobe Experience Platform 可以从多个来源收集和处理每秒并发数千万个事件的实时数据，并将数据整合到体验数据模型（Experience Data Models，以下简称 XDM）当中。品牌可以借助 Adobe Experience Platform 获取来自 Adobe Experience Cloud 的全部解决方案洞察。此外，企业还可以从企业资源规划系统 ERPs、客户关系管理系统 CRMs 以及其他来源导入更多去重数据。

在 Adobe Experience Cloud 中，Adobe Sensei 的机器学习功能将会运算数据，帮助了解客户的行为方式，使用这些洞察来提供个性化的相关体验并预测其未来需求。帮助客户发掘可触及的新类似受众，并使用预测建模来做出更明智的决策。

- 预测分析：借助异常检测、贡献分析和细分比较等功能，Adobe Sensei 可以作为您的全日制分析师，无论您身在何处都可以提醒您真正重要的事。
- 管理和个性化：Adobe Sensei 为资产添加元数据，推荐优惠，并为不同渠道生成更短的副本版本。这样，您就可以准确地提供客户所需。

- 优化广告支出：借助 Adobe Advertising Cloud 中的预测工具，Adobe Sensei 可提供智能洞察，帮助您更充分地利用广告支出。
- 在 Adobe Creative Cloud 中，Adobe Sensei 的人工智能可以帮助您缩短从概念到完成的时间，无论是寻找正确的图片、创建完美的组合还是编辑视频转换。
- 在 Adobe Document Cloud 内，Adobe Sensei 可以将纸质文档转换为可编辑的数字文档、自动使用正确的字体、创建表单字段以及清除签名。

客户评价

TCL 海外业务中心人力资源总监兼市场营销部总监孙然：

“在业务出海的过程中，云服务成为我们实现数字化转型的首选。得益于微软与 Adobe 的合作关系，让我们可以结合 Microsoft Dynamics 365 和 Adobe Experience Manager 两个云服务的优势，不仅实现了海外官网内容的快速交付与统一管理，更能够实现客户关系的管理与精准化营销，为 TCL 的业务发展提供动力。”

T-Mobile 电子商务和数字分析高级经理凯特·博特曼（Kate Boatman）：

“Adobe Analytics 和 Adobe Target 之间的集成为 T-Mobile 提供了一种能够优化客户体验并发现影响背后的真正原因的方法。它还为分析师和优化团队之间的协作提供了一种通用语言，帮助我们通过协调内部资源更好地解决客户的问题和业务中的挑战。部署 Adobe Marketing Cloud 是 T-Mobile 成功的第一步，它推出了能够引起客户关注的新策略和新体验，在这个全新集成解决方案的帮助下，我们会变得越来越好。”

T-Mobile 首席架构师维奈·克希尔萨加尔（Vinay Kshirsagar）：

“Adobe Experience Manager 使网站开发者和营销人员无须额外开发人员的帮助即可创建和发布高质量的内容。在 Adobe Experience Manager 的帮助下，我们仅用了 6 个星期便完成了客户体验管理的升级，5 个月便发布了我们的第一个核心版本。”

2. 阿里妈妈

基础信息

成立时间： 2007 年

主要服务行业： 大快消、服饰、3C 家电、汽车、医药、网服等

主要服务客户： 欧莱雅集团、宝洁、联合利华、耐克、华为等超过 100 万个品牌

平均服务时长： 长期合作

类别： 营销平台

核心竞争力

阿里妈妈是一个商业化的营销平台，帮品牌直指最核心的商业化目标，即销售和利润。

传统营销一直依赖的经验法则正在逐渐崩塌，而且速度越来越快。如何在消费者决策链路无序化的情况下，随时随地的抓住消费者，阿里妈妈正在带动整个行业的营销方式革新，用新的理念、新的方式、新的技术、新的洞察、新的标准来适应新的营销环境和需求。

新营销要满足三个条件："以消费者为中心，数据赋能，AI 驱动"，推动数字营销变革。未来营销必须依靠商业数据和人工智能，才能帮助品牌和消费者实现大规模、个性化沟通，千人千愿，甚至是千时千愿。

阿里妈妈试图用新营销的这三个要素去接近营销行业里存在的一些难题。例如，"我花费的广告预算有一半被浪费了，问题是我不知道是哪一半"。如何衡量品牌营销效果，始终是困扰营销人的终极问题。阿里妈妈发布了购买意愿指数 Alimama Purchase Intent Index，突破性地解答了这一问题，即通过阿里妈妈独有的数据、技术能力，将消费者购买意愿指数（Purchase Intent）充分数字化，从而直接衡量每次品牌整合营销投放对消费者购买决策的影响。每个品牌在营销活动上的投入都是巨大的，如何衡量营销对业务增长的影响是 CEO 和 CMO 的重要课题。透过这个指标，阿里妈妈希望能帮助 CMO 们正名，从 Chief Money Officer（首席花钱官）变成 Chief Growth Officer（首席成长官）。

代表案例

名称： 品牌“6 · 18”人群序列化投放提效

背景： 大促节点营销不仅是销售的重要节点也是新客增长的重要节点，日化美妆行业、精华品类的成交有 66% 来自品类新客，品牌必须抓住机会预热蓄水。但用户决策周期延长，且 77% 面部精华消费者一年只选择一个品牌，高效触达更多用户并加速营销转化，成为品牌是否能够扩大市场的关键因素。

目标： 创新投放模式解决品牌品效断层痛点，通过阿里生态打通使得品牌实现从品牌曝光到电商曝光全路径追踪消费者。

策略： 短期内品牌营销 + 电商营销配合高频触达。“阿里全域联投”——打通阿里生态与电商环境，阿里生态的品牌广告曝光后，电商环境以最高优先级进行智能追投，实现 T+0（Transaction plus 0 days）的用户追击。

效果： 项目投放 9 天内，品牌曝光超 1.5 亿次，覆盖用户超过 5 000 万人；曝光的所有用户均是兰蔻圈选的目标人群，兰蔻在电商环境内的市场渗透率环比显著提升；项目投放期间，兰蔻高端精华登顶行业销售排行榜第一。不仅实现了品牌关系促进——品牌广告组合电商广告对于用户品牌关系的促进效率，比仅有电商广告时提升了 2.6 倍（品牌关系的促进指兰蔻新客与兰蔻商品发生主动行为，例如流量搜索、收藏、加购等）；并且节省了营销成本——品牌通过阿里全域联投的品效曝光算法优化，培养品牌意向受众的花费比单独投放品牌广告或者单独投放电商广告培养品牌意向受众的花费显著降低，节省了品牌整体营销预算。

创新行动

凭借自身独特的数据和技术能力，阿里妈妈将“消费者购买意向”这一经典指标，充分数字化，并选取了对于品牌最有价值的八大消费者互动行为，例如商品浏

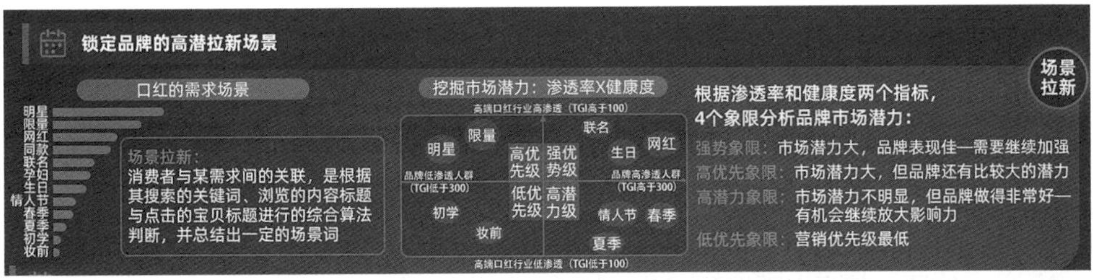

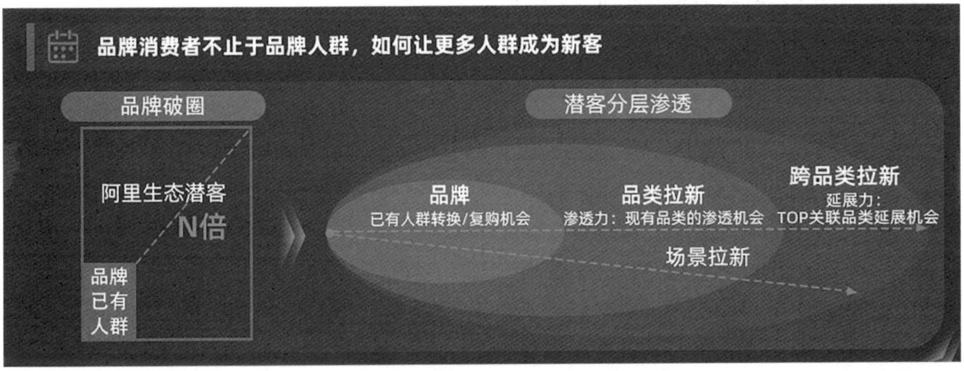

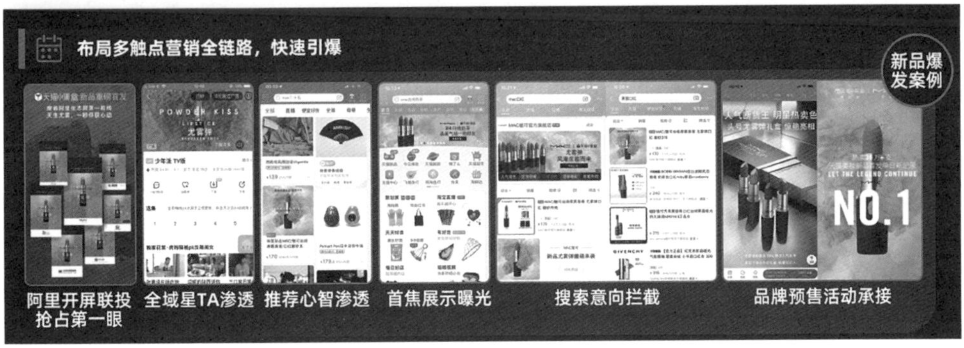

消费者运营解决方案

（帮助品牌破圈，挖掘更多人群。全链路沟通，助力人群沉淀和销售登顶）

览、商品收藏、品牌搜索等，直观地反映营销活动对消费者的影响；使用更符合品牌营销场景的多触点线性归因模型，同时根据不同行业的属性和特点，调整更适用的算法权重。

它对品牌原有的营销评估体系，也实现了三个维度的全新升级。

长期：不仅可以达到短期营销效果及效率的衡量，更能实现长期用户价值的运营；

动态：动态了解消费者决策路径，并实现即时效果评估和优化；

一体化：全链路营销效果评估，可以兼顾整体和阶段性指标。

客户评价

联合利华中国数字和数字化发展副总裁方军：

“品牌广告的效果，我们更多的是看一个长期的、对消费者的影响，当我们有一个实时的、大样本的、通过行为能够证明的一个指标的话，就可以帮助我们非常快的作出抉择。”

玛氏箭牌中国消费者市场洞察总监朱岩：

“这个新的指标体系很有参考价值，它能够帮助我们在核心爆品上不断地去提升投资有效性，并可以再去寻找一些机会，持续不断地打造次爆品。”

3. 埃森哲互动

Accenture Interactive

基础信息

成立时间：1998 年

员工数量：800 人以上（中国）

主要服务行业：消费品及服务、零售、旅游休闲、汽车工业、健康生命、金融服务、互联网及传媒

主要服务客户：水井坊、华为、苏宁、美的、肯德基、保乐力加、百威英博、腾讯、惠氏、迪士尼、资生堂、宝马、伊利、联想、耐克、科勒、欧莱雅、金佰利、飞利浦

平均服务时长：2 年以上

类别：营销咨询服务商

核心竞争力

埃森哲是一家全球领先的专业服务公司，是《财富》（*Fortune*）评选的全球 500 强企业之一，目前拥有约 50.5 万名员工，服务于 120 多个国家的客户。

埃森哲互动是埃森哲旗下的数字营销服务机构，凭借数字营销的创造力、商业咨询的洞察力以及数字技术的赋能，为客户创造最佳体验。2020 年 1 月，埃森哲宣布新增长模式，将市场领先的专业能力组合为四项服务：战略与咨询、互动营销、技术、运营。互动营销成为埃森哲的四大核心业务之一。

埃森哲互动融合了商业咨询公司、创意机构和技术中心的能力，致力于设计和创造以用户为中心的数字服务和产品，并为品牌在数字时代创造最好的体验。

埃森哲互动已连续四年被《广告时代》（*Ad Age*）评为全球规模最大的数字营销服务网络。目前埃森哲互动在中国有近 700 位营销专家，在上海、北京、成都、南京、广州都有办公室，服务上百家客户。

代表案例

回归本源，创造以消费者为中心的客户体验

步入数字时代，消费者越来越追求个性化与情感触达，了解每个消费者的需求，

匹配定制化的内容与触达方式，给到“量体裁衣”式的体验才能更有效帮助品牌获得更多的品牌拥趸、促进品牌增长。埃森哲定义自己为“体验架构师”，不断探索发掘更多有意义的体验，为客户提供变革性的用户体验。

项目名称： 全新零售体验——某国际零售品牌旗舰店的数字化转型

步入数字时代，更容易博得消费者喜爱的是那些能够利用数据读懂消费者，继而打造注重个性化体验，甚至超出他们预期的品牌。作为该零售品牌的合作伙伴，我们基于用户对体验消费升级的渴望，充分了解用户，借助设计思维所发现的机遇与痛点，从战略规划开始到最后的具体实施，为它创造全新零售店铺的数字化转型解决方案。

项目名称： 重塑品牌体验——挖掘美的新消费场景

伴随着消费者的细分化，媒体触点的碎片化和销售渠道的碎片化，营销活动也变得空前的多样化。我们帮助美的，从“人”开始，打通“人 × 触点 × 内容”与品牌的一体化营销，打造一致性的用户认知和共鸣，形成品牌联想。规避冷冰冰的理性说教，而代之以有趣味有温度的情感诉求，打造不一样的品牌体验。

组织架构的模型，决定了数字化转型的效率

数字时代带来的，不仅仅是对消费者行为、品牌营销方式的改变，还体现在对组织架构和个人能力的冲洗。为了更好地驱动品牌增长，我们直击 C 级管理层业务痛点，推行颠覆性的数字转型体验，为品牌领导者实现业务目标。

项目名称： 某国际卫浴品牌数字化转型实时客户体验管理平台规划及系统设计

在各个品牌的实践中，我们看到了或保守或激进的各种尝试，品牌们试图在数字时代更有效地促进品牌增长，试图找到最优化的组织结构。我们在充分了解该品牌的业务组织架构后，为该品牌设计并实施了一项数字营销转型计划，在客户体验的每个阶段优先考虑数据驱动的个性化，并使直面用户成为业务的核心部分。利用客户数据平台和客户关系管理技术新模式，使该品牌能够通过数字触点进行大量的个性化活动。而这些服务由来自业务咨询、用户体验专家、创意和技术实施团队的 One Accenture Interactive 一起联合提供。

创新，探索服务化模式

对于消费者而言，“打通线上线下”不再只是品牌的口号，而是他们对品牌的切实要求。对于客户来说我们不仅仅是“数字服务商”，还是与他们一起创新、驱动业务增长、融合中国生态系统共同实现数字化雄心的合伙伙伴。

项目名称： 肯德基全新社交电商模式

“口袋炸鸡店”是肯德基中国于 2018 年圣诞节前推出的全新营销平台：为全中国喜爱肯德基的年轻人创造拥有一间属于自己的虚拟炸鸡店的机会。基于对当下年轻人的社交行为以及移动互联网时代的深刻洞察，“口袋炸鸡店”不仅仅是一个自带娱乐属性的社交产品，也身兼社交电商的新模式特性。

用户可通过店主身份 DIY 店铺设计、上架店铺商品、与朋友比拼人气和销售排行；“口袋炸鸡店”还拥有社交的功能，可以呼朋唤友为自己的小店“加糖”累积虚拟人气值，解锁优惠与其他功能，也可以帮助好友提升排名、店铺人气榜单和销售榜单。

上线首日即迎来超过 560 000 家新店上线，120 天内的直接销售额超过 4 200 万（不包含访问门店期间的额外销售额）。

创新行动

埃森哲中国数字创新中心融合了柔性工作室、创新中心和交付中心，为企业提供端到端的解决方案，实现规模化创新的成果。

- **埃森哲柔性工作室：** 客户在此与埃森哲行业和技术专家团队一起设计和快速开发创新产品和服务的原型；
- **埃森哲创新中心：** 结合本地行业洞察和埃森哲工业 X.0 创新网络全球 20 余座创新中心的专长，利用扩展现实（增强现实、虚拟现实和混合现实）、人工智能、物联网、数字孪生和自动化等最新数字技术，帮助企业变革核心运营、员工互动方式和客户体验，重塑商业模式；
- **埃森哲交付中心：** 以产业化的方式交付创新成果，帮助企业实现业务流程转型，不断释放新兴信息技术的威力。

4. 百度[1]

基础信息

成立时间：2001 年

主要服务行业：全行业

类别：营销平台

核心竞争力

全系列多场景用户顶级流量

百度营销凭借强大的用户产品优势，每天数十亿次搜索请求、超过 1 亿用户浏览百度信息流、800 亿次定位服务请求，为客户提供全系列产品广告资源，覆盖用户生活全场景。

线上场景：资讯阅读场景、生活出行场景、知识学习场景、兴趣社交场景、工具应用场景、休闲娱乐场景。

线下场景：全面辐射如影院、楼宇、出行、家庭、生活服务等日常生活娱乐各个场景。

通过 AI 技术让投放更简单

百度大脑 实时捕捉用户行为，智能推荐创意，自动根据内容追投广告，为您节省成本。

自动完成创意：利用 AI 完成创意原生化，通过 AI 建模 + 大数据，给机器赋予感性化能力，自动完成创意制作，节省成本、提升效率。

自动优化：根据点过广告的人群和其落地页的浏览行为，AI 进行分析模仿、自动优化投放意向，根据广告转化率自动调整出价。

多重组合投放：百度大脑为每一名用户建立 7×24 小时深度学习模型，自动识别资讯内容，在内容后面实时追投高相关产品广告。

把广告展现给精准用户

借助行业领先的百度搜索和资讯流推荐，根据用户的意图和行为

[1] 注：本研究仅针对百度旗下“百度营销平台”，资料整理自百度营销平台官网。

数据，超过 200 万种特征的精准用户画像，识别每一位用户真实需求及兴趣爱好。

浏览定向：根据用户当前浏览网页中的关键词和最近浏览网页中的关键词分别进行即时定向投放，历史定向投放。

到访定向：定向到访问过指定网站、安装过指定 App（Application，应用程序）的用户，跟紧竞争对手。

贴吧定向：定向 2 100 万个贴吧、定向吧目录（30 个一级目录、375 个二级目录）。

地理位置：根据用户所处商圈、地标、国内省市、国外地区等位置进行定向。并可指定到过某地的人群。

移动定向：定向手机操作系统、网络环境，手机设备 ID（Identity Document，账号）、苹果手机识别号、用户百度唯一 ID。

基本信息：根据年龄、性别、学历等信息进行定向。

用户信息：可指定关注特定兴趣的人群（30 个大类、142 个小类）。

社交关系：根据用户的粉丝属性（明星、人物、节目、赛事）进行定向。

代表案例

名称： 美素佳儿“一拍便知”智能小程序创新营销

目标： 解决新手爸妈对于宝宝便便健康辨别的刚需，提升爸妈对于宝宝肠道营养健康的科学认知，并推广美素佳儿产品不上火、不便秘的特色。

创意： 美素佳儿联合百度大脑，开发“一拍便知”智能小程序，AI 黑科技打造智能育婴神器。百度帮助美素佳儿建立在宝宝肠道消化吸收方面的品牌专业度，解决了新手爸妈对于宝宝便便健康状识别的刚需。

执行： 美素佳儿携手权威儿保专家共同出品，根据《阿姆斯特丹婴儿便量表》，从便便的颜色、形状、便量三大维度详细了解宝宝便便，并利用百度大脑进行建模识别；识别结果以可爱的卡通橡皮泥形象，并且有对应的配音，活泼生动的模拟宝宝不同便便的健康体验状况；媒体导流：主动触达 + 搜索拦截全方位触达母婴用户。

效果： 总曝光超 5 220 万；站外引流超 258 万；小程序互动人次超 125 万；人均使用时长 1 分 22 秒；平均重复使用 1.5 次。小程序在未来将持续在线，长期影响消费者。

创新举措

数字营销进入以 AI 智能营销为核心的 4.0 时代，百度商业服务将实现新连接、新场景、新流量、新品牌的“四新合力”升级，并全面应用于搜索推广、信息流广告、品牌营销、商品推广等核心商业产品。

- **全新搜索推广**：从流量运营到消费者运营，在意图识别、流量、创意、广告匹配等全链路应用 AI 能力，打通线上线下场景实现用户场景全覆盖，并继续为所有的大客户和中小本地客户提供营销和消费者运营能力。
- **信息流广告**：与搜索推广形成“搜索 + 推荐”双引擎，全面应用 AI 技术的同时，整合百度应用程序、好看视频、全民小视频等原生流量及优质的联盟流量资源，支持图片、视频、AR 等多种形式的广告创意，并提供便捷易用的营销工具，为企业提供一站式的信息流营销服务。
- **品牌营销**：聚合线上线下资源，为商业伙伴的品牌成长提供平台支撑，用大数据赋能品牌营销，用 AI 实现心智营销，用百度全意识整合营销数字平台 Omni Marketing 帮助品牌在品牌建设、品牌沟通、品牌转化中实现品效协同，精准有效地发现目标消费者，通过恰当媒体与消费者沟通，最终实现消费者的有效转化。
- **闪投商品推广（Dynamic Product Ads，DPA）**：AI 驱动的千人千面的精准营销，智能连接人与商品，基于大数据刻画人群画像并进行意图的动态识别，基于结构化的商品数据进行商品与意图的匹配并实现广告创意的智能拼接，从而实现在正确的时间和场景向正确的人正确地展示正确的商品信息。

5. 宝尊电商

基础信息

成立时间： 2007 年

员工数量： 5 000 人以上

主要服务行业： 零售（线上线下）、服饰鞋履、3C 家电、美妆护肤

主要服务客户： 耐克、古驰、微软、三星、飞利浦、暴雪、美泰、星巴克、双立人、宜家、Adobe、比亚迪、中国平安、招商银行等 8 大类目 200 余品牌

平均服务时长： 3 年以上

类别： 电商营销服务商

核心竞争力

宝尊电商作为品牌电商行业的领军者，拥有五大核心竞争力。

一站式服务能力

提供针对品牌电商的一站式解决方案和服务，包括网店和购物网站的建设、店站运营、数字营销、订单管理、仓储物流、订单履约及客户服务等方方面面，可以为品牌提供一站式的电子商务服务。

全链路服务能力

宝尊通过技术手段赋能，将线上和线下、浏览与购买、售前和售后等链路结合起来，全面且深入地了解消费者，将品牌的营销和零售紧密结合，实现有效且精准地传达，并帮助品牌挖掘到新的商业机会。

全渠道赋能

宝尊电商的服务，覆盖品牌的官方商城渠道，以天猫、京东、网易考拉、亚马逊、小红书等为主的 30 多个平台渠道，以小程序为代表的社交电商渠道，同时包含智慧门店、线上线下新零售等，为品牌提供全渠道的服务。

技术与创新

宝尊电商在零售系统、数据采集和分析、图像处理和识别、人工智能等技术研发及应用领域持续投入，打造围绕品牌电子商务的智慧化智能化电商运营 SaaS（Software as a Service，软件即服务）化产品，以科技赋能品牌成就商业未来。

国际视野落地全球

宝尊致力于通过技术赋能和定制化解决方案，帮助国际品牌落地其在中国的数字化战略。截至 2019 年第三季度，宝尊服务品牌超 220 个，其中绝大多数为国际品牌。同时，宝尊在中国台湾、中国香港、日本、韩国等，均设有办事处。

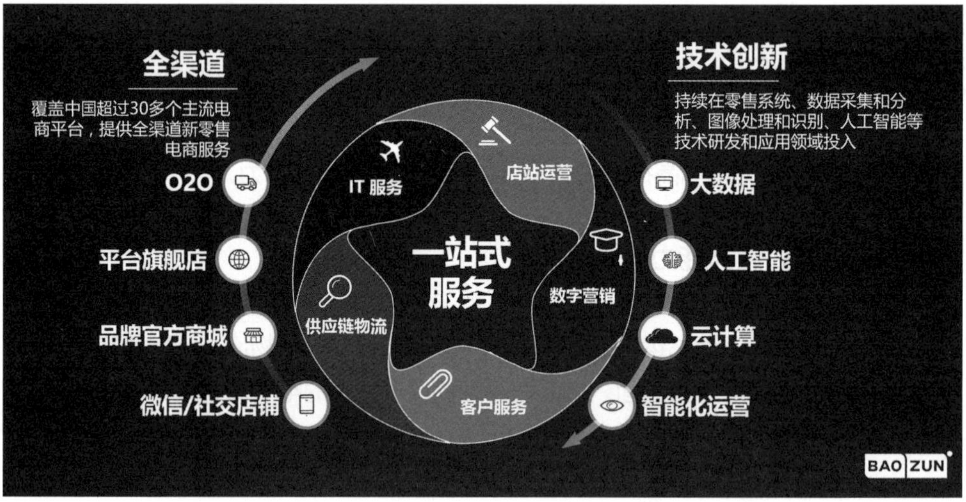

一站式端到端整合电商服务

代表案例

宝尊作为中国领先的品牌电子商务商业伙伴和技术研发及解决方案公司，在数字营销领域，从品牌的生意策略出发，以消费者生命周期推移为目标，充分挖掘用户在各个场景中的数据行为；以大数据为核心，以有销售力的创意为手段，为消费者创造无缝的、全闭环式的消费体验，从而让品牌消费者的生命周期循环往复、生生不息。宝尊数字营销团队现已超过 300 人，包括电商策略、媒体投放、内容社交、视创意、大数据营销、客户关系管理及营销技术 7 大核心部门，为品牌客户实现从策略输出到效果执行的全整合营销服务，实现品销合一。

名称： 汉堡王超级品牌日“从 1 到 7，嘴有多大堡就有多大”

创意： 汉堡王借助天猫平台品销合一的优势，利用娱乐化营销组合，打造一场线上到线下“量嘴定制汉堡”的大事件。

实施： 汉堡王“量嘴定制汉堡”的项目，利用 AR 技术与面目实时捕捉技术，联动线上线下营销场景，打造“量嘴定制”互动新体验。

线上，从 AR 量嘴定制 H5 互动，到社交媒体“不服来斗嘴”趣味挑战，到魔性斗嘴视频的病毒式传播，大量 UGC（User Generated Content，用户原创内容）沉淀为超品日活动造势。同步，天猫超品日特推“喵！皇堡”，引发订购狂潮。

线下，700 多家门店同步发售“喵！皇堡”；网红达人现身挑战 AR 互动、定制 AR“捉猫猫”互动等，引发全民互动。同步直播、媒体曝光，“引爆”超品日话题。从线上营销种草到线下店内引流，贯穿全渠道的个性化定制互动体验，助力汉堡王完成品牌文化传递及线下销量辅助的双重任务，为行业树立了新零售范本。

同时宝尊端到端的一站式服务优势，营销引流种草，天猫旗舰店运营承接，以强大的 IT 技术支持，以及客服的 1 对 1 引导，实现了真正品销合一的效果。

效果： 超品日当天访客较之前日均增长上万倍，成交量相当于日常 2 个月的全店销量总和；

超品日当天粉丝增长量为日均增长量的 200 倍；

超品日当天新买家占比高达 94.5%。

创新行动

宝尊电商深耕品牌电商行业十余年，深刻洞察品牌主以及平台方的根本诉求。当下，电商平台对于内容的需求量远超品牌内容生产量，在这一洞察的支持下，宝尊通过自主创新的 AI 图像识别技术和自然语言生成技术，创造了可以通过识别图

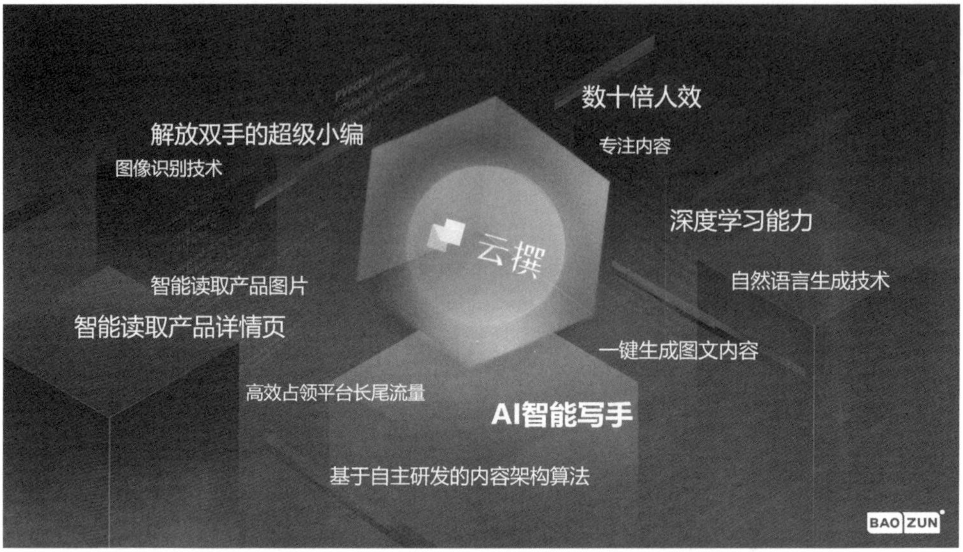

宝尊“云撰”优势

片，一键生成海量不同种草文章的“超级 AI 小编”——云撰。

优势：基于领先业界的核心算法优势，宝尊云撰拥有三大优势。

- 量级：分秒级生成速度，保证内容产出满足品牌海量 SKU（Stock Keeping Unit，库存量单位）内容需求，且智能自动化运作，24 小时无休。
- 品质：针对相同图片，云撰可根据不同语言习惯、不同目标受众的设置，生成多样化千人千面文章，且通过长时间的机器学习，生成文章将越来越符合品牌及品牌消费者调性。
- 便捷：信息导入、内容生成皆为一键式，同时，云撰可智能对接平台及内容分发端口，大幅度降低人工操作成本。

效果：

- 2018 年“双 11”大促期间，云撰帮助 GUESS 快速入局，用少量商品测试内容带货力，期间内容输出量超 150，引导进店人数超 6.4 万。
- 2019 年 4—5 月常规期，云撰通过半年多的交互学习训练，技能全面进阶，输出更懂时尚、懂品牌、懂消费者的有销售力内容。为 GUESS 全店商品输出内容超 1 300，引导进店人数超 19 万，并在 GUESS 千款货品中成功培养出爆款商品。

客户评价

飞利浦个人健康业务全球首席执行官彼得·诺达（Pieter Nota）先生：

“宝尊是飞利浦杰出的合作伙伴。”

哈根达斯：

“专业的团队，细心的服务。”

李维斯电商市场部：

“Greater together with Baozun！”（“与宝尊一起变得更强！”）

Canada Goose 电商市场总监：

“能文能武能创造，敢想敢拼敢担当。”

星巴克电商市场部：

“宝尊是我们信赖的合作伙伴，宝尊团队执行力强，对行业具有非常专业的理解和掌握。宝尊在创意和设计上也有超出同行业的水准，和宝尊团队一起工作，超出了客户与服务商的关系，而是一起探索创新，实实在在为品牌赋能的过程。所有的酸甜苦辣，我们都一起承担。”

6. 德勤中国创新、数字化及研发中心

基础信息

成立时间： 2018 年

员工数量： 600 人

主要服务行业： 金融、生物医药、TMT、房地产、能源、政府智慧城市项目等

平均服务时长： 1.5 年

类别： 专业咨询机构、营销咨询服务商、营销数据服务商

核心竞争力

我们相信，未来企业的商业模式、经营管理都会越来越多地向产品化业务和服务敏捷化开发模式迁移。然而，业务部门提出的需求往往呈现点状、分散化的特点，如何快速提炼业务需求，形成标准化、可迭代的轻型产品，是企业商业模式和经营管理转型的主要挑战。

早在 2018 年底，德勤勤跃已经建立了创新、数字化及研发中心（Innovation & Development Center，简称 IDDC），核心管理层由德勤中国创新主管合伙人刘明华、德勤中国首席数字官赵文华等组成，开始探索以线上化、智能化产品为核心的创新业务模式。通过将产品技术应用到业务场景，快速提升服务效率，减少了人员数量和工作量。截至 2019 年底，德勤 IDDC 已建立了一支涵盖前、中、后台的专业团队，累计研发产品超过 50 个。

德勤创新产品是基于专业服务知识的升级，目前已采用的技术包括但不限于：大数据、高级分析、人工智能、认知技术、自动化、机器人、云、网络安全、SaaS。德勤全球去年在创新方面的投资约为 40 亿美元，占总营收的 10% 左右。通过一年多的积累，德勤 IDDC 已实现：

专业化产品

德勤 IDDC 集结了德勤在财务、税务、风险咨询、财务管理和管理咨询领域多年的知识沉淀，推出了多样的专业化产品，协助企业在价值管理、风险防范、客户拓展、业务分析、数字化等多个领域转

型发展。产品覆盖行业包括：零售、能源、金融、医药、科技等。

产品落地能力体系

德勤 IDDC 借鉴了德勤全球的产品落地经验，通过一年多的摸索，成功创建了一整套行之有效的产品落地流程（Idea to Asset，简称 I2A），满足各类业务需求，并可结合业务转型实现快速迭代更新。

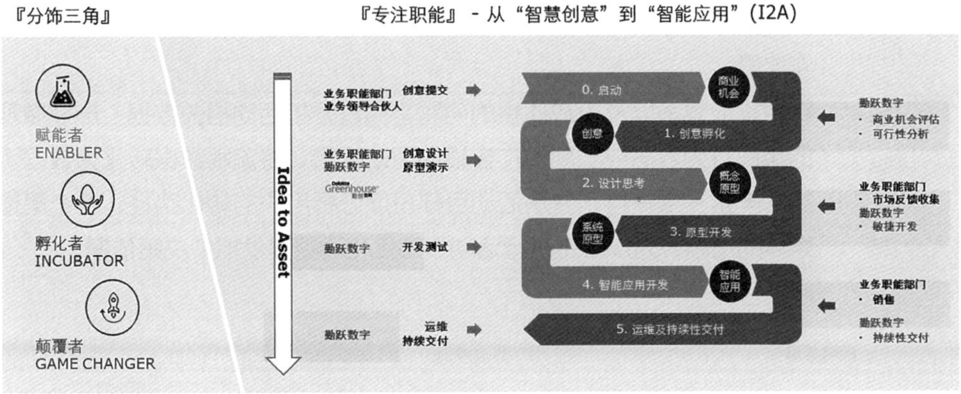

德勤创新、数字化及研发中心角色与职能

代表案例

名称： 数字化媒体投放评测及优化服务

背景： 数字广告的玩法一直在变，广告主应如何应对，才能尽可能地规避风险，控制成本，从中获益，成为这场数字游戏的赢家，相信这是广告主普遍关注的问题。基于对风险的洞察及行业实践，德勤中国构建了数字化媒体投放的全面风险管理体系。这个体系涵盖声誉、财务、运营、效果评估、技术、信息安全六大方面，可实现企业对数字广告投放管理的全面评估和管理。

目标： 站在风险的角度，以风险驱动去看整个数字化媒体投放。以“风险驱动 + 数据驱动”相结合的角度去覆盖媒体投放的整个生命周期，为广告主在投放前、投放执行、投放后做整体服务，帮助广告主全面管理数字化媒体投放的潜在风险。

方案： 德勤一直秉承客观、中立的立场，以广告主的数据资产化为目的。全程通过流程挖掘、流量数据收集、规则构建、数据分析，实时为广告主提供媒体全链路分析，识别最佳转化路径，协助广告主构建第一方数据，构建自身的数据管理体系。

针对投放真实性的问题，利用专业的黑名单库以及不断更新优化的过滤规则，及时识别和过滤异常 IP、异常设备、异常曝光、异常点击、异常频次等等“无中生有”的异常流量以及定向频道异常、播放顺位异常、地域异常等等“以次充好”的异常流量，最大程度地还原广告投放的真实流量。

针对投放效率以及投放质量的问题，通过分析活动相关数据，形成微观的用户行为数据或宏观的广告投放活动报告，将流水数据转化为数据资产，丰富受众资料，并从活动目标角度分析用户的转化路径、各个渠道媒体的贡献，为广告主进行活动策略优化调整提供相关决策依据。

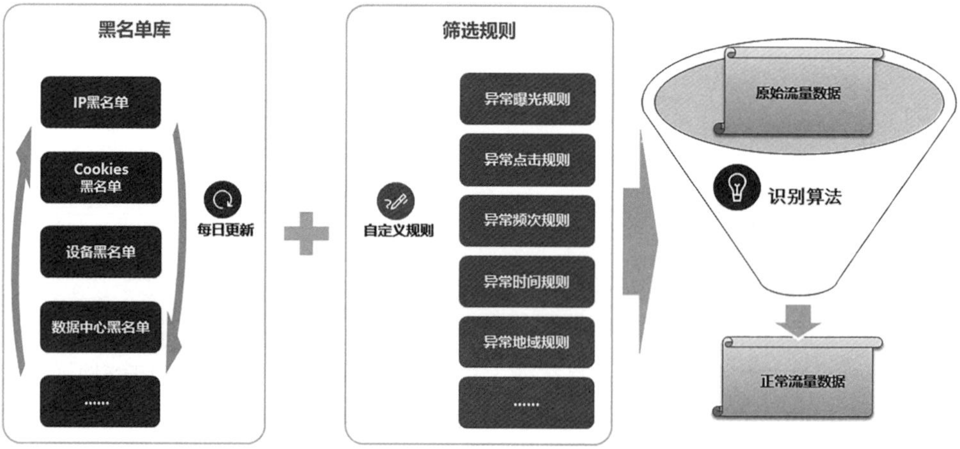

无效流量识别

整个方案完全从广告主角度触发进行广告监测评估与数据收集，过程更为透明，效果更加优化，数据利用最大化。更重要的是这些数据将最终沉淀到广告主第一方的数据库中，而不仅仅只留存于投放服务商和媒体的数据库中。德勤拥有专业的数据处理能力，能够量化评估、分析、预测媒体渠道在客户营销各环节绩效，并实现数据可视化，帮助广告主实现数字资产化。

创新行动

2019年，德勤全面升级“第四张报表”，以非财务数据为核心，搭建以企业绩效为基础，关注数据资产价值，涵盖用户、产品、渠道和财务四大维度的量化企业价值管理体系，为企业提供更全面的价值评估和更深入的管理洞见。

主要内容：“第四张报表”构建三层级价值体系，实现价值洞察、价值驱动、价值管理。

价值洞察：第四张报表关注企业客户资源、数据资源、技术能力、整合能力等隐性价值要素，识别价值转移路径，实现更全面的价值洞察。

价值驱动：创新引入价值驱动模型，跳出传统以业务流程为脉络的管理模式，识别业务的价值增长核心驱动，快速定位业务发展的“北极星”指标。

应用场景：助力企业实现事前预算拆解、事中业绩跟踪、事后评估分析三大类管理应用。快速协助企业定位价值增长引擎及所需的内外部管理支持，从结果管理走向增长驱动；搭建体系化、联动性的指标体系，动态跟踪、实时管理价值成效；结合行业趋势、同业对标等数据，实现价值增长的多维度归因分析，洞察行业发展核心动力，反哺企业未来的业务发展规划。

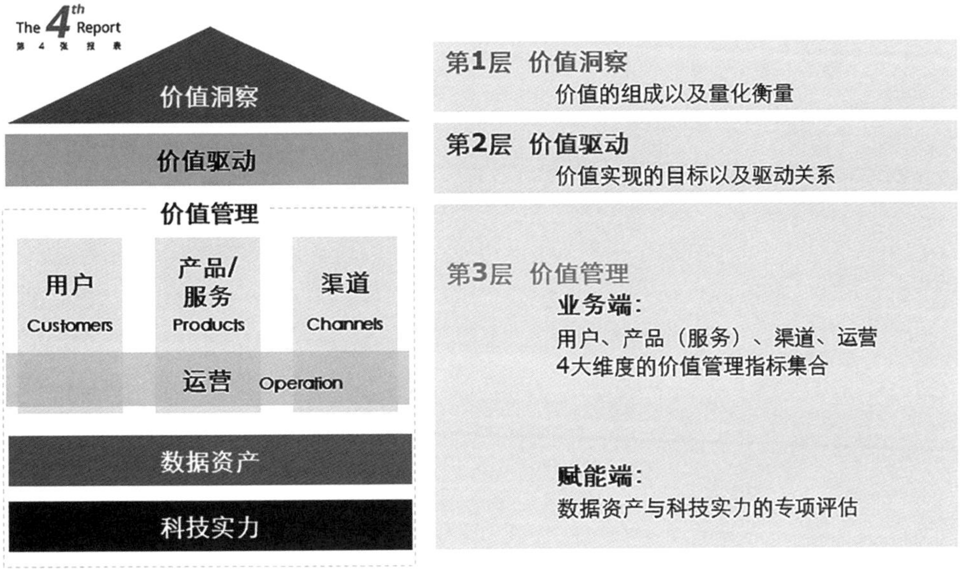

“第四张报表”理论体系

客户评价

“第四张报表”客户：

“‘第四张报表’是传统企业实现数字化转型的利器。德勤一如既往的专业，在短时间内了解了我们的情况和诉求，帮助我们梳理了业务线，打破企业内部的数据壁垒，让沉淀数据充分得到应用。企业的运作更加扁平化、高效化，对管理层的决策起到重要支持。”

数字化媒体投放评测及优化服务客户：

“如果说企业内部的市场部是一个投资部门，那德勤的‘数字化媒体投放评测及优化服务’就是我们极为倚重的投资仪表盘。他们专业、严谨的风险意识，以及完善、领先的监测评估技术，很好地让我们在广告投放全过程中，实现了成本、效果、风险的把控。广告投放变得更加可控，我们也更有信心面对新形势下的各种挑战，这是在当前多变的数字广告环境下极为重要的事情。”

7. 分众传媒

基础信息

成立时间： 2003 年

员工数量： 6 000 人

主要服务行业： 全行业

主要服务客户： 阿里、腾讯、京东、滴滴、瑞幸咖啡、农夫山泉、波司登、飞鹤、雪花啤酒、长隆等 5 400 多个品牌

平均服务时长： 核心客户 10 年以上

类别： 营销媒介服务商

核心竞争力

分众传媒成立于 2003 年，在全球范围首创电梯媒体，已经发展成为全球最大的原创电梯媒体集团。分众传媒的主要产品为楼宇媒体（包含电梯电视媒体和电梯海报媒体）、影院银幕广告媒体和终端卖场媒体等，覆盖城市主流消费人群的工作场景、生活场景、娱乐场景和消费场景，并相互整合成为生活圈媒体网络。

目前，分众覆盖国内 230 多个城市，超过 260 万个电梯终端。并且跟随国家全球化战略和一带一路战略，已在韩国和印度尼西亚设立控股子公司、在新加坡设立联营公司拓展海外媒体资源。十年来还发展了欧盟、德国、澳大利亚、俄罗斯等 40 个国家和地区的海外加盟商。

分众传媒建立了中国首个户外电视收视率 Infosys OOH 评估系统，填补了全球市场空白；推动电视、户外电视、互联网媒体的跨屏研究 Mix Reach 系统，成为业内最早使用的多屏投放效果测算工具；分众传媒大数据精准营销服务平台，被评为上海张江国家自主创新示范区专项发展重点项目。

分众传媒的数字化转型已经成为中国传统媒体数字化转型的成功模式。目前，分众传媒已经实现了实时可监测、洞察可回流、效果可评估。分众传媒集团已成为融入品牌全域营销、提升品牌消费者资产的核心平台，可以协助品牌精准投放，屏与端流量互动，助力品牌在数字时代提升销售转化率。

代表案例

名称： 瑞幸小蓝杯“引爆”生活圈“这一杯，谁不爱”

背景： 中国的咖啡市场是一片充满无限机会的蓝海。多年以来，中国咖啡零售行业一直缺乏一个强有力的第二品牌，这为瑞幸咖啡的发展提供了空间。

目标： 强势覆盖城市主流人群，“引爆”品牌。

策略： 线下“引爆”+线上裂变。

创意： 将分众电梯媒体作为线下唯一传播渠道，全覆盖主流人群的必经生活轨迹。配合线下分众电梯媒体的大规模曝光，进一步投放社交 LBS（Location Based Services，基于位置的服务）广告形成裂变拉新。

执行： 围绕主流人群的必经生活轨迹，在线下大量投放电梯电视广告和电梯海报广告，全覆盖商务白领人群。线下的饱和式投放帮助瑞幸咖啡在消费者心智中建立了更容易获得和品质更好的差异化认知。社交 LBS 的打法，向门店附近的人群发放优惠券，通过裂变拉新促进用户增长，形成自发的二次传播。

效果： 广告投放期间，瑞幸咖啡中英文名的百度搜索指数都有显著增长。特别是 3 月份启动更多城市大规模投放后，2018 年 4 月 17 日，“瑞幸咖啡”百度指数达到 2 月 17 日的 12 倍；当天，瑞幸咖啡荣膺 Apple Store 美食佳饮类免费榜第 1 名以及免费总榜的第 33 名。多城市大规模投放引发了大波主流媒体的热议，媒体自发撰稿形成二次传播。

创新行动

分众传媒集团是全球最大的原创电梯媒体集团，对广告媒体行业有独特的创新贡献。

首先是以电梯媒体开创了一种全新的广告媒体形态，建立了区别于大众传播方式的聚焦主流人群的垂直化传播模式，打造了电梯媒体的品牌“引爆”法。

基于此，分众传媒帮助新品牌“引爆”市场，助力老品牌焕发新生。

例如，分众传媒为瑞幸咖啡策划的线下营销，为其积累了强大的势能，以建立认知做到了成功占领心智；2018 年，波司登联手分众传媒，展开“‘引爆’主流、激活品牌”亿元级战略合作，实现了在主流市场需求下的品牌价值重塑，激活主流消费者心中的“羽绒服专家”认知。

其次，分众传媒以线下平台的数字化转型升级实现“品效协同”，做到了实时可监测，数据可回流，效果可评估。分众与阿里巴巴合作后建立的品牌资产数据回流分析，基于用户的线下媒体行为和线上行为，可以为广告主描绘出完整的广告效果的全链路图景和效果归因路径。

天猫与分众 2018 年“双 11”的合作数据显示，被分众触达且是新客的到店人群占比达到了 76%。在销售转化层面，在参与“双 11”联合投放的品牌中，看过分众的新客销售转化指数均值是 118，老客销售转化指数是 110，而未看过分众的新客销售转化指数均值为 91，未看过分众的老客销售转化指数均值为 94。精细、实效的效果评估展示了分众传媒的品效协同的影响力。

客户评价

波司登：

“分众传媒精准覆盖中国 3 亿都市主流人群，精准的受众定位和强大的品牌‘引爆’力为波司登回归主流人群、筑高品牌核心竞争力起到了至关重要的作用，波司登携手分众传递匠心品质，激活品牌力量，‘引爆’主流市场，成就百年品牌，千亿梦想。”

娇韵诗：

“娇韵诗和分众传媒携手中国好声音打造的 V 脸精华产品上市，奠定了娇韵诗品牌在中国市场推广的新起点，至今还被美妆行业认为是市场推广的成功案例。”

8. 华扬联众

基础信息

成立时间： 1994 年
员工数量： 2 200 人
主要服务行业： 汽车、快消、美容、电子科技、电商
主要服务客户： 蒙牛、京东、一汽大众、上汽通用、雅诗兰黛、OPPO、宝洁、百胜中国、苏宁
平均服务时长： 10 年
类别： 整合营销服务商

核心竞争力

华扬联众是以驱动增长为核心、整合全渠道营销的信息技术服务公司，旗下整合了信息技术营销服务、媒体渠道数据平台、文化传媒 IP 内容三大优势业务板块，并形成了高效联动、以商业数据赋能全渠道营销的闭环，助力商业伙伴在快速变化的竞争环境中实现价值最大化，以商业力量创造美好生活。

代表案例

名称： 361° 跑出你的答案

背景： 在中国，参与跑步运动的人群越来越大众化，体育品牌在跑鞋品类的市场竞争也越来越白热化，如何在竞争激烈的市场环境中脱颖而出成为每个品牌必须面临的挑战。361° 品牌在 2019 年引入其高端产品线“搭载 QUIKFOAM 科技的锋熠跑鞋”，希望透过与大众跑者的沟通建立共鸣，打造专属于 361° 跑鞋品类的核心竞争力。

目标： 与竞品形成品牌区隔，在跑鞋品类中找到专属于 361° 品牌的产品定位及品牌沟通方式，为 361° 跑鞋品类后续产品的推出和传播搭建长期、可延续、有价值的传播平台。

策略： 精选作家们的跑步名言，将跑步的答案之书商品化、体验化、热点化。

创意： 跑出你的答案——依托 Kindle 中 14 位知名作家的金句，与跑者共创品牌内容平台——《答案之书》

执行： 采访了数十位不同职业的大众跑者，他们跑步的目的和里程不同，但都有自己的感悟。同时，结合 Kindle 大数据平台挑选出有跑步习惯的作家、导演、戏剧人物的跑步箴言，创作出了一本关于跑步的《答案之书》。这本《答案之书》被设计、装订，打印，放置在一款特殊的鞋盒里，与 361 新品跑鞋组成限量版套装。同时，把《答案之书》概念放大，做成线下体验馆，在外形为《答案之书》的书店快闪店里售卖跑鞋。成百上千的跑者走进书里，体验 QUIKFOAM 跑鞋，跑出自己的答案。

效果： QUIKFOAM 限量版跑鞋上线即被抢购一空，快闪店周边店铺营业额较去年同期增长 48%；快闪店两天进店人流 20 000 人次，参与互动用户达到 5 500 人次；微博“跑出你的答案”话题阅读量高达 1 705 万次，超 9 000 人自发参与讨论；搭建“跑出你的答案”大众跑者沟通平台，为后续传播持续累积品牌资产。

创新行动

基于区块链技术的全新用户价值实现平台——“麦哲伦”CVP（Consumer Value Platform，用户价值实现平台）：品牌主接入麦哲伦联盟平台，打通联盟用户和积分，提供优惠的商品兑换，以及在自己的私域 App 或公众号内推广麦子以及其他盟友的宣传信息。引导用户去麦子平台注册并使用积分，为其他品牌提供用户源，利用深度的积分兑换，提供高品质的商品，吸引其他盟友的用户进来，从而让整个生态的流转起来。于品牌主而言，“麦哲伦”是针对品牌私域用户管理和运营的用户价值管理、交易平台，品牌主接入麦哲伦联盟平台后将通过统一、通用的积分兑换及优惠制度，激发品牌私域会员活性显著提升，更可从联盟平台内高效且高性价比的获取新客，为品牌私域不断引入活水，强化品牌私域的运营效率和可持续性。而对于消费者而言，他们可以在此享受一站式积分兑换、增值体验获取、自我消费表达与社交，更在去中心化的社交营销时代，让人人有机会成为品牌大使并实现消费价值变现。

9. 久其数字

基础信息

成立时间： 2017 年

员工数量： 320 人

主要服务行业： 互联网、电商、汽车、游戏、快消品等

主要服务客户： 茅台、劲牌、佳能、ZIPPO、澳门永利、李宁、古北水镇、乌镇、厦门旅游、三亚旅游、西安旅游

平均服务时长： 3 年

类别： 整合营销服务商、营销创意服务商、公共关系服务商、营销媒介服务商、电商营销服务商、出海营销服务商、大数据技术服务商

核心竞争力

久其数字传播以“数据 + 传播”双基因为特色，以大数据支撑传播，以传播释放数据价值，实现了传播的持续增值，让用户画像更精细、创意更有效、媒介更精准、效果更优化，致力于为政府、企业集团、媒体单位客户提供全球全渠道的一站式数字传播服务。

创意优势： 4A 水准的广告创意、互动创意、体验式营销、中国 4A；

媒介平台： 30 万以上优质 KOL、20 多个 App 新媒体资源、6 大高效信息流广告资源、9 类移动媒体资源；

技术能力： 背靠母公司久其软件在数据和技术领域的 20 年积累，久其数字传播有着天然的“数据 + 传播”双基因优势，依托海量数据和强大的数据分析能力，搭建起数字营销产品体系，包括久其营销数字化管理平台（用户管理）+ JoinShare（全民营销）+ 点入魔方（效果营销）+ PandaCompass（出海）+ JoinChat（久其智能客服）+ 自媒通（自媒体营销）等；

海外经验： Facebook、Twitter、Google 的大中华区官方合作伙伴。

针对品牌营销任务的每一个环节，精准触达到痛点及需求，建立独有的营销传播闭环，不仅助力品牌提升自身价值，更能在激烈的商业红海中发掘全新的品牌合作模式，达到共赢共享的战略化深度合作。

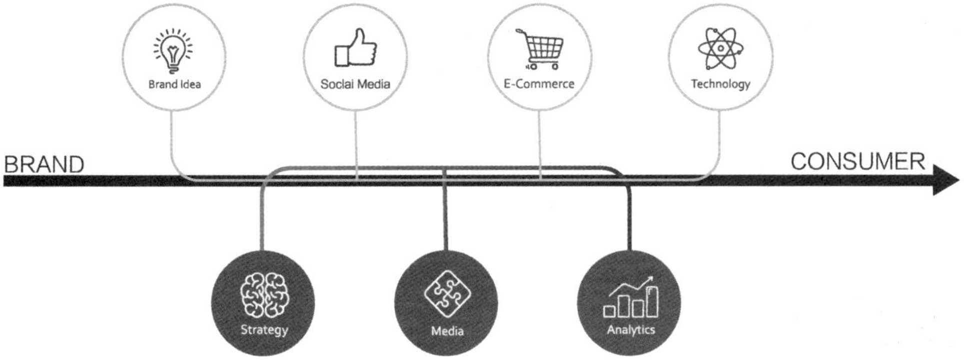

久其全案整合营销服务流程

代表案例

名称： 茅台 Facebook“360° 寻找茅台酒瓶”系列线上活动

背景： 2018 年茅台酒围绕中国传统文化和酒文化为主题进行线上活动布局与展开，希望通过各种新颖的内容与多样化的形式与创新性的活动，加大海外年轻人对茅台品牌的认知，不断延续茅台酒在海外市场的受众范围，成为全球白酒典范。

目标： 在海外社交媒体与世界各国友人进行良性互动，将茅台文化精髓深入其中，以文化输出的形式增加茅台酒品牌价值，助力茅台品牌效应推向海外全球，促进中外文化交流。

策略： 本次活动以 360 度室内全景为背景，将茅台标志性的酒瓶作为贯穿元素，通过寻找在客厅的茅台酒瓶个数进行沉浸式体验，让海外茅台粉丝亲自参与其中，从而让粉丝们对茅台产品及品牌文化的认知进一步加深和巩固。

创意： 360 度全景是通过技术或设备模拟出一个可交互的、虚幻的三维空间场景，通过让粉丝亲自参与其中的一种互动性与文化相结合的方式，提高线上活动的娱乐性及互动性。

执行： 值得一提的是，系列活动分 3 次进行，每次活动的难度都会进行升级，画面制作更加精美，使用户的互动体验质量得到提升。

效果： 活动曝光量高达 2 000 万次，点击量超过 80 万次，互动量（包括点赞、评论、转发）超过 6 万次。

创新行动

久其数字传播重视技术产品的创新，同时以数据和技术驱动着业务的发展和营销向智能化的升级。先后推出了一系列创新性技术产品平台和定制化技术服务，并持续进行更新迭代。

- **久其营销数字化管理平台**：久其营销数字化管理平台渠道管理更加丰富全面，精准定位外部新的目标客群，针对客群兴趣爱好，完成个性化的品牌展示，为品牌带来新用户的关注与转化。并能够实现用户数据规模化，销售业务精准化，品牌营销个性化。是一个集渠道管理、用户管理、品牌管理于一体的营销平台。
- **久其智能营销助手 JoinChat**：除了致力于解决中国出海企业推广和营销存在着的客户信息沉淀断层、品牌形象不鲜明、人工客服沟通难成本高等诸多痛点，它同时还是一款实用、有用的行业解决方案，不只能够助力产品销售，更是可以全程引导，为客户做出定制化营销决策的智能管家。可以大大降低中国企业出海门槛，为中国品牌出海提供更加快速、准确、便捷的服务。
- **久其全民营销 JoinShare**：是一款致力于帮助企业实现与用户亲密沟通、深度挖掘用户价值的营销工具。它可以将与品牌最亲近的群体动员起来，从企业内部、品牌核心用户辐射至全民，实现传播活动的裂变与指数级的曝光。帮助企业以更低的成本产出更多优质的用户原创内容（User Generated Content，以下简称 UGC），发掘属于企业自己的 KOL，进一步帮助企业提升品牌美誉度、知名度，提高投资回报率。

客户评价

贵州茅台酒副总经理：

“久其数字一直是我们稳定的合作伙伴。他们对茅台品牌及酒文化的矩阵式、立体化的宣推，准确定位受众，品牌渗透度高，取得了很好的品牌长效。”

之宝（Zippo）中国营销传播经理：

“久其数字在微信生态用户关系管理及多媒体社会化营销中为我们提供了长期、高质、有效的服务，对 Zippo 品牌及 Zippo 文化推广起到了重要的作用。”

10. 巨量引擎[1]

基础信息

成立时间： 2016 年

品牌简介： 巨量引擎（Ocean Engine）是字节跳动旗下的营销服务品牌，整合今日头条、抖音、西瓜视频、懂车帝、穿山甲等产品的营销能力，汇聚流量、数据、内容等合作伙伴，为全球广告主提供综合数字营销解决方案。

类别： 营销平台

品牌产品

今日头条

今日头条是一个通用信息平台，致力于连接人与信息，让优质丰富的信息得到高效精准的分发，促使信息创造价值。

抖音

一个帮助大众用户表达自我，记录美好生活的短视频平台，应用智能技术为用户创造丰富多样的玩法。

西瓜视频

西瓜视频是国内领先的 PUGC（Professional User Generated Content，指在移动音视频行业中的“专业用户生产内容”模式）视频平台，它通过个性化推荐，源源不断地为不同人群提供感兴趣的优质内容，同时鼓励多样化创作，帮助人们轻松地向全世界分享视频作品。

懂车帝

懂车帝是“看车、选车、买车”一站式汽车媒体和服务平台，产品基于个性化推荐引擎帮助用户发现感兴趣的汽车内容，同时配有车

---

[1] 注：因巨量引擎即将开展品牌焕新，本书仅提供品牌及产品简介。

型库、360 度全景看车等选车工具，为用户打造内容 + 社区 + 工具等多元生态。

Faceu 激萌

一款能社交的 AR 相机，海量酷炫贴纸、激萌表情包、实时美颜、趣味特效让聊天姿势更丰富更有趣，满足全方位拍摄需求。

轻颜相机

以“风格”“姿势”两大独家功能打造独一无二拍摄体验，基于智能技术带来特有的高级感，成为用户热爱、飞速增长的图像平台。

皮皮虾

皮皮虾以“分享快乐的力量”为使命，致力于打造一个让年轻人最有归属感的平台，依靠丰富的 PUGC 内容、有特色的互动形式以及独特的社区氛围，让用户自由表达和分享生活中的快乐。

穿山甲

穿山甲是巨量引擎旗下的视频化广告平台，聚合优质媒体，为全球 App 和广告主提供高效的用户增长和变现解决方案，推动广告价值高效转化。

海外推广

字节跳动旗下产品已覆盖超过 150 个国家、75 个语种，在 40 多个国家和地区位居应用商店总榜前列，通过产品连接国际用户，推送广告信息，满足海外推广需求。

11. 利欧数字

基础信息

成立时间： 2014 年

员工数量： 1 400 人

主要服务行业： 互联网、快消、汽车、3C 耐用品、美妆、运动时尚、电竞游戏、医疗保健

主要服务客户： 阿里巴巴、今日头条、腾讯、京东、苏宁、蘑菇街、茅台、恒大集团、海尔集团等

平均服务时长： 3 年

类别： 整合营销服务商、数字营销服务商、营销创意服务商、公共关系服务商、营销媒介服务商、电商营销服务商、出海营销服务商、社会化营销服务商、信息流与短视频营销服务商

核心竞争力

全球市场正在经历一场数字变革和数字化转型。数字已不单是“媒体”，而是数据来源、生意渠道和沟通方式。同时，传统广告公司的业务模式正从自上而下（客户导向）向自下而上（消费者导向）而转变，且竞争对手不只来自同行业。为应对挑战，利欧以“多元 + 创新”的战略，在不断整合上下游产业链的基础之上，进一步拓展营销边界，探寻与客户合作的更多可能性。利欧试图延伸上游至产品的商业策略端、研发设计端，下游探索媒介与内容的结合，发力社交电商、短视频与信息流。最终，通过“以消费者为核心、以数据为导向、以内容为目标”的数字化方案，帮助客户实现传播与业绩的双赢，成为更好的公司。五年的发展历程，利欧已成长为一家营收超百亿的数字营销集团。

创新行动

利欧数字一直希冀以数字和创新重构营销，成为可持续发展的行业领跑者。通过结合外生收购与内生孵化，利欧努力在打造高效协同的生态体系的同时，持续推

动基于数据流量、创意内容、平台资源与新兴技术的创新。

外生收购：利欧旗下现已整合了琥珀传播、氩氪数字、聚胜万合、万圣伟业、微创时代、智趣广告六家全资子公司，及世纪鲲鹏、碧橙电商等数家投资公司。每一个业务单元充分“造血”的同时，将以不同组合形态，最大化“1+1 > 2”的协同效应；

内生孵化：利欧已相继孵化了专攻短视频、达人直播、社交电商的火星仓，专攻健康品类营销的夸克，并成功打造“+A”创意热店孵化平台。孵化不仅能为利欧获取新的能力而持续“供血”，更能为利欧有效吸纳行业内最优质的人才；

产品研发中心：利欧不断投入人力、物力、财力，深入探究人工智能、区块链用于数字营销领域的可行性方案，已研发 AI 写手及 IPFS（Inter Planetary File System，行星际文件系统）等工具，并将进一步完善数字营销云和人才发展协会大数据系统，从而帮助客户实现更为精准化和定制化的服务。

客户评价

匿名客户 1：

“对我们品牌而言，利欧数字已不仅仅是营销合作伙伴，而是长期的商业战略伙伴。利欧帮助我们一起面对和处理了数字化转型带来的各种难题，帮助我们与消费者建立更有力的连接，有效推动了业务增长。我们相信，利欧的创新将有机会启发整个行业往更好的方向发展。”

匿名客户 2：

“利欧数字向我们展示了代理商如何通过‘整合’与‘创新’为品牌创造更多商业机会。利欧为我们量身定制的战略规划、品牌定位及整合解决方案，对我们品牌价值与业绩的提升都起到了极大的推动作用。多元渠道、多样内容、多变玩法让我们和消费者走得更近。”

12. 蓝色光标数字营销机构

基础信息

成立时间：1996 年

员工数量：1 379 人

主要服务行业：高科技、互联网、汽车、快消、金融、地产

主要服务客户：一汽-大众、联想、百度、京东、佳能、vivo、宝马、沃尔沃、伊利等

平均服务时长：10 年

类别：整合营销服务商、营销创意服务商、公共关系服务商

核心竞争力

基于蓝色光标集团 20 余年的积淀，蓝标数字践行以创策为驱动，秉承“服务、创意、内容”+“产品、技术、数据”的智能营销理念，逐步构建了客户关系管理、智能自媒体管理、大数据、IP 资源等创新布局；整合媒介购买、电子商务、泛娱乐、OTT 等各种能力与资源，通过一站式营销解决方案，助力客户实现品牌商业价值的更大化。

代表案例

名称： 《JOY 与锦鲤》

背景： 此项目为 2019 年京东品牌形象短片，也是京东品牌吉祥物 JOY 的 IP 营销进阶之作，特意选择在京东“6 · 18”生日前期上映，用富有内涵且温暖的小故事，为随之而来的超级购物狂欢节暖场，向消费者传达京东“以客户为中心的价值创造”的品牌理念，讲述京东与消费者间“相知同行，喜悦相伴”的品牌故事。

策略： 通过一个暖心的小故事，一条高品质的动画短片，以非广告的形式，将

京东的品牌理念、与消费者之间的情感链接不仅传递给京东的用户，也传播触达更广泛的人群。

创意： 打造了一支纯粹中国文化元素的动画短片，在中国传统神话故事中找寻灵感，用寓意好运的锦鲤跃过龙门变化为神龙的故事，代表消费者对生活的期待与在京东陪伴下的改变。

执行： 在光与色彩方面未使用欧美动画常见的明暗对比，而选择使用中国传统水墨风格的晕染进行计处理，画面中的山水等元素完全参照中国传统山水画中的形态进行设计。

在仅仅 48 天的时间里，完成了编剧、故事脚本、人物形象、人物神态、影片节奏、配乐等所有工作，还克服了 JOY 全身 50 万根毛发与影片中 3 亿颗水粒子的特效挑战，完成了一次中国特色的极限执行。

效果： 多渠道传播短片，覆盖微信朋友圈、腾讯视频、新浪微博、秒拍及各大微信公众号，在线视频播放量 500 万次，更在 CCTV 播出，并通过电影发行的方式打造仪式感，提高该短片在行业内的高度。《JOY 与锦鲤》项目展示了一流的挖掘品牌与消费者共享的洞察与情感的能力、一流的用画面讲故事的能力、一流的制作能力、一流的与中国传统文化及集体回忆的结合，是现时少有的人文品牌画卷。该作品荣获 2019 年度时报广告金像奖最佳设计奖、视觉创意类金手指奖及 2019 In2 Sabre Awards 金奖。

创新行动

1）专业能力建设创新

创意能力精细化：

- 提升品牌价值营销能力：2018—2019 年，在创策驱动下，深耕品牌价值营销。基于对品牌的深刻理解、对消费者的深入洞察以及对创意的大胆表达，让品牌的价值主张和消费者生活紧紧链接在一起，产出了像《京东——JOY 与锦鲤》《奥利奥 × 故宫——朕的心意》《飘柔 30 周年》《伊利献礼 70 华诞》等优质创意项目。
- 深挖 IP 资源开发与创新能力：通过成熟的商务能力以及专业的创意能力，从品牌商业诉求的原点开始思考，驱动 IP 的个性化创新，帮助客户打造了一系列和 IP 相关的经典项目，如：百度小度智能机器人 × 故宫，iQOO× 中国航天、京东 × 敦煌文化研究院、伊利 QQ 星 × 国家博物馆等 IP 合作项目以及《伊利成长发现之旅》等自有 IP 升级项目。

- 融合创意与技术：助力并整合蓝标体系 AI 技术，能力涵盖智能营销全链条，从目标洞察到策略制定，到基于数据分析的创意产出，再到线上线下的精准投放，直至营销效果的最终监测及评估，形成智能营销闭环，实现了营销行业内“创意 + 数据 + 产品 + 资源 + 服务”的深度融合；挖掘客户 AI 技术与社会痛点，用创意实现品牌与社会效益双赢：《百度 AI× 故宫“宫里过大年”》《激活失落的文明——百度 AR 复原老北京九大城门》《百度 AR 全景复原加德满都》《百度——张国荣原声重现读给粉丝的一封信》《百度 AI 识图作曲》。
- 巩固全局思维 + 全链整合能力：继续巩固整合营销能力，以商业问题思考为创策出发点，全局思维和全链路资源的整合，让传播更有力量：《伊利欣活 × 王一博“做爸妈的亲生饭”》巧妙借助年轻粉丝群体，反向撬动中老年奶粉销量；《奥迪 e-tron 国内首次深度沉浸式体验》以宏观的市场策略视角，提出在形象、媒介矩阵、用户关系三个维度破圈的组合拳策略打法，打造了真正的深度沉浸式体验。

专业的解决方案能力创新：

- 以人为中心，整合 KOL、KOC 和 MCN 等影响者，构建品牌驱动营销（Driven Marketing）体系；
- 构建线上和线下的门店的营销：帮助品牌将销售平台打造成与消费者沟通的媒体；
- 构建线下精准营销体系；
- 构建跨媒体、跨行业、跨消费者成长路径营销。

底层能力创新：

- 对数据（消费者行为数据、媒体数据、客户管理数据等）的创新利用，如将电商数据与社交数据打通，为品牌商家提供精准画像、多维场景、品质体验在内的创新数字营销解决方案“京腾计划”。

2）组织力建设创新

打造与业务发展相适应的组织能力；强化创策平台、资源平台、商务平台对业务部门的赋能，在关键领域（视频、IP 资源、危机公关等）为客户提供垂直化的解决方案。

3）人才培养创新

不断创新、优化学习和发展平台，为员工建立多渠道、多层次的人才培养和培训体系。

客户评价

联想集团中国区品牌沟通部公共关系总监柳志卿：

“蓝标数字不仅是联想的公关代理公司，更是联想在市场营销中最密切的合作伙伴。一直以来，蓝标数字为我们提供品牌公关、产品推广、互动营销、媒体传播等全方位的整合营销服务。在电子消费领域，蓝标数字秉承专业立本，从行业分析、消费者洞察、创意策划、到媒介研究与传播等各个方面，已成为我们最信赖的伙伴。近两年，蓝标数字不断探索营销新技术和新方法，让我们在营销工作中更智能、更高效。”

京东零售（JDR）市场营销部品牌传播及 IP 营销部负责人李静：

“作为多年营销传播合作伙伴，蓝标数字在合作期间为我们提供了优质、全面的整合营销传播服务。秉持着专业、积极的服务能力和态度，蓝标数字团队在品牌传播策略梳理、行业发展趋势分析、人群定位及用户洞察、广告 / 营销创意及制作、内容落地执行等方面予以我们支持，与我们共同创造出不少颇具行业影响的好作品、好项目，既为品牌添彩，又为销售助力。

时代演进、市场瞬变、消费者不断成长，这些都让营销工作充满挑战。蓝标数字一直是一个敢于接受挑战，并总尝试走在变化之前的好伙伴。希望继续努力、保持好奇，不仅追赶浪潮，也能创造浪潮，孕育出更上一层楼的好故事、好项目！”

浦发银行信用卡中心市场部副总经理：

“蓝标数字作为浦发信用卡中心长期的营销传播合作伙伴，在合作期间为卡中心提供了稳定优质的整合营销传播服务。蓝标数字具有良好的专业能力及服务意识，从品牌前端策略、行业趋势分析、广告创意制作、数字化互动开发，到传播落地执行、舆情防范管理等各个传播链路中提供专业化服务，合作期间保质保量完成了多项产品业务的整合营销传播工作。与此同时，蓝标数字还为卡中心提供了长期的日常数字化、公关营销工作，通过对创意热点的主动策划，进行短平快的内容营销传播。

此外，蓝标数字还具有良好的创新营销意识和丰富的营销传播资源，不仅主动为品牌挖掘营销亮点，更积极为品牌开拓创新资源和渠道，通过对营销内容的精确把控与用户人群的精准定位，不断提升品牌传播效果。”

13. 秒针

基础信息

成立时间：2006 年
员工数量：700 人
主要服务行业：全行业
主要服务客户：宝洁、欧莱雅、百胜中国、伊利、宝马中国
类别：全域测量及商业智能分析解决方案服务商

核心竞争力

更加全面的测量与商业分析

秒针系统可提供全域测量及商业智能分析解决方案，横向，测量范围可涵盖线上数字广告、电商站内广告、社交平台软性营销、线下户外广告、内容赞助及植入等多个领域，电脑、移动、智能电视、户外屏、实体零售、电视、自有站点、主流社交平台等多个终端及媒介类型，量化企业与消费者接触的每个触点。纵向，可消费者为中心，构建贯通全域测量、洞察分析及优化应用的商业智能决策闭环，帮助企业实时、全面、准确地评估营销效果、预测市场走势、优化商业决策，实现商业价值。

更加科学的测量与商业分析

运用大数据和 AI 技术，秒针系统能提供更为科学的测量。以异常流量为例，秒针系统不仅始终遵循 MRC、IAB、CAA、MMA 等国际、国内行业标准，并以人工智能和机器学习为核心，通过全局排查、多源数据分析，有效甄别更多非正常广告行为，尤其是狡猾的复杂异常流量，如高级机房、高级爬虫、设备内容劫持等，实现异常流量精准过滤和分析；此外，还通过文本分析、广告截图和图像识别验证技术，有效弥补了传统广告监测覆盖的盲区，以更为科学的测量守护品牌与消费者的每一次接触。在商业分析领域，随着数字营销向社交平台及内容营销倾斜，文本之外，图文及视频内容在媒体平台中的占比越来越高，为了快速、准确识别大量机构化及非结构化的信息，

为商业决策提供科学参考，秒针系统不断提升技术及算法能力。目前，公司自然语言处理（Natural Language Processing，以下简称 NLP）情感识别准确率突破 80%，图像视频识别经过反复训练，可快速导入数百个 logo 并完成识别，准确率达 90%；首个集合知识图谱技术的商业分析系统也已成功落地，可全面、直观地显示实体间相关信息，让洞察结果变得触手可及，开启了人机结合探索式商业智能软件系统的未来。

更加公正的测量与商业分析

独立和公正是秒针系统谨遵恪守的两大原则。拥抱智能时代的秒针系统，始终以推动企业智慧决策和增长为己任，运用 AI 和大数据技术，秒针系统正在不断测量和拓展广度及深度，全面覆盖、测量并分析企业与消费者接触的每个触点，更科学、有效且独立和公正地推动企业高效增长及数字化转型。

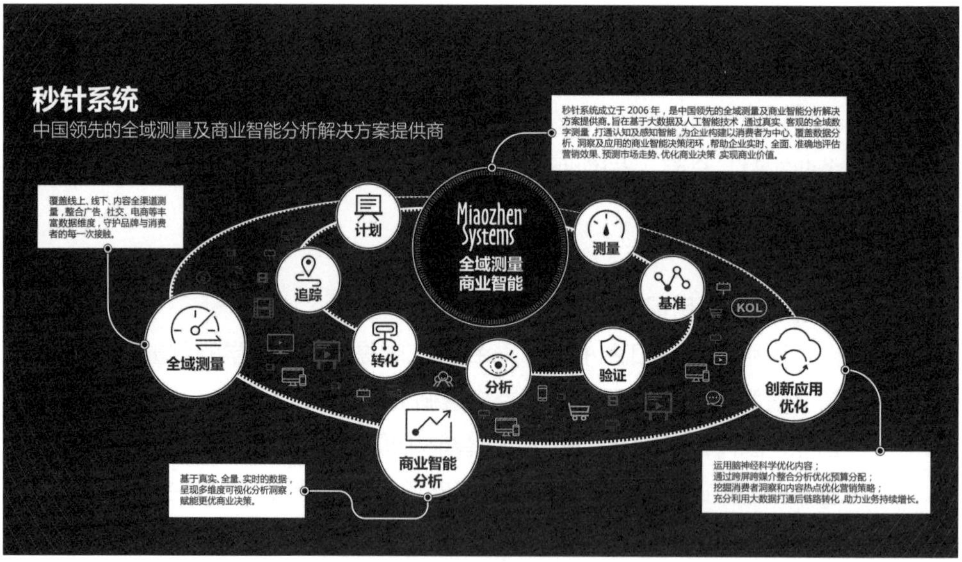

秒针全域测量及商业智能星空图

代表案例

名称： 一站式电商营销解决方案

背景： 随着电商成为品牌和广告主的销售增长主战场，电商营销竞争日益激烈，以各大电商购物节为代表的大促更是将这一竞争推向白热化。电商营销的成功与否，甚至直接影响到品牌和广告主电商销量的增长。然而，目前电商营销仍处在野蛮生长的状态，仍有诸多痛点亟待解决投放前，难以高效定位高价值触达人群；投放中，难以实时定制化监播电商站内广告投放；投放后，难以评估电商站外广告投放销售转化效果。

方案： 一站式电商营销解决方案，整合旗下数字广告监测系统 AdMonitor、电商监播工具站内查查、广告转化测量工具 AdtoSales，全链路测量、评估并优化电商营销，助力品牌电商销量增长。

- 投放前：电商高价值人群圈定优化。基于 AdMonitor 监测的品牌历史广告数据，对历史投放触达情况进行测量与评估，从而实现高兴趣、高购买倾向的人群的定向，并规避多次曝光未产生互动的无效人群，圈定高价值人群包，对触达人群进行有效优化，指导电商广告投放。
- 投放中：电商站内广告投放定制化监播。通过电商监播工具站内查查，运用群控数据采集 +AI 识别技术，实现对电商站内广告投放的实时定制化监播，在全方位保障品牌权益，客观全面验证电商站内投放广告的同时，还可对竞品广告投放进行定制化监播，知己知彼，百战不殆。
- 投放后：电商站外广告投放销售转化评估。广告转化测量工具 AdtoSales，通过与主流电商平台进行数据对接，打通广告曝光与电商行为转化链条数据，并运用独家“控制组”筛选逻辑，科学测量行为转化提升和数据积累，持续优化投放策略。

创新行动

2019 年，秒针系统继续夯实数据创造商业价值的初心，用技术和数据捍卫品牌权益，保障企业商业决策，在产品研发及自我更新方面更进一步。

- **升级跨屏预算分配和优化工具 MixReach**：全面整合 CSRMaster 产品，丰富数据源和方法论，为广告主提供更为灵活、精准的跨屏预算分配和优化解决方案；

- **推出微信小程序解决方案**：拓展测量范围，通过全面智能测量，构建小程序商业变现闭环，驱动企业智慧增长；
- **上线线下广告监播平台 Monitor Plus**：运用数字化手段提升线下广告监播效率和透明度，与优质媒体合作共建，推动线下广告市场良币驱逐劣币；
- **收购第三方全媒体音频监测平台 Radio Buy**：拓展媒介测量能力，深化全域营销智能战略布局，以全域测量驱动企业智慧决策和增长。
- **上线图灵识别引擎**：异常流量排查产品 SmartVerify 在算法、规则和数据层面进行重大升级，可智能排查异常流量；
- **发布电商广告测量解决方案**：整合旗下数字广告监测系统 AdMonitor、电商监播工具站内查查以及广告转化测量工具 AdtoSales，全链路测量、评估并优化电商营销，助力品牌电商销量的增长。
- **升级明鉴优选 KOL 系统**：2019 年，秒针系统明鉴优选系统迎来升级，全面覆盖微博、微信、小红书、抖音等 9 大社交平台，去水能力也由微博、微信和小红书逐步拓展至全平台，可实现 KOL 从前选、监测优化，到后测、管理的全链路打通，NLP、机器学习、知识图谱等人工智能技术也应用在系统中，以提升去水能力并帮助品牌找到高性价比的“微观 KOL”。
- **首个知识图谱项目成功落地**：2019 年，秒针系统基于实时、准确、全量的多维社交数据，成功为客户打造知识图谱系统，将分散的数据交织成图谱，更全面、直观地显示实体间相关信息，为研发人员启迪产品研发方向，让洞察结果变得触手可及。
- **开发多个定制系统**：秒针系统与客户共研的市场分析工具 Category Trend 系统、定制化 KOL 评估及管理系统、全链路营销数据评估及优化解决方案也在 2019 年相继投入使用。

14. 美团点评

基础信息

成立时间： 2003 年

主要服务行业： 餐饮、快消、日化、汽车、医药等

主要服务客户： 可口可乐、汉堡王、太平洋咖啡、雀巢、恒天然安佳、拜耳制药、联合利华、上汽集团等

平均服务时长： 3 年以上

类别： 电子商务平台、营销平台

核心竞争力

作为聚焦“Food+Platform”的中国领先的生活服务电商平台，美团点评从“吃”开始，历经信息平台到交易平台再到履约平台，逐步形成了具有海量用户、商户以及高效履约能力的超级平台。

场景化营销闭环

美团点评以吃为核心，覆盖了消费全场景、产业全生态。在消费者端，美团点评实现了“吃住行游购娱”的全场景闭环。在产业端，美团点评在营销管理、零售、供应链、支付工具等方面，也实现了深度的产业全生态连接。美团点评打造以“场景——体验——交易”为核心的营销闭环，实现“品效合一”的营销效果。

高效履约能力

作为超级平台的美团点评，一端是 4.4 亿年度交易用户，一端是覆盖 2 800 多个城市的 590 万优质活跃商家，向用户提供了 200 多个品类的服务。同时，还拥有强大的即时配送能力。

用户新认知、渠道新供给

美团点评如何为品牌带来创新增长？在需求方面，帮助品牌拓展用户心智，激发用户新需求；在供给方面，帮助品牌触达餐厅，为品牌增加新的体验场景和购买通路，同时为餐厅增加品牌供给。

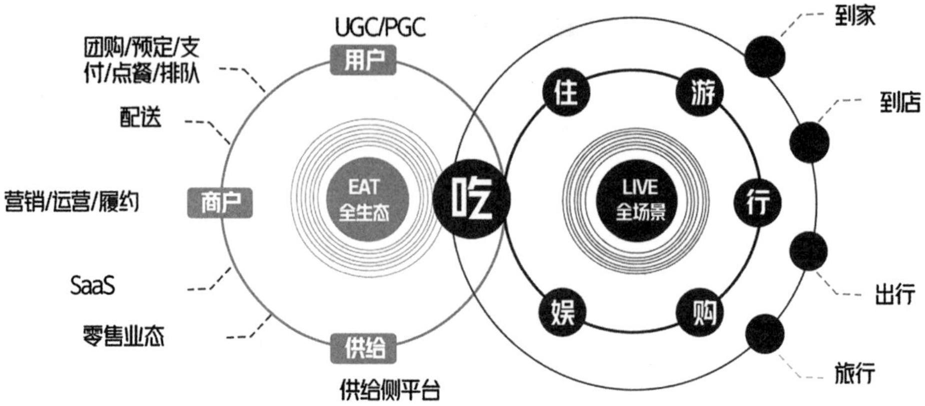

美团点评以吃为核心的消费全场景、产业全生态

代表案例

名称： 可口可乐城市美食罐寻味之旅

背景： 中国软饮市场竞争加剧。在美食佐餐场景，碳酸饮料面对本土软饮品牌、精酿啤酒等强劲对手的注意力争夺。可口可乐近年来主打“coke with meal”（“可口可乐佐餐”）概念，希望占领年轻消费者的餐桌。

目标： 可口可乐与美团点评合作，希望实现品牌与生意的双增长——将可口可乐与本土美食场景强绑定，强化“coke with meal”的美食佐餐认知，打造可口可乐中餐“佐餐必备饮料”身份，培养佐餐饮用习惯，提升可口可乐在餐饮渠道的销售机会。

策略： 美团点评通过科技赋能，帮助可口可乐开启“中华美食 30 城非凡寻味之旅”品牌战役。结合美食内容、关联美食场景、发起美食互动，让“城市美食罐”不仅是一款设计，更成为传递文化价值与连接线上线下体验的终端。

创意： 美团点评大数据筛选搭配出“30 城代表美食 + 可口可乐”，线上线下联动上万家餐饮商户，进行“Food+ 饮料”（“美食 + 饮料”）场景营销。

执行： 线上用大数据科技传递 30 城传统美食情怀，消费者打开美团或大众点评 App，使用 AR 扫描城市美食罐，即可解锁对应城市背后的传统美食故事，并基于美团点评海量美食大数据优势，获取自身所在位置的传统风味餐厅推荐，美食现金好礼及“可乐 +1 元赠饮券”。
线下联合万家城市风味餐厅引领畅爽美食体验，美团点评在 30 城招募上万家优质风味餐厅，铺设城市美食罐物料，引导消费者换购可乐，开启新一轮“扫罐”行动。

效果： 为期 40 天的营销总曝光量超 3 亿，覆盖全国 30 座城市 1 万家餐厅。线上活动点击浏览量达 783 万次；引发 1 100 万次扫罐互动，奖券领取量达 911 万张，领券转化率高达 43%；吸引消费者到店核销超 186 万张，核销转化率高达 20.5%。影响力、互动性、辐射度远超预期。强化了消费者对可乐佐餐的认知，培养了佐餐饮用习惯，盘活可口可乐渠道，让可口可乐与商户实现双赢。

创新行动

美团点评是一个以吃为核心的超级平台，并通过这个核心延伸到用户生活的全场景中，成为一个多类型商户与用户生活场景的“超级连接器”。由此提出

美团点评“新飞轮，新增长”模型

“Food+X”（“美食 +X”）场景营销和基于“Food+X 场景营销”的“新飞轮，新增长”营销理念。

其中，“X”代表着所有能够融入就餐场景的产品或服务。

“新飞轮，新增长”指用户新需求和渠道新供给，为品牌带来了新的增长机会，新增长又进一步驱动新的用户需求、新的餐厅渠道，形成不断正向、无限发展的“新飞轮”，从而带来整个消费场景的变革。

“Food+X”的场景具有海量、高频、与用户日常生活关联度高的特点，不仅可以为品牌提供触达用户的渠道，也让品牌能够以一种更加柔性与流畅的方式进入用户的心智。

借助“Food+X”跨界场景营销，能够实现不同品牌联合造势，提升品牌认知；打通及共享用户池，减少获客成本；更能依靠联合促销，盘活原有渠道，并共享拓展新的销售渠道。

“新飞轮新增长”营销理念既体现了美团点评在帮助品牌实现营销增长方面的优势，也在帮助品牌真正地转换营销思维，把过去的“广告营销、传播、触达”转变成一种“供给”，把品牌单向地向消费者传递信息，变成品牌通过平台更好的服务消费者，更好地实现与平台的融入，在高速旋转的飞轮中获得更大的增长与收益。

客户评价

匿名客户 1：

“为了满足用户所见即所得的消费需求，并拓展品牌销售渠道，我们选择美团点评，挖掘‘Food+ 品牌’（‘美食 + 品牌’）新消费场景，借助平均 30 分钟的外卖配送，通过及时的购物感知和购物体验，提升了消费时效性。同时在用户侧，利用美团点评优质曝光资源贯穿美食消费全路径，建立外卖伴侣产品形象，最终以可复制的用户消费行为习惯培养模型，促成用户消费习惯养成及商家渠道卖进。”

匿名客户 2：

“平台非常好地把线下所有消费者场景高度浓缩在线上，让它变得可视化，让它变得看得见摸得着了。”

15. 欧唯特

arvato BERTELSMANN

基础信息

成立时间：2001 年进入中国

员工数量：3 000 人以上

主要服务行业：美妆，服饰，大众消费品，耐消品，汽车，高科技企业等

主要服务客户：欧莱雅，路威酩轩集团，爱茉莉集团，耐克，阿迪达斯，米其林，保时捷，宝马，奔驰，玛莎拉蒂

平均服务时长：13 年

类别：营销数据服务商

核心竞争力

欧唯特中国是较早一批进入中国市场的 CRM 服务商之一，致力于帮助企业与消费者建立深度关系，实现业务的可持续增长。多年来，欧唯特中国持续为企业提供包括营销服务（Marketing Services）与客户服务（Customer Services）在内的多种定制化解决方案，构建了一套贯穿营销全链路（Marketing—Retail—Service—Feedback，营销—零售—服务—反馈）的服务生态体系，尤其在美妆、快速消费品、汽车等行业积累了丰富的服务经验。

数据驱动与后端服务的融合

欧唯特的业务范围不仅涵盖前端的“营销管理”，更有后端的“消费者服务”。我们不仅仅交付工具，更为客户提供定制化的、可落地的一体化解决方案及优质服务。

长期的行业知识积累和丰富的数据运营经验

数十年来，欧唯特在美妆、快消、汽车等垂直领域积累了丰富的实践经验，能够更快速地从数据中精准挖掘业务洞察，助力企业提高营销效率，优化品牌体验。

严苛的数据安全管理制度及审查体系

欧唯特拥有专业且独立的合规及安全团队，并委派数据保护

官（Data Protection Officer，以下简称 DPO）及信息安全官（Information Security Officer，以下简称 ISO）负责网络安全、信息安全、用户隐私保护策略及业务合规指导。

营销服务（Marketing Service）

多方数据管理与运营
社交电商营销
数据分析与洞察
线下智慧门店销售
营销自动化与精准沟通

客户服务（Customer Service）

客户服务中心
（邮件营销/电话营销/短信营销/电商客服）
社媒互动与管理
（社交舆情监测/品牌社区管理/消费者调研）
客服智能化
（聊天机器人/外呼机器人/智能质检）

欧唯特核心业务架构

代表案例

名称： YSL 情人节高定爱礼 | 小程序电商营销案例（社交电商解决方案）

背景： 随着线上获客成本的增加，品牌希望加强对自有流量的运营和管理，将公众号上的粉丝直接转化成消费者，让其在轻松的社交环境中完成购物。在 2018 年的七夕节，YSL 线上独家推出“定制你的专属 YSL”活动，引发了广泛的社交传播。

目标： 承接节日流量，获取更多新客，提高转化率与客单价。

策略： 从送礼需求的场景出发，锁定高级定制礼盒搭配，借助朋友圈广告和个性定制的小程序页面吸引用户。

创意： 精选七夕限定礼盒；
表白卡片功能；
专属刻字服务——为消费者开启全新定制化消费旅程。

执行： 基于数据圈定以男性用户为主的送礼场景，精选产品组合；
构建借助朋友圈广告开启小程序定制体验入口。

效果： 借助小程序的流畅体验，用户能即刻定制、即刻下单，购买用时不到 30 秒，大大缩短了消费者的决策购买路径，提高社交电商转化，限量礼盒一扫而空。相较于官网，本次七夕营销的刻字订单提升 160%，客单价提升 1.2 倍，转化率提升 23 倍，且 89% 的用户都是新客。

创新行动

为满足客户多元化的业务需求，欧唯特自主开发了一系列智能营销工具，不断拓宽服务领域。

- 在营销服务领域，欧唯特推出“Arvato Apower 一体化智能营销平台”，从数据、触点、内容三个方面帮助企业管理和盘活消费者数据资产，打造全渠道的流畅营销体验，提升消费者忠诚度。
- 在客服服务领域，欧唯特拥有自己的智能聊天机器人、外呼机器人、智能质检管理系统、文本挖掘工具等，将更好地管理消费者与品牌的互动，传递消费者声音。

客户评价

某知名一线美妆集团：

“我们与欧唯特之间有着多年的合作关系。可靠的产品与解决方案、富有行业经验的团队和本地化的周到服务都是我们信赖欧唯特、并与之成为长期合作伙伴的重要原因。”

某一线豪车品牌：

“欧唯特在汽车领域有着非常丰富的策划能力与落地经验。在近九年的时间里，欧唯特不仅为我们搭建了全渠道的消费者关怀中心，同时也提供了一整套优化经销商门店运营的工具与服务，帮助我们实现更轻松高效的客户管理。”

16. 群邑

基础信息

成立时间：2007 年

主要服务行业：奢侈品、电子通讯、快时尚、运动、汽车、快消品、旅行、酒店、电商、互联网、健康等

主要服务客户：百胜、路易威登、华为、优衣库、耐克、奔驰、欧莱雅、宝洁、淘宝、惠氏等

类别：营销媒介服务商

核心竞争力

群邑是 WPP 旗下媒介投资管理集团，是传立、竞立、蔚迈和盈讯（Essence）等媒介代理公司，以及效果导向的受众购买公司邑策的母公司。中国大陆地区规模最大的媒介投资集团，拥有横跨众多领域的专门知识，与行业独角兽携手达成战略伙伴关系。

为客户提供全方位定制化的营销解决方案：

数据协同

将［m］PLATFORM 解决方案（受众智能和激活平台）与阿里巴巴的产品相结合，形成以受众为中心的个性化媒体策划解决方案（消费者的兴趣、偏好、行为及竞争性数据）相结合，以便更好地提供媒体策划、人群定位及沟通传播服务；最大限度提高阿里生态系统的投资回报率（分析实时数据表现）；衡量指标（除了点击到达率，更关注如何定位、评估和跟踪目标消费者）。

产品与创新

在提高客户的竞争优势方面，可以第一时间接触到市场上新的形式、产品或机会，在第一时间获取市场内测机会。并且具备应用字节跳动旗下平台共同创造和优化协同效应的能力。群邑是唯一被认证和得到许可能够管理品牌官方账号的 4A 公司。

市场情报

引领观点，数据洞察及深入分析。帮助品牌了解整体市场或细分品类，以及消费者行为。

定制报告

结合百度的搜索数据，行业知识以及群邑的品类专业知识，如群邑联合百度发布的《高级珠宝腕表百度搜索行业报告》。

举行研讨会

为解决品牌某一方面的特定需求（改进用户体验和搜索体验，和优化百度全生态系统）。

代表案例

背景： 随着国民健康意识增强，医疗保健市场呈现了高速增长趋势，大量本土和国际玩家纷纷入局，布局线上业务，抢夺市场流量与份额。发现流量蓝海，实现人群扩充，并在不同触点实时优化流量配比，合理分配预算，对于惠氏制药而言，都是不小的挑战。

方案： 通过 Unidesk 进行站外投放，为品牌种草蓄水、回流数据至数据银行；并结合电商大数据，从行业和渠道双维度切入，设计系列创新的人群运营模型，精准定位高潜类目、精准诊断流量数据、优化投入配比。

- 将阿里巴巴新客策与数据银行两大工具联动，基于“保健行业渗透率”和“品牌渗透率”两个维度，建立人群分析模型，切分市场格局。相关性模型帮助品牌发现与保健行业渗透率高的跨行业人群，并找出自身品牌渗透率较低的人群，以此作为流量增长的潜力点。而后，将这部分人群与品牌已有消费者画像进行匹配，进一步缩小范围，找出更高潜力的跨行业人群。
- 通过生意参谋和数据银行两大工具的数据，统一运营逻辑，开创性地推出了标准化流量监控与优化模型——“流量地图”，为惠氏制药提供精准流量诊断，帮助品牌及时调整、优化媒体资源投入配比。
- 借助新客策这一工具，从新的角度切入，分析行业流转人群，突破性地挖掘同一行业跨产品线的互补人群，创造了新的增长契机。

效果： 在相关性模型、流量地图模型、竞争得失模型三个模型的支持下，2019年“6 · 18”期间，钙尔奇和善存在电商销售表现方面取得了新的突破。成交额达到去年“6 · 18”的 1.4 倍，市场增长率领跑行业大盘 17%，成本效率提升了 1.4 倍，实现站内仅以增加 20% 的成本达到超过 30% 的销售增长。在人群运营方面，通过重定向站外种草潜客，新客转化效率提高了 108%，品牌人均消费者资产提升了 15%。

创新行动

中国的内容和意见领袖营销市场正在快速发展，相关投资不断增加。对于意见领袖的选择已经不能单纯地以个人主观感觉做小范围挑选，而是进入了数据引导的点与面结合的规模化数据筛选时代。群邑于 2019 年 8 月在中国市场推出了内容和意见领袖营销解决方案 INCA（Influence Content Amplification，中文名“邑咖”）。基于群邑集团强大的资源集采规模优势，INCA 利用专属的数据挖掘算法，从营销效果出发，专注为广告主整合不同类型的优质意见领袖资源，制作和推广高质量内容，并在微信、微博、抖音、快手、哔哩哔哩（bilibili）、知乎等十多家知名中国泛社交以及垂直社交平台上进行有效传播，进而提升数字社交趋势下品牌与消费者之间的互动规模与深度，并有效优化传播转化效率。INCA 的“一致性（Consistency）”“简单（Simplicity）”“规模（Scale）”和“提升（Promote）”，为品牌提供了新的解决方案。

17. 腾讯广告

基础信息

成立时间： 1998 年 [2018 年 9 月 30 日，腾讯正式启动战略升级，将原社交与效果广告部（TSA）与原网络媒体事业群（OMG）的广告线进行整合，共同组建了全新的腾讯广告营销服务线（AMS）]

员工数量： 2 444 人

主要服务行业： 全行业

主要服务客户： 实体经济客户 & 互联网原生客户 & 区域及中长尾客户

类别： 营销平台

核心竞争力

作为腾讯统一的营销资源接口和商业服务中台，腾讯广告汇聚腾讯公司全量的应用场景，拥有核心商业数据、营销技术与专业服务能力。腾讯广告致力于“品 + 数 + 效”的全效增长方案，构建品牌与用户的美好连接，提供涵盖品牌、促销、零售等线上线下融通的一体化数字化营销方案，助力广告主高效实现商业增长。

腾讯广告致力于打造连接者和价值创造者的角色，推动商业价值的实现：聚合腾讯触点场景资源、IP 与内容资源、洞察技术能力，以社交实现全场景协同，触达 11 亿以上用户。

建立核心业务团队来服务全产业，包括：日化快消、汽车与交通、零售商超、家居房产、运营商、3C 电子、金融、教育、旅游、游戏、网络服务、电子商务、婚纱摄影、政务旅游、直营电商、自媒体、本地生活，实现最多元化的营销目标，满足最广泛的广告主需求。

以持续性的产品及服务创新为广告主提供整合营·销数字化方案，满足各类商业需求，助力实现从触达到购买到沉淀再到复购的全链路、全周期营销路径。

代表案例

名称： 故宫——紫禁城里过大年

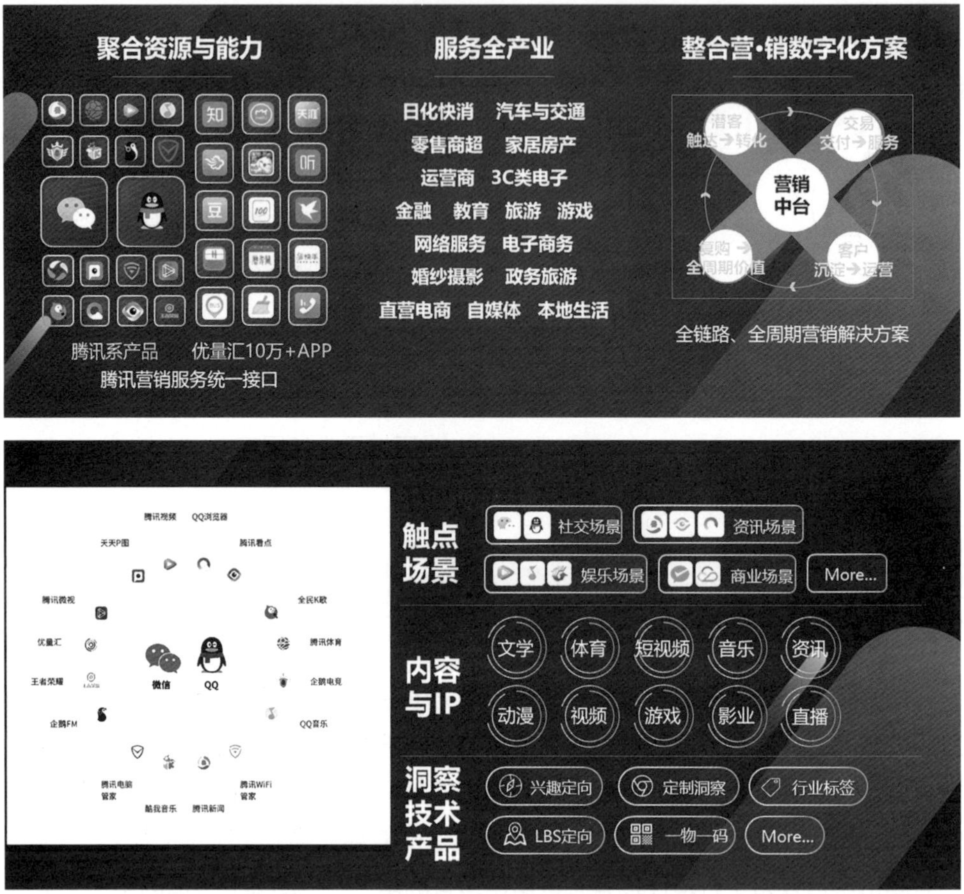

腾讯广告核心竞争力

背景： 2019 年春节故宫携手微信广告，打造了其首支朋友圈广告——借助“视频轻互动”这一广告新样式和优质创意，让用户能亲手“打开”紫禁城的大门，在朋友圈里体验“我在宫里过大年”。微信广告通过“IP+大事件 + 广告新样式”的营销方式，激发了用户参与互动和社交讨论的积极性，以全民性 + 话题性，撬动社交裂变，为传统文化代言的同时形成滚雪球式的传播，迸发出巨大的社交影响力。

效果： 广告上线当日，“故宫”的微信搜索指数即上升了 16.76%，实现了 7 475 万的曝光量，并创下 14.92% 的广告互动点击率。

创新行动

RTA（Realtime API，API 是 Application Programming Interface 的简称）投放模式：一种实时广告程序接口，通过发挥媒体与广告主双方的数据、模型能力，实现实时的广告优选。对比起其他投放模式，RTA 的个性化和时效性都更强，可以向广告主更准确地提供投放策略指导，与此同时可以消除广告主对数据安全的顾虑，真正实现“人群筛选个性化，流量优选实时化”。

商品广告：商品广告在普通广告的基础上，针对广告推广的“商品”进行了特别优化，使得广告系统能够更加理解商品，也能根据商品特征更准确地匹配目标人群，从而提升转化。其使用门槛低，从选品备货、广告生成再到效果优化三方面全链路助力电商广告主降低广告制作成本，提高营销效率，实现在爆款拉新场景下快速起量和高效转化。

18. 网易传媒

网易新闻

基础信息

成立时间：2012 年

主要服务行业：互联网、科技、生产制作

主要服务客户：伊利、肯德基、华为等

类别：商业化媒体

核心竞争力

网易传媒作为互联网门户资讯业务的佼佼者，在行业中始终保持领先地位。网易新闻秉持“有态度”的新闻专业主义原则和理想，为用户提供多角度、有深度、有温度的内容资讯。同时，网易新闻践行“内容消费升级引领者”战略，坚持以用户为核心，向多元内容平台升级，积极构建内容消费新生态。

网易传媒拥有网易新闻客户端、网易公开课等核心内容产品，在资讯内容业务方面长期保持市场领先地位。2011 年，网易新闻率先上线了新闻客户端，受众知名度和行业口碑遥遥领先。网易新闻“有态度”的品牌主张深入人心。作为“内容消费升级的引领者”，网易新闻已经升级成为一个汇聚鲜明独立观点的多元资讯平台，成为有共同爱好、追求的年轻人的聚集地。

代表案例

名称：邮储银行 EMS 联名卡“明日转运计划”

背景：邮储银行 EMS 联名卡已推出三年，为持卡用户提供境内寄递折扣、中邮海外购会员服务、万事达境外消费返现等多重权益，但用户对其权益的感知度率较低；2019 年中，邮储银行 EMS 联名卡期待以一次传播事件清晰传递产品价值，促发办卡转化。

目标：精准热衷于境外旅行、海淘及网购的年轻用户，清晰传递境内寄递折扣、中邮海外购会员服务、万事达境外消费返现等用户特权；
制造与用户沟通的机会，占领用户心智，完成办卡转化。

策略： “转运”是被年轻 TA 热议的日常迷信，同时境内 / 外商品“转运”便捷服务也是 EMS 联名卡的核心业务功能；
于是网易传媒将两个语境中的“转运”重合在一起，为邮储银行打造一场“明日转运计划”，带年轻的目标受众（Target Audience，以下简称 TA）感受期待中的“明天”；

创意： 整合线上线下优质资源，在网易新闻平台展开一场关于如何“转运”的话题讨论，同时将年轻 TA 的转运主阵地从朋友圈及各种占卜场景中迁移至“年中转运中心”的线下场景来，做他们美好愿景背后的支持者，帮助目标 TA 把更好的明天打包运来。

效果：《明日转运计划》清晰向年轻 TA 传递邮储银行 EMS 联名卡国内 / 外包裹“转运”特权信息，打破邮储银行传统营销模式，升级版 EMS 联名卡新增发卡 37.28 万张。

创新行动

网易传媒近两年着力建设文创内容，打造有趣有态度的年轻人个性化内容消费品牌，推出多个具有典型代表性的 IP，如槽值、网易哒哒、谈心社、网易王三三、曲师师等。从内容出发，多层次多维度地开发内容，满足多圈层用户的需求，再由 IP 带动品牌，从而增加品牌的影响力。目前网易传媒旗下的网易文创，正逐渐走入网易传媒的核心发展位置，进一步丰富了网易内容平台的定义。

随着互联网时代逐渐走入成熟化，IP 的创建将原本竖向发展的时代，开辟出横向增长的可能性。公司将不再局限于基于平台的发展，而创立以 IP 内容获取新用户的发展模式。

19. 亦复数字

基础信息

成立时间： 2013 年

主要服务行业： 实效营销团队以服务游戏行业为主，还覆盖网服、金融、软件等其他行业。整合营销团队服务美妆护肤、母婴、食品饮料等行业。

主要服务客户： 农夫山泉、红星美凯龙、联合利华、上海家化、松下电器、惠氏、携程旅行网、安满奶粉、澳门金沙度假区、海昌

平均服务时长： 5 年以上

类别： 整合营销服务商

核心竞争力

硬件和软件两部分构成核心竞争力，硬件是核心代理牌照资质以及巨大体量带来的优势媒介政策；从另一个方面来说代理公司卖的是服务，服务的核心是人，亦复创始团队和管理层均拥有 10—20 年以上互联网广告行业经验，总监级以上专业人员均具备 5 年以上数字营销行业经验。

亦复人是始终保持狼性的团队，所以我们坚信团队可以结合当下趋势，为客户提供最适合的整合营销解决方案。

代表案例

名称： 农夫山泉品牌年轻化探索之路

方案： 面对同质化严重的饮用水行业，农夫山泉将目标受众聚焦在年轻消费者群体，为了更好地抓住目标消费者的眼球，品牌深入了解他们的喜好和习惯，用他们喜欢的方式进行沟通。通过 IP 合作、明星代言以及综艺冠名等方式，不断尝试和探索，做到了真正拥有年轻的心态与精神，不断为 23 年的老品牌注入活力，与年轻人一起玩出了自己的风格和态度，实现了品牌年轻化。

创新行动

面对经济下行，各大品牌预算缩减的市场大环境，如何帮助品牌寻找到新增长点是目前面临的挑战。电商、直播、社群这些形式和平台的出现，让所见即所得的效果越来越直接，多种因素造成了品牌主对效果转化的偏重远远超过以前。

亦复数字业务类型主要分为实效营销和整合营销两大板块，实效营销团队的业务是覆盖全媒体的深度合作，体量庞大。除了搜索引擎之外，2019 年在短视频形式的信息流广告上发力，为众多金融、电商、游戏等行业的客户完成高转化的效果投放。整合营销团队今年特别借势短视频平台，帮助客户完成从优质内容种草到电商场景高效拔草，全面助力品牌提升消费势能。

20. 雅智捷

基础信息

成立时间： 2007 年

员工数量： 10 000 人以上

主要服务行业： 美妆护肤、家居建材、零售（线上线下）、服饰鞋履等

主要服务客户： 丝芙兰、米其林、雅漾、宝洁、欧舒丹、施华洛世奇、李宁、哈根达斯、摩恩、安德玛等

平均服务时长： 3—10 年

类别： 营销咨询服务商、营销数据服务商

核心竞争力

通过精细化营销和运营助力品牌实现成功的数字化转型；通过一整套服务和方案帮助企业提升业绩和品牌价值。

全渠道整合

全渠道革命，数字化运营，融合线上线下，打造新零售消费新体验。旨在满足消费者任何时候、任何地点、任何方式购买的需求，打通如天猫、京东、微信、官网等多渠道数据，为消费者推荐最佳产品，提升购物体验。

私域流量营销

公域引流，导入品牌私域流量，蓄势待发，共筑品牌流量池。创先提出了“打造品牌私域流量”的解决方案，帮助品牌通过多入口获取消费者流量，累积品牌流量池，通过裂变营销等方式，为品牌共筑私域流量；同时通过流量池中的优质数据赋能全链，实现会员营销管理的良性循环。

会员营销

会员营销大师，携百家方案精华，助品牌高效管理 CRM。在与多领域、多类型品牌的合作过程中，结合不同企业特点，针对会员营

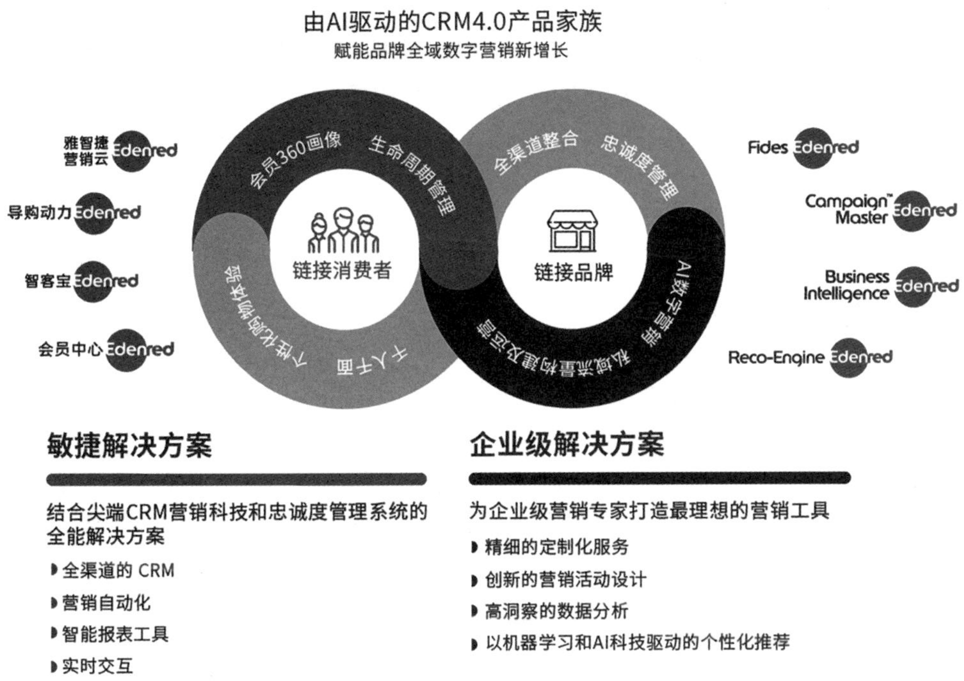

雅智捷 CRM4.0 赋能新零售

销的不同阶段提供最适合的解决方案。结合小程序等多终端产品，我们提供的会员营销管理关注会员招募、会员激活、会员留存、会员变现等全生命周期，助力会员营销管理的每一环节。

社交 CRM

品牌与会员 7×24 小时亲密接触，线上线下业绩延伸，挖掘源源不断的流量红利。通过将现有 CRM 系统与微信等主流社交平台对接，品牌企业将实现与顾客的实时互动，掌握一手数据，快速触达营销活动，并对会员需求做出快速响应。

数据洞察

由 AI 驱动的 CRM4.0 产品家族，运用精细化数字营销与运营，赋能全链。利用先进的营销技术整合数据，洞察数据，将数据赋能到新零售门店的日常工作，帮助一线员工实现自主营销，完善激励机制，尽可能发挥数据的最大价值。

营销自动化

自动化品牌营销大师，低成本高回报，大幅提升会员营销效率。通过高效的营销自动化工具，品牌将大幅提升会员营销活动的运营效率，全面掌控从计划、预测、执行、监督、报告和效果评估等营销活动的各个环节。

代表案例

名称： Under Armour——全渠道数据整合，会员体验全面升级

背景： 2011 年，Under Armour 低调进入中国市场，初期步伐不紧不慢。但随着中国的新零售发展领跑全球，加之一些国内外著名运动品牌，如耐克、阿迪达斯、李宁、安踏等陆续开始新动作，Under Armour 也希望可以加速品牌数字化转型。

目标： 建立完善的客户忠诚度管理机制，高效搜集、整合多渠道客户信息。

策略： 全渠道数据整合，优化会员体系。

创意： 微信小程序中嵌入线上商城入口。

执行： 搭建 CRM 系统以支持安德玛在中国业务发展的全渠道核心战略；通过微信小程序实现客户与品牌零距离，完善会员个人信息，运用数据分析指导营销活动的计划和执行；更精细的营销运营，包括交易查询、积分查询、店铺查询、最新资讯、品牌故事、会员政策、客户服务等，全面提升用户体验。

效果： 小程序上线两个月，累计招募和绑定小程序的人数近万。此外，有超过一半的会员购买来自小程序绑定的活跃会员。

创新行动

雅智捷通过先进的营销科技，帮助客户加速实施数字化转型、会员管理数字化、市场营销数字化、流量数字化、招募平台数字化等一系列举措，其中主要依托的产品和解决方案是 CRM4.0 产品家族。

导购动力：一款运用最前沿 AI 科技、CRM 新零售技术的智能轻应用。融合线上线下数据，帮助门店销售实现一对一沟通和个性化产品推荐，更有实时的智慧报表，为门店业绩保驾护航。

雅智捷营销云：一款将灵活的积分引擎、营销自动化和智慧报表融为一体的全能轻量级 CRM 系统。简洁直观的界面设计，便于高效管理客户数据；全渠道触达的自动化营销，促进品牌业务增长；可视化报告，营销效果一目了然，覆盖会员生命全周期，助力会员营销的每一环节。

智客宝：由 AI 驱动数据协同，串联品牌方、经销商、门店与消费者，为价值链各方提供的超轻量级微信小程序。解决信息流断层，打造共享流量池，全面提升运营效率及消费体验。

会员中心：无论是微信小程序还是 App，掌上会员中心，方便会员随时查询交易、使用优惠券、兑换积分、预约活动。品牌与会员零距离互动，不断提升会员忠诚度。

定制化 CRM：根据行业特点和品牌现状，深入分析品牌痛点，并提供更有针对性的个性化解决方案和产品。

- Fides：拥有全渠道会员管理、多维智能报表等强大功能，可与移动支付、社交媒体和电子商务实时同步数据，各种忠诚度营销管理所需的功能一应俱全。
- EnSpark：将微信与 CRM 与忠诚度营销解决方案紧密结合，为企业客户提供人性化的操作界面、灵活的机制设置以及更多可衍生性功能。
- 营销大师：最先进的营销活动管理工具，可在微信、短信、EDM 等多种渠道自动发起和管理精准的营销活动，并通过动态仪表盘提供可视化报告。
- 推荐引擎 Reco-Engine：基于聚类、产品关联等数据分析法，令“猜你喜欢”变得更强大、更精准、更易用。
- Business Intelligence：将原始数据转换成商业报告的智能化自助报表工具，能够满足自动化即席报告和忠诚度仪表板等商业报表需求。及时的商业洞察，帮助企业做出正确的商业决策。

客户评价

维诗康（Vescom）：

“过去信息都是散落在各个地方，经销商有经销商的数据、门店有门店的数据、品牌有品牌的数据，数据往往是割裂的。智客宝可以做到信息的点对点，做到信息的透明，从而让我们的数据可以协同起来，为品牌真正地产生价值。”

欧舒丹：

“导购动力是一次管理创新，将原本自上而下的传统方式变为自下而上，帮助门店 BA 实现自主营销。并且集合了 CRM、销售、线上培训等多种功能的数字化工具，它使原本零散的数据变得有价值，可操作。对于使用者来说非常友好，容易上手。”

丝芙兰：

“什么样的 CRM 是最好的，我们认为并不是最贵的，而是最合适的。雅智捷就是这样一个稳定的营销服务商，可以紧跟市场快速变化的步伐，积极迅速地响应我们的需求，这也是我们可以合作多年的关键。”

50 酷公司

Lando
兰渡文化

ADleading
力领互动

MAX
COMMUNICATION

MTOMORROW
蒙彤传播

诺锞传媒

OYO MEDIA
欧游娱乐

oookini

reload

时趣
social touch

视通传媒
STORM MEDI

微梦传媒
MICRODREAMS

文明
CIVILIZATION

UWA MEDIA
屋瓦传播

G project

YOUNG LIONS
幼狮传播

Yuepu悦普™

Inspire

GOODidea

众引传播
mgcc

RED HORSE
MEDIA赤馬

F5

Kuaizi

MATCH
马马也

Tezign | 特赞

FANOX

泛为科技

new
新片场

UM

纸箱哥

KAY TUNE

一、营销咨询服务商[1]

1. ASAP+

基础信息

成立时间： 2007 年

员工数量： 170 人

主要服务行业： 旅游、时尚、零售、生活方式

主要服务客户： 澳大利亚旅游局、雅高酒店集团、达美航空、地中海邮轮、安可达（Agoda）、比斯特购物村系列、阿斯顿 · 马丁等

平均服务时长： 3 年

类别： 营销咨询服务商

核心竞争力

新型业务模式

随着驱动增长成为越来越多品牌营销的战略目标，品牌对于其营销合作伙伴也产生了更加多维和复杂的需求。ASAP+ 正在打破市场研究公司、咨询公司、技术公司、广告公司等不同类型公司的边界，依托自有的全方位团队，将营销咨询、技术产品、数字广告等业务能力集于一身，以创新型解决方案、沉浸式场景交互、多维度行业洞察、智能化数字产品引领营销变革。这种全新的业务模式能够为品牌带来离生意更近、同时也更加整合的服务。

[1] 注：根据各公司核心业务类型划分赛道归属。同时有部分公司存在多元业务类型，详见各公司“类别”。全书同。

全球视野与本土洞察

总部位于上海，同时布局伦敦、悉尼两个国际办公室，ASAP+以一支富有多元文化与全球视野的团队为国际品牌提供服务。通过将品牌的全球战略与最新的中国市场洞察相结合，ASAP+ 能够帮助国际品牌有效建立起与中国消费者的沟通桥梁，为品牌找到理想的传播触点与时机，以创新的营销策略和前沿数字技术，精确实现与目标消费者在数字平台上的互动。

跨行业独家合作咨询

基于深耕旅游、零售等垂直领域所积累的高净值消费者洞察，同时依托优质的客户、平台、IP 等既有资源，ASAP+ 能够提供品牌与品牌、品牌与平台之间的独家合作咨询服务，推动跨行业、跨领域资源的有效连接，为品牌创造更多的商业机会以实现共赢。

ASAP+ 业务板块

代表案例

名称： Forevermark 小程序创新解决方案

执行： 在奢侈品牌纷纷布局数字平台的背景下，2019 年，ASAP+ 通过创新的小程序解决方案助力钻石品牌 Forevermark 立体化布局新零售。

“3+1”矩阵：3 个全时服务小程序 +1 个快闪小程序的品牌小程序矩阵。打造永恒印记美钻精品店、永恒印记悦钻荟，和永恒印记美钻手册小程序，在微信平台上分别提供在线商城、会员管理、产品查询与门店预约服务。还助力 Forevermark 根据营销节打造活动，在制订整体创意、内容、媒介方案的同时，配合上线美钻限时精品店小程序，充分发挥快闪玩法触发社交裂变的能力。

双向引流：借助美钻手册小程序中的预约线下试戴功能，将线上用户引导至门店；而线下设置悦钻荟小程序码，吸引门店消费者加入会员并使用其他线上服务，充分发挥小程序融合线上线下的能力。

效果： 创建小程序矩阵，保证了小程序间既各自独立，便于品牌进行运营和管理；又可实现互相跳转，串联用户体验路径。通过小程序矩阵与品牌微信公众号相关联，Forevermark 也在最大程度上减少了用户的迁移成本，使其在微信生态内就能一站式享受到品牌提供的丰富内容和服务，加深黏性，赋能 Forevermark 在微信生态内实现品牌传播和转化效益的最大化。该解决方案帮助 Forevermark 进一步完善了“门店 +PC 官网 + 移动端”的全渠道布局，在不同场景中帮助品牌更好地影响和贴近消费者。

创新行动

自主研发技术产品——智能化数字产品是 ASAP+2019 年发力的重点。自 2018 年起，ASAP+ 内部成立了全新的 Digital Ventures（数字创新）部门，致力于推进自身数字技术服务的产品化。目前，该团队已经成功推出了电商小程序平台、旅游小程序平台、SCRM 平台等基于数字技术服务的自研产品。

行业整体解决方案：结合策略咨询、自研技术产品，以及全方位的数字广告服务能力，ASAP+ 已经成功落地了一系列面向垂直行业的品牌数字化整体解决方案，帮助众多合作伙伴解决商业问题，高效地实现数字生态的构建和价值增值。例如：

跨境电商数字营销解决方案：以小程序线上店（含汇率结算和跨境物流方案）为切入点，品牌广告投放、微信内容运营等方式吸引粉丝及促进销售转化，并且通过 SCRM 平台留存数据、获得用户洞察，继而更好地指导市场决策。

目的地旅游局服务数字化解决方案：依托微信平台将目的地线下旅游资产布局到线上，通过小程序，目的地可为中国游客提供景点、购物、酒店、翻译、汇率兑换等丰富的内容与服务，并帮助目的地与头部的在线旅游企业合作进行数据打通，实现小程序内直接的跳转预订购买；专业的数字内容与创意、精准媒介投放帮助目的地进行推广并导流；同时，通过 SCRM 平台留存数据，获得用户洞察。

客户评价

比斯特购物村：

“ASAP+ 的团队对旅游和零售领域的数字营销具有深刻理解，是帮助国际品牌面向中国市场整合营销平台和构建数字生态系统的专家。对于品牌而言，与 ASAP+ 进行合作，不仅意味着拥有值得信赖的数字代理商，也收获了能够为企业带来生意提升与品牌价值增值的商业伙伴。”

阿斯顿 · 马丁：

“ASAP+ 非常契合我们对于营销伙伴的期待——理解品牌需求、了解消费者市场、深谙营销法则，并且拥有整合跨领域和行业资源的优秀能力。从 2018 年开始合作，ASAP+ 为阿斯顿 · 马丁的社交媒体运营、数字传播战役、小程序应用等方面带来一系列创新，让我们不仅通过数字平台有效拓展了品牌影响力，也得以更好地与中国消费者建立起持续沟通和互动。”

2. 青年志

基础信息

成立时间：2008 年

员工数量：70 人

主要服务行业：美妆护肤、个护日化、食品饮料、零售（线上线下）

主要服务客户：耐克、宝洁、可口可乐、华为、腾讯、阿里、OPPO、欧莱雅等

平均服务时长：4 年

类别：营销咨询服务商

核心竞争力

青年志因使命驱动而诞生。成立于 2008 年的青年志以“年轻人驱动改变”为愿景，以“青年更有力、商业更温暖、志己人安身立命”为使命。

创立至今 12 年，青年志不断探索，不断成长。从对青年文化充满热爱的不到十人研究员团队，成长为由七十余位多元的文化创新者共同组成的青色组织；从孤岛一般的智识探索与研究深耕，到如今联结出一个与众多文化局内人协作的青年文化与商业创新生态网络。

在系统深入前瞻的文化研究与消费者洞察根基之上，青年志已经生长出自身的新优势。青年志不只是消费者研究与咨询机构，也被业界公认为以研究为核心的策略型思考者，能够帮助品牌高效解决所面对的越来越复杂的消费者挑战，不断创新营销战略。

通过混合使用趋势追踪、线上 / 线下人类学式的消费者田野观察、消费者共创以及结合定性定量与大数据的融合数据等能力，并以文化式的研究与咨询路径作为扎实支撑，帮助商业组织不断前瞻创新，驱动变革。

如今，青年志意图扎根于研究与咨询，扩展定位于“文化创新实验室（Cultural Innovation Lab）”，以文化观察者，文化催化者和文化深耕者的身份，更主动深入地推动青年文化与商业文化的趋势与创新——

- 不只是继续系统追踪趋势，而是基于趋势与生态伙伴共同前瞻判断，有哪些关键的社会和文化趋势议题与创新方向，是最激动人心，同时也能够给青年文化和商业文化提供最大潜力和可能性的。
- 不只是基于具体项目与文化局内人协作，而是积极与青年文化生态中更多前行者建立常态化网络，共感同谋共建，探索更多元多面的合作关系与行动提

案，推动趋势与创新更上一个台阶。

- 不只是解决品牌所看到的问题，而是努力推动商业的注意力与品牌的关注点，更多投射到新的社会与文化趋势议题与创新方向上。因为这将给商业带来更大视野的前瞻战略竞争优势，同时也能让商业回归人本思考，带来更长远的文化与社会影响力。

代表案例

名称： 腾讯云与智慧产业事业群达分齐数据平台：新生代智能网联车价值需求研究（2019）

背景： 作为汽车行业最具创新性和开拓性的领域之一，智能网联汽车不仅是汽车产业升级的发力方向，也是各大科技互联网公司争相布局的重点。随着阿里的“斑马智行”系统在上汽品牌成功运用、百度以无人驾驶技术领跑行业，腾讯也于 2018 年发布了自主研发的“TAI 汽车智能系统”，其中包括备受关注的“车载微信”。但作为相对后来者，腾讯需要找到独特的价值定位作为入局智能网联车的切入点，从而打动车企客户，获得更多合作机会。

方案： 青年志认为，腾讯入局的重要机会在于依托 C 端（消费者端）优势，拓展 B 端（企业端）价值，即充分发挥其作为数字一代移动生活缔造者的独特属性，解决年轻消费者的出行新痛点。在出行中实现移动互联生活资产和数字化经验的嫁接，从而成为车厂数字化转型的伙伴，助力车厂在消费者端成为移动互联的数字化出行品牌。

基于对泛 95 后人群的长期趋势追踪以及技术变革带来的底层生活方式变迁的长期观测，青年志指出，在数字化、移动互联化高速发展中成长起来的“数字一代”（泛 95 后），身处于信息流、行动流、个人偏好流交织的流动、变化、复杂的日常中，实现“自主掌控”是其面临的生活命题，也是作为生活中重要组成部分的出行所要回应的命题。

青年志认为，智能网联应该使“出行”能有机嵌入年轻人熟悉的移动互联生活日常中，让信息流、行动流、个人偏好流在汽车这一“孤岛”空间内得以照常流转，而非在车内重塑一个完全区别于车外的生活体验。

进而，青年志以数字化与移动互联技术，如何改造年轻人的生活方式，塑造特有的出行文化作为核心底层视角，通过前沿消费者工作坊捕捉智能网联车前瞻趋势，深入一至四线城市田野获得深度扎实的厚数据洞察，并通过定量小数据及大数据进行精准转译，使价值和需求可被数据量化、可被行为数据反映，使复杂的文化意义网络能够被数据清晰简明地表达，从而为营销智能化、文化化打下坚实基础。

最终，青年志帮助腾讯团队以全新视角，深刻理解年轻消费者对智能网联车的价值需求，找到了腾讯车联的独特价值定位，为其服务于车厂的产品服务研发提供系统、深入的消费者洞察输入，并助力腾讯团队在汽车行业内的重要会议与论坛上输出独家观点，帮助腾讯车联成功赢得了新的车厂客户。同时，此项目的研究成果也帮助车企更新了对于“数字一代”消费者的需求认知，并使腾讯的生态资源优势能够以更优化的方式服务于车厂客户，助力其战略性品牌营销和战术性的推广实操。

创新行动

从文化出发，帮助商业品牌讲好故事

如今，商业品牌面对的巨大挑战，是如何超越品类，与消费者产生真实互动。局限于品类之内，品牌与消费者之间的沟通只能受限于基于产品的沟通，并不能与消费者产生更与之相关的意义关联。

中国的青年文化，理应成为每一品牌的营销捕手中不可或缺的一部分，甚或是重要的追踪网络。如今，年轻消费者更早地建立自我的兴趣体系，涉猎、参与甚至共建其所热衷的青年文化，从而形成独异性的个体世界观、价值观及个人价值判断标准。因此，品牌的产品与服务只有和青年文化及年轻个体的生活意义产生关联，才能真正抵达人心。

青年志文娱内容事业部以“社会学的宏观视角 + 人类学的全人视角 + 文化研究的符号视角”为学理基础，透过内容营销策略、流行文化图谱、流行文化追踪等核心优势服务帮助品牌精准锚定品牌、受众、娱乐资源交叉结合所得的甜蜜价值点，进一步帮助品牌 / 平台成功嵌入或打造流行文化，助力品牌攻克营销难题。

青年趋势及商业创新行动者社群

商业对于青年文化有着不容忽视的影响，反之亦然。过去，我们视青年文化和商业文化为两个分割的大陆；今天，我们意识到青年文化和商业文化是同处于一个动态系统中的，他们彼此牵连着、撬动着。我们认为，青年志应该为这个动态系统中的一个齿轮，传动和带动年轻人文化和商业创新。

12 年来，陪伴和见证着商业品牌和青年文化组织的成长和创新，青年志坚信趋势的可观测性和可实施于创新行动的巨大可能性。我们更理解趋势不是“研究出来”的，而是一群敏感捕捉到它的人，讲述出来、行动起来、共同推动和创造出来的。

在青年志“年轻人驱动改变”的愿景下，青年志将透过青年趋势及商业创新行动者社群的孵化与建立，聚集青年趋势的观察者、行动者、商业创新者，共感、共谋与共建，让企业理解、呼应、参与和共建文化趋势，从而让商业的发展更符合人性，符合人类的可持续性，让青年想要的未来能够到来。

客户评价

匿名客户：

“青年志具有系统和创新的研究方法，能够区别于传统的市场调研。

通过社会学和人类学的文化视野给予更加有深度、广度和前瞻度的洞察，这样的洞察能够帮助我们切实解决目前正在应对的商业问题。

青年志对中国年轻人群有长期的观察和研究，因此在年轻人领域积累了丰富的跨品类经验，可以将跨品类研究经验的积累应用到我们所在的品类研究中。”

3. Artefact China

基础信息

成立时间：2010 年
员工数量：140
主要服务行业：奢侈品、零售、美妆、医药、食品、服务业
主要服务客户：迪奥、斯沃琪、保乐力加、DFS、麦德龙、育碧、地中海俱乐部、依云、莱卡、捷豹路虎、皇家加勒比等
平均服务时长：3 年以上
类别：数据咨询与数字营销服务

核心竞争力

Artefact 的核心竞争力在于能够将数据咨询与数字营销业务能力相结合。两个业务部门紧密合作，为客户提供以下服务：

数据咨询与转型
数据战略
人工智能工厂
数据与人工智能在营销、运营和信息技术的运用

数字与数据营销
数字战略

精准营销
全域搜索
社交媒体 CRM
内容与创意
全球旅游零售解决方案

代表案例

名称： DFS 旅游零售精准营销案例

挑战： DFS 是一家世界领先的奢侈品旅游零售商。它最早的营销策略是与旅行社合作，将团队游的游客带到门店来消费。不过 2 年前情况变了，自由行在中国年轻游客当中越来越流行，原先以吸引团队游游客为核心的营销策略不奏效了。DFS 的挑战是：如何进行数字转型，吸引中国游客，增加 DFS 主要市场的门店流量。

方案： 精准营销解决方案，首先确认以下三点：

- 是谁：DFS 需要触达和吸引的是哪些中国游客？
- 去哪儿：这些游客的旅游目的地中，哪些地方与 DFS 所在的主要城市一致？
- 说什么：向他们发送什么内容能引起他们的共鸣以促进最大程度的转化？

精准营销方法由 3 部分组成：

- 数据：在设定了清晰的愿景和行动大纲后，第一步就是利用微信作为用户绑定平台，收集线上和线下客户数据。长期目标是帮助 DFS 在数字和数据转型的每个阶段，逐步建立起 DFS 自有的数据和技术资产。例如，在第一阶段，为 DFS 开发了一个小程序，其目的是吸引用户在旅行出发前下载优惠券，鼓励用户在到达旅游目的地时前往 DFS 门店，并且记录和追踪对 DFS 真正有兴趣的用户数据。
- 媒介：中国的媒体生态十分复杂，选择广告投放的渠道，最大程度地提高曝光率和转化率是媒介策略的重中之重。媒介精准营销方法帮助 DFS 取得了不错的成绩。每年针对 DFS 的 30 多个品牌进行 80 多个广告投放，为 DFS 的 10 多个主要市场带来了高效流量，及较高的投资回报率。

- 社交媒体 CRM：选择用微信在用户旅程（从品牌意识到忠诚度）的全过程中来激活用户。社交媒体 CRM 可以创建数百个细分，并根据客户过去的行为提供个性化的体验。例如，艾米正准备前往夏威夷旅行，当她在小程序中浏览有关唇膏产品的页面时，便在微信上向她发送个性化消息，邀请她下载唇膏产品的优惠券，鼓励她在抵达 DFS 夏威夷机场时购买该唇膏。然后，艾米返回上海时，继续发送个性化消息，例如有关如何使用购买的口红的技巧，将她转变为忠实的客户。

结果： 半年内，微信用户参与度提高了 12 倍；
门店客流量提高了 2.8%—4%；
完整的数据流为 DFS 创造一个良性循环：收集到的数据越多，用户的个性化体验就越精准完善，也就会产生更高的转化；
Artefact 已和 DFS 一起走过了数字化转型的第三个年头，并共同见证着日新月异的成长。

创新行动

Artefact 在以下 4 个平台上均开发和运用了尖端科技和方法论。

- **精准营销平台**：是一种以消费者为中心的营销方法，利用数据、营销技术和故事讲述，在每个消费者决策过程中提供个性化体验。这种方法能够更全面和清晰地看到消费者旅程，并利用机器学习和人工智能向消费者发送适合他/她的信息，并从消费者的实际行为中学习。这一方法和工具已经在客户的日常服务中使用。
- **电子商务表现平台**：将内部 CPG 和零售专业知识与尖端专利人工智能技术结合起来，提供包括定价、促销、范围、内容、宣传以及销售和运营规划等一系列的服务；给品牌一套工具来直接管理其电子商务表现并且利用客户数据；专门开发了一套适合中国生态系统的工具。
- **消费者驱动的需求预测平台**：利用最新的尖端机器学习算法和大数据建模能力，提供完整的需求规划。它可以预测需求的变化以及供应链每一个环节的影响，从而在产品供应、库存水平和服务成本方面提供卓越的助力。这些工具可直接开发进入客户的系统中，不需要大规模整合。

- **人工智能工厂平台**：提供给企业一个框架，来帮助培养企业内部人工智能开发能力，并推动企业所有部门的数字化转型。该平台复制了 Artefact 成功交付和实现人工智能驱动项目的方法。Artefact 在建立、领导和管理灵活的数字产品团队的独特方式，让客户在公司内部也希望拥有同样的团队。

客户评价

麦德龙：

“基于消费者数据及销售增长目标来制订媒介及创意策略，在营销业界也是比较新的尝试。在和 Artefact 合作过程中，他们不光能提出数据驱动的方法论，在策略落地实践中，对新出现的问题都提出详尽的解决方案，从而有效地帮助麦德龙实现销售增长。”

4. Convertlab

基础信息

成立时间： 2015 年

员工数量： 100 人

主要服务行业： 金融、连锁零售、快消、汽车、企业服务、教育培训等

主要服务客户： 百威英博、凯德置地、优衣库、百事、浦发银行、华润三九、北汽福田、华硕、水井坊等

平均服务时长： 1 年以上

类别： 营销云

核心竞争力

Convertlab 以营销云以及营销技术中台为特长，基于自主创新开发的 DM Hub 产品，提供专业、便捷、智能的一体化营销云解决方案。借助大数据、人工智能和云计算等技术，帮助企业落地数据驱动的营销，实现业绩的超级增长。

DM Hub 是由 Convertlab 独立创新开发的中国首个一体化营销云产品。以全面提升消费者旅程体验，深度发掘全生命周期客户价值为目的，在此之上构建关于客户的全渠道数据及多渠道体检交互，通过 CDP（Customer Data Platform，客户数据平台）、CEM（Customer Engagement Management，客户互动管理平台）、MAP（Marketing Automation Platform，营销自动化平台）、DAC（Data Analytics Center，数据分析中心），实现营销闭环，促成从洞察到执行的数据变现。此外，第三代营销云产品（最新版 DM Hub）还增加了平台、智能及生态的拓展。

Convertlab 提出企业建立数字化运营体系的“DIA（Digitalization+Insight+Agility）”超级增长模型：从数字化链接、数据管理、深度洞察到全渠道消费者互动管理、策略与自动化，以及敏捷营销实践，助力企业建立从理论到实践落地的“数据驱动增长体系”，真正实现超级增长。

营销技术就是营销，营销云就是营销技术中台。

代表案例

名称： 某大型零售商店建立全渠道会员运营体系

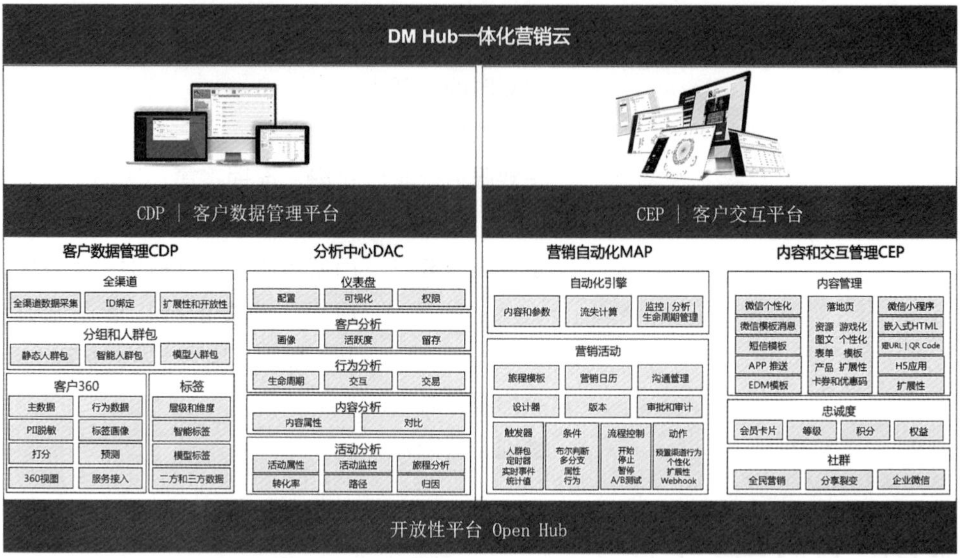

DM Hub 产品体系

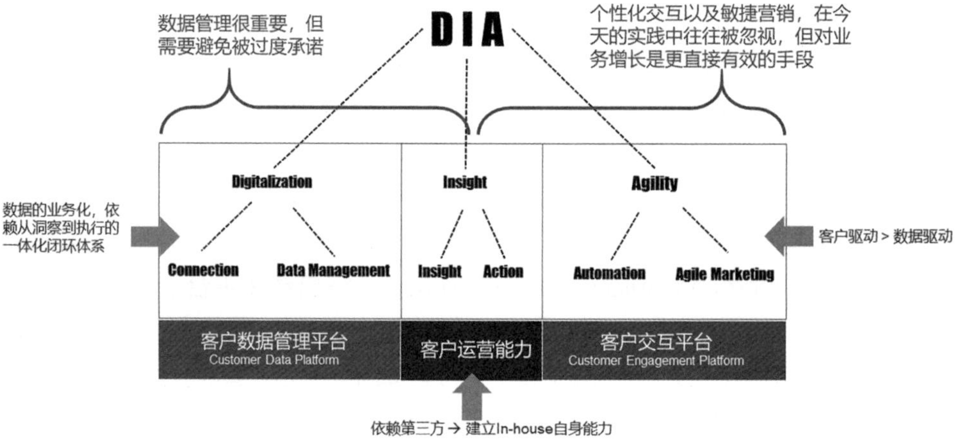

“DIA”超级增长模型

背景： 该零售商店为高端会员制商店，企业有数字化基础，但未建立成熟的全渠道会员运营体系；会员续卡率是会员制经营的北极星指标，在中国，随着互联网生鲜电商品牌的崛起，这一指标的达成受阻。

目标： 续卡率、复购率、会员或阅读的持续提升。

策略： 线上线下各渠道打通；建立可持续互动的会员运营体系；精细化客户画像，实现精准人群触达；形成长期稳定的用户旅程自动化维护。

执行： “千人千面”营销策略，针对不同会员以及同一会员不同阶段推送个性化内容和定制化商品信息全渠道参与会员生命周期管理，加强与消费者的互动，增加会员黏性。

自动化营销：在既定营销策略之下，营销活动自动执行，并可根据数据反馈随时调整策略，使效率提升及效果优化。

用户旅程自动化维护：通过设置用户活跃度模型，预判用户生命周期关键节点，设置“老会员常态化促活”“低活用户防流失护城河”等用户旅程自动化维护流程，提升客户生命周期价值。

效果： 续卡率提升：通过自动化续卡提醒流程，对照组续卡率提升 29%。在未增加任何营销投入的前提下，会员月度续卡率平均提升 3%—5%，持续获得投资回报率净增长。

复购率提升：通过自动化促活流程 + 智能推荐，山姆会员全渠道复购率对照组提升 70%，效果显著。

活跃用户占比提升：通过自动化促活低活跃用户及自动化唤醒沉睡用户流程，提升活跃会员占比。新客户首单转化率提升 60%。

创新行动

适应当前的行业变化、技术发展以及企业的最新需求，Convertlab 提出具备“智能化、平台化、生态化”三大基本特征的第三代营销云将成为营销云方向。

全新版本的 DM Hub 在这三个方向实现突破性迭代，是第三代营销云标配产品，能够作为企业的营销中台。

- **平台化**——尽管第二代营销云已经具备平台产品的特征，但标准化产品无法适应企业丰富且个性的功能需求，不具有开发性扩展能力的平台也不能称之为中台，因此新版本推出 Open Hub 开放平台。Open Hub 主要包含三个板块：系统扩展性、开发者平台和应用市场。
- **智能化**——“河图”智能引擎以营销自动化为基础，在人工智能赋能之下实现营销作业方式全面智能化的颠覆性变革。目前有六大智能化应用场景：智能人群细分、智能价值评分、智能推荐、程序化内容生产、智能沟通总控、自适应策略优化。

- **生态化——**营销云体系最擅长从站内或者落地开始到整个后期营销，甚至包括销售流程的优化和售后的流程，但仍有一些企业不能立即触达的领域，我们选择通过生态进行连接。

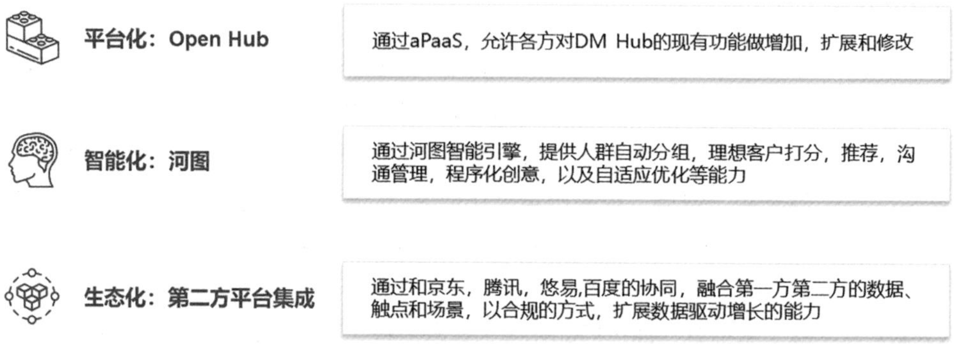

全新版本的 DM Hub 迭代方向

客户评价

浦发银行：

“面对用户海量但活跃度偏低、运营人员数量不足、精细化运营无法有效达成等挑战，浦发银行基于现有数据管理平台，通过 DM Hub 产品搭建互联网营销运营平台，实现精准高效的客户互动和营销活动参与率的大幅提升，形成数据驱动的自动化精准营销能力。”

5. 创略科技

基础信息

成立时间：2011 年
员工数量：100 人
主要服务行业：汽车、金融、零售、旅游
主要服务客户：星巴克、施华洛世奇、玛莎拉蒂、威马汽车、春秋航空、中国银行
类别：营销数据服务商

核心竞争力

创略科技通过客户数据采集、打通、分析和激活，并结合独具优势、深耕于营销场景的机器学习（Machine Learning，简称 ML）、深度学习（Deep Learning，简称 DL），以及自然语言处理（Natural Language Processing，简称 NLP）组合算法模型等人工智能技术，运用于助力企业在个性化营销、精细化客户运营、交叉销售、流失预警、沉睡客户唤醒、客户体验提升、智能客户洞察分析等场景上，帮助企业实现客户全生命周期智能管理及营销效率效果最大化。

创略科技目前的核心产品体系包括：

- 智能客户数据平台
- 企业级人工智能应用模块
- 区块链驱动的 B2C 生命周期管理平台

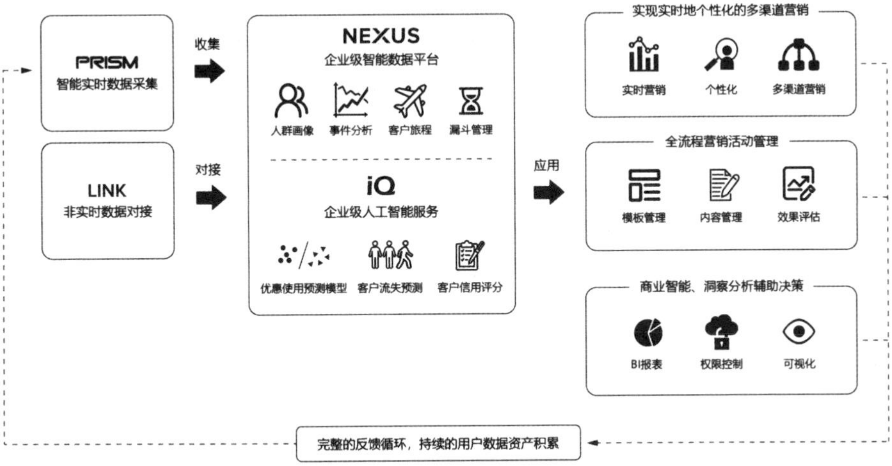

创略科技核心业务

代表案例

名称： 玛莎拉蒂智能客户数据平台

背景： 玛莎拉蒂是一家意大利豪华汽车制造商，一开始，玛莎拉蒂在尝试寻求一个最优的 AI 解决方案，来帮助他们从潜在目标客户中挖掘出高价值的客户。从而降低线索跟进的成本，提高高价值线索的转化率。并希望能针对不同客户群体进行针对性的营销策略。

方案： 根据玛莎拉蒂的需求，创略科技作为其首选的战略合作方为其搭建了一个可循环使用的智能客户数据平台。

创略科技整合和打通了玛莎拉蒂各自有营销渠道的第一方数据，并帮助对接了第三方数据源，丰富现有客户数据。接着，将这些数据关联并根据客户数据的不同维度来设定标签，建立数据模型。并且通过运用创略科技自主研发的营销模型—客户营销计分，按营销价值为每位客户进行打分。针对不同车型或者营销分段，配合相应的营销策略，来提升营销转化率。

自有模型：

客户营销计分是创略科技自主研发的营销模型。根据玛莎拉蒂车主数据建模分析，通过特征及权重给潜客计分。简单来说，玛莎拉蒂根据这些客户通过营销计分，分数越高，表示客户购买的可能性越高，营销价值则越大，业务部门就可以采取相应的营销策略来高效提升购买转化。销售和营销人员也可以充分利用客户画像辅助营销。

如营销计分 1—40 分：短信跟进；营销计分 40—60 分：微信跟进；营销计分 60—90 分：电话跟进；营销计分 90—100 分：邀约到店。

在整个项目合作中，基于创略科技的人工智能应用模块，玛莎拉蒂还可在各业务场景中应用 AI 算法和模型。比如，采用客户流失预警模型可以帮助玛莎拉蒂提前锁定最有可能流失的有价值客户，然后采取相应的措施进行情感沟通，尽量挽回，减少流失。又或者是预估可能会复购的人群，对他们进行更加有针对性的营销。

效果： 项目上线后仅 3 个月的效果就已经非常显著。线索转化率提升了 5%，线索的跟进及时率提升了 20%，节省了 30% 的人力成本。

创新行动

创略科技是专注于企业营销和客户体验提升的数据及 AI 技术公司。通过为企业构建一套从采集到应用完整闭环的客户数据平台，为企业用户提供无缝的体验，将企业的营销活动推向最后一步，实现业务和用户体验的同步增长。同时，创略科技确保企业能够容易地将他们的客户细分激活到线上线下各营销渠道，并实时接收结果反馈以持续改进算法。这为企业的营销和客户运营部门提供了便利的端到端解决方案。

从底层应用来说，创略科技是基于 Hadoop 生态圈的大数据架构来搭建产品体系的。确保支持海量实时数据计算等需求，与传统的非大数据系统不同。并且，创略科技在机器学习、深度学习和自然语言处理方面投入了大量人工智能分支，可以提高数据处理、客户细分和预测分析的效率以用于营销目的。创略科技的人工智能应用为企业级客户提供了高度自由定义的机器学习服务，完善以往难以实现的数据分析，比如客户偏好预测、客户生命周期管理等。创略科技人工智能应用的突破性在于可以对接各种实时、非实时、结构化、非结构化数据，也包括通过自然语言处理识别客户的文本数据，真正做到最大化地挖掘数据价值。同时，创略科技拥有来自各行业的专家，如金融、旅游、汽车，以确保产品和解决方案适合每个垂直行业客户需求的特点，而不是使用通用的解决方案。这也是创略科技在特定领域为很多顶级客户提供服务时的竞争优势。

6. 费芮互动

基础信息

成立时间：2011 年

员工数量：139 人

主要服务行业：餐饮、服装、酒店、美妆、其他零售

主要服务客户：星巴克、百胜中国、优衣库、悦诗风吟、万豪酒店集团、凯悦酒店集团、立邦、顶新集团等

类别：品牌营销咨询、营销数据服务商、整合营销服务商、互动体验服务商、电商营销服务商

核心竞争力

致力于帮助品牌重新规划其营销策略，成为品牌赢得顾客忠诚度的得力伙伴，并致力于成为品牌与时俱进的创新和成长的阶梯。通过创新的商业思维及领先的技术支持，协助品牌方实现数字化转型。

- 自主研发的系统架构，为客户提供稳定具有弹性及扩张力的 SaaS 服务
- 领先的客制化系统能力及丰富的跨平台整合经验
- 创新移动营销玩法，以始为终的线上线下、社交客户关系管理、社交商城和支付后营销解决方案。

提供定制化 SaaS 服务，在移动端帮助品牌及企业提高其商业价值。费芮的业务范围涵盖微信、支付宝、抖音、美团、拼多多等被大众熟知熟用的社交营销平台，通过与不同平台打通应用程序接口，并善于收集、累积、分析用户数据，为品牌打造有弹性的解决方案。费芮拥有一整套基于微信 App 研发的专有架构，既能提供一整套系统能力，也可以提供完整的营销解决方案，把微信的联结能力和社交能力发挥到极致。

丰富的跨平台整合经验，将多渠道、跨平台用户行为数据转化为品牌的数字资产。以往，各品牌在天猫，京东，微信等不同平台上进行消费后，用户数据将只能在各平台独自记录，无法做串联整合。费芮整合方案，通过费芮支付插件为商户提供跨平台打通消费及券数据的能力，帮助诸多品牌解决了市场上主流电商平台及商户自有渠道的用户数据整合难题。并针对支付后营销的场景，提供了一系列运营方案及大数据分析服务，最终实现全平台用户身份的统一。

代表案例

名称： “万豪国际集团商城”小程序

背景： 以往，各类酒店集团作为管理公司都依赖于携程、飞猪、直客通、金房卡等第三方平台进行旗下酒店的直销或分销业务（酒店预订 / 餐饮产品购买等），各个酒店面临单独推广能力弱，平台抽成高，利润下降等痛点，所有的用户购买数据都留存于第三方平台，自营销和自传播难度大。

方案： 为万豪打造了一个“触手可及”的一站式数字化餐饮服务平台，小程序作为万豪集团的自营商城，将微信作为载体打造品牌自己的私域流量，直接加强品牌与客户的联系，形成线上线下一体化解决方案。通过线上购买 + 线下核销的方式，作为万豪自有的线上渠道扩大品牌曝光，具备丰富多样的营销和自传播能力。

- 为全国或单一酒店设置不同的商城首页，确保每间酒店都有足够的资源露出，并可根据不同的地区提供定制化产品和服务，不同产品直接绑定直属酒店账号确保订单直达所归属酒店。
- 各酒店可在后台进行账单查询和管理，分析销售额和来客数，掌控消费者喜好，将更好的资源直接给到消费者，省去平台抽成高的顾虑，帮助酒店确保食材新鲜掌握品控。
- 同步融入微信社交礼品卡的能力，顾客通过微信订购不同产品或不同场景的礼品卡，在微信端传递心意和祝福，为生活增添与众不同的仪式感。

效果： 这个承载全国万豪集团酒店餐饮服务的小程序商城，它让中国消费者有更多机会通过餐饮产品和咨询，了解和接触万豪国际旗下品牌。这个小程序为消费者提供了便捷的移动端餐饮体验，其受众用户关注度以及每日打开频次均呈显著上升趋势。

创新行动

第一家抖音企业号自媒体解决方案的服务代理商

费芮发布了抖音企业号自媒体系统解决方案，解决品牌使用抖音开放平台的接口来实现精细化运营的需求，成为第一家抖音企业号自媒体解决方案的服务代理商。根据我们以往的运营经验，以平台化管理可以帮品牌降低人力成本 50%，提升整体运营效果 70%。品牌可以从抖音商户平台看到企业号基本数据（播放、转发、点赞量），但若想进行某几只视频在同一时间段内播放量趋势对比分析，又或是根据视频评论观点或情感趋势做进一步的运营转化，就需要有服务商来协助完成。除了标准的日常维护工作，费芮抖音自媒体系统能够提供更精细化的运营，为品牌呈现营销效果、舆情分析、评论分析、粉丝增长分析等。

首个将 AI 技术运用到微信的服务商

费芮提供的 AI 智能服务已经成功应用在了酒店和餐饮行业。

支付后营销方案

费芮为企业打造有弹性的支付后营销方案，支付后的营销一直是品牌容易忽视的一环。线下门店传统的引流方式成本高且无法精准命中目标人群。通过接入轻易付移动支付系统，在支付后提示用户服务及营销机会，让每次支付成为营销的开始，串联用户身份可以进行粉丝和会员的引流和沉淀，形成行程营销闭环。

客户评价

优衣库大中华区首席市场官：

“费芮做的服务和其他供应商的差异化，在于专注自媒体、社交媒体平台解决方案，用户体验链接，和用户数据的对接整合、创新，这是一个大趋势市场所需。”

万豪国际集团亚太区用户探索副总裁路筠女士：

“费芮是万豪用户增长战略中重要的合作伙伴。费芮团队熟悉中国线上生态环境，专业知识强，能为我们提供宝贵的信息及建议；会为客户设身处地着想，寻求解决方案；工作敬业、处理问题快速、配合程度高。”

7. 勾正数据

基础信息

成立时间：2014 年

员工数量：54 人

主要服务行业：传媒、汽车、美妆、终端厂商、广告、日化、食品、家电

主要服务客户：腾讯、爱奇艺、芒果 TV、湖南卫视、宝洁、唯品会、三九医药、蒙牛、阳狮、群邑等

核心竞争力

勾正数据核心竞争力是自主研发的两个产品。

1）勾正 ORS（OTT[1] Ratings System）—CTV（Connected Television，联网电视）收视系统

由勾正数据打造的一款联网电视直点播同源收视测量产品，也是唯一一款提供电视直播、视频点播同源收视的大数据产品。

三大特点：

- 大数据，百万级终端设备量；
- 同源样本，保证数据源稳定无污染；
- 科学抽样，确保数据代表性。

三大功能优势：

- 衡量 OTT 行业价值：为 OTT 视频内容提供评价标尺，助力日益丰富的 OTT 广告买法；
- 比较 OTT 平台价值：提供科学、系统的数据参考，提高用户转化率评估；
- OTT 节目价值：提供内容评估和预测依据，降低内容制作风险。

[1] OTT 是“Over the Top”的简称，指通过互联网向用户提供各种应用服务。

2）勾正 CHMP—中国家庭数据营销管理平台（China Household Data Marketing Platform，简称 CHMP）

是家庭营销的数据中台解决方案，旨在为广告主提供一站式 CTV 数据管理和服务。

CHMP 四大功能：

数据资产管理、实现自定义人群创建、投前人群洞察、家庭营销数据沉淀。

CHMP 三大应用场景：

- 想要通过家庭大屏提升整体营销触达，如何找到品牌意向的家庭目标人群？CHMP 帮你找到目标消费者，解决投前用户洞察，做出超预期的媒介投放策略。
- 对标互联网广告，家庭大屏如何找到目标人群，定向投放？如何在源头减少广告费用？CHMP 可以根据营销标签，对接媒体平台，圈定目前家庭消费者人群，并且支持品牌主人群洞察与追踪，帮你减少广告费用。
- 广告费用花出去带来什么效果？广告对于增长是否有价值？CHMP 打通全链路投放数据，沉淀营销数据，帮你追溯投放链路广告价值体现，归因分析，闭环分析，最大限度呈现广告投放价值。

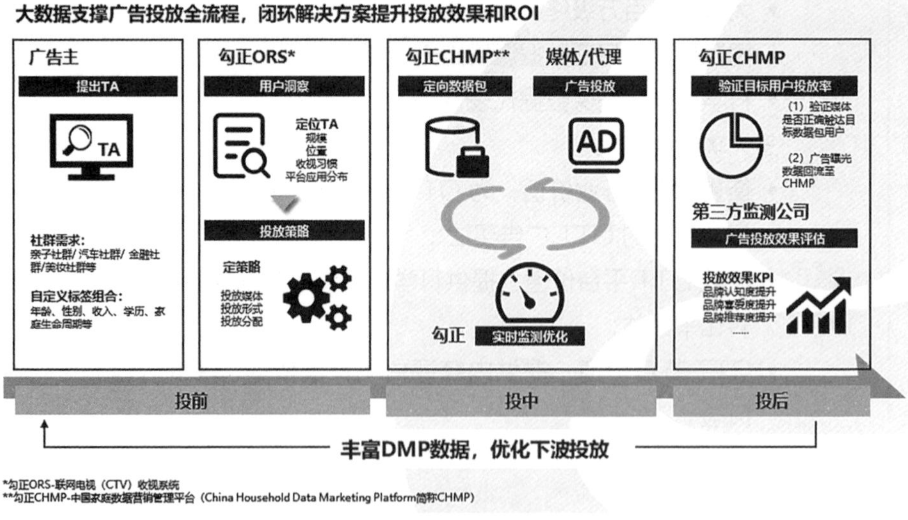

勾正数据——中国家庭营销智慧解决方案

代表案例

名称： 传统电视人群流失，宝洁的应对之策——勾正数据用数据定位传统电视流失观众，智能电视扩大大屏营销受众

背景： 传统电视收视率持续下降，大屏营销受到挑战，大量用户难以通过直播触达。数据证明智能电视端两个月开机率可达 96.7% 而直播到达率仅 64%。33% 的智能电视用户无法通过直播电视广告触达；电视台分频道广告投放同样存在盲区。宝洁某产品三月投放中，仅能触达 50% 的直播观众。如何更有效触达直播观众，需要有力数据支撑优化。

目标： 1）为宝洁传统电视投放找到出路；2）为宝洁投放智能电视广告找到数据支撑；3）开创宝洁智能大屏投放新时代。

策略： 智能电视端触达测量优化模型。通过大数据监测电视广告智能电视端投放情况，优化宝洁智能电视端投放，补充传统电视流失观众，提升整体投放投资回报率。1）大数据扫描广告智能电视端真实触达规模：利用直点播同源测量方法，测量宝洁直播广告在智能电视端触达情况；明确广告智能电视端投放盲区。2）未触达用户智能电视端行为特征、触达

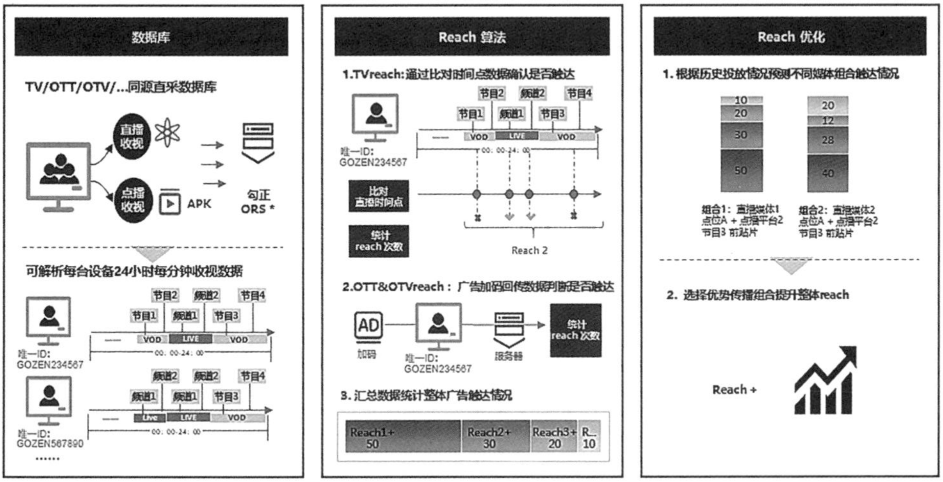

*勾正ORS-联网电视（CTV）收视系统

联网电视端触达测量优化模型

渠道：点播观众重点观看节目；直播未触达用户重点观看节目。3）如何利用数据支撑有效触达盲区用户提升投资回报率：大数据支撑投前、投中、投后闭环投放链路。

客户评价

某大型快消企业市场研究部负责人：

“勾正的跨屏打通数据为公司建立了新的数据底层，重新建立了一套全媒体效果评估的标准，为更准确地预算分配成为可能。”

某视频网站数据研究院院长：

“勾正的数据能准确地还原媒体在智慧屏中的影响力，真实的第三方数据为媒体的客户带来了全新的媒体视角，让媒体在大屏的价值得到凸显。”

第三方研究公司副总经理：

“在勾正的支持下完成了 Cross Reach 产品的建立，让大屏的广告监测能直接到人，且实现了完全的跨媒体同源，让广大甲方能更准确地评估大屏内多媒体的广告触达。”

8. 群脉

基础信息

成立时间： 2019 年

员工数量： 200 人以上

主要服务行业： 快消（日化、食品饮料）、母婴、宠物、美妆、消费电子、家电、商业地产、大健康、酒店度假等

主要服务客户： 联合利华、达能、白猫、vivo、小天才、康师傅、卡士、美德乐、GSK、英氏、云南白药、万科、万达、富力地产、侨鑫、百盛、名创优品、一条、日食记等

平均服务时长： 4 年

类别： 营销数据服务商

核心竞争力

丰富的全球 500 强企业最佳实践经验

已经服务了包括联合利华、康师傅、立白、vivo、美德乐、万达、GSK、云南白药、百盛、万科等 500 强企业，覆盖了快消、母婴、日化、医疗、地产等行业，成了他们最信赖的合作伙伴。运营超过 2 亿消费者，为服务的企业带来年平均超过 30% 的用户增长，客户续约率为 100%。

平台的开放性

- 与相关系统非排他式对接
- 可根据企业的个性化需求灵活定制，延展性强
- 国际化水平高

大数据能力

- 即时：数据收集、处理、应用
- 连续：数据前后关联，形成全景视图
- 智能：智能用户分群；智能用户服务

高质量平台

- 弹性云架构支持大用户量、大开发
- 多重技术、制度保障，确保数据、业务安全
- 配套服务完善，响应及时
- 2018“双 11”每小时 3 000 万次访问量，2018“双 11”期间同时开发，上线 100 多个活动

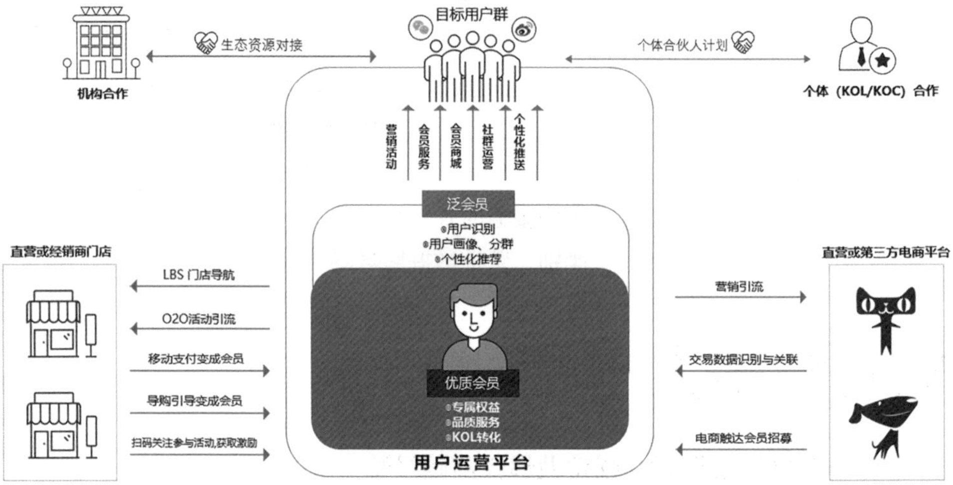

群脉 SCRM 全域用户运营平台

代表案例

名称： 联合利华家乐：精细化运营 KOL，赢得厨师欢心

背景： 联合利华饮食策划生意遍布全球 74 个国家，是提供高品质餐饮解决方案的业务部门。作为行业的领先者，为客户提供创新的、高质量的专业食品配方和高附加值的服务。致力于帮助厨师做出营养美味的大餐，使顾客更加愉悦。同时，以高质量服务帮助厨师更有效地经营业务，并提高盈利能力。现有经销商售货模式，品牌与 B 端厨师不能直接沟通，厨师忠诚度低；品牌对目标客户——厨师群体的构成和喜好不了解，营销不够深入人心。

目标： 提升 KOL（厨师群体）对品牌的忠诚度。

策略： 通过 SCRM 平台，联合利华饮食策划能与 KOL 直接交流、互动。

创意： 全渠道追踪数据，清晰用户画像，辅助后续精准营销。

执行： 1）一物一码，与 KOL 的直接沟通、互动；2）趣味线上小游戏（活动）：元宵红包大作战；3）线下面对面沟通：西厨学院，亲密接触。

效果： 1）一物一码覆盖 96 类商品；2）大面积覆盖台湾有决策权的厨师；3）有效的数据获取、共享与分析，整体提升销售额。

创新行动

PaaS 平台 +SaaS 产品 + 增值服务，聚焦行业方案

群脉为企业提供全域用户运营平台，基于 PaaS（Platform as a Service，平台即服务）平台，提供丰富的 SaaS（Software as a Service，软件即服务）产品，加上用户运营相关增值服务，赋能企业以用户为中心的数字化变革。

SaaS 产品开盒即用，为企业提供营销、销售、服务的一站式用户全生命周期管理；增值服务涵盖从策略咨询、活动运营、数据运营、产品运营的端到端服务。

高可靠的开放 PaaS 平台亦可作为企业数据中台与业务中台，灵活快速地满足企业个性化业务扩展需求。

客户评价

联合利华饮食策划（北亚区）数字营销与客户管理经理：

“群脉帮助联合利华饮食策划（北亚区）成功地重新开发了移动应用和 eCRM 系统，极大地提升了整体的用户体验和运营效率。群脉不只是我们的合作供应商，更是我们的数字化营销伙伴，通过开发提升 App 产品性能、跨平台支持数字营销活动，增强了我们的 eCRM 系统。群脉提出的深度建议总是极具战略性、可行性和高效

性。我们非常赞赏他们的专业技能和交付能力，并寻求与群脉达成长期战略合作。”

vivo 互联网产品部产品经理徐青昆：

“群脉帮助 vivo 成功实现门店数字化转型，应对新零售热潮，极大地提升了整体门店服务水准和用户体验。到现在，群脉不仅仅是 vivo 的供应商，更是重要的战略合作伙伴。高效、务实、配合好，非常赞赏群脉的专业技能和交付能力。”

9. 数说故事

基础信息

成立时间： 2015 年

员工数量： 300 人

主要服务行业： 日化美妆、食品饮料、科技数码、连锁零售、母婴健康

主要服务客户： 腾讯、伊利、宝洁、华为、亿滋、招商银行、安利、立白、百事、屈臣氏、万宁、英特尔、雀巢、OPPO、vivo、王老吉、强生、益普索

平均服务时长： 3.7 年

类别： 营销数据服务商、营销咨询服务商

核心竞争力

数说故事经过多年实践总结的企业数字化转型由浅入深的三个落地路径——从外到内、从策略到行动、从场景到中台。核心竞争力在于大数据技术与商业场景的连接与应用。

数说故事在成立之初，就决定以营销作为切入口，以数据助力更多 C 端企业更科学高效地进行决策。但难题在于，如何将长期积累的技术能力应用到具象化的商业场景中。数说故事选择吸纳更多拥有丰富商业分析经验的人才，与众多品牌客户在数据实践的道路上不断前进，开拓践行更多数据应用的场景。从单一功能的产品工具，到不断迭代的标准化数据智能应用，再到如今不断创新更全面、综合的大数据解决方案，数说故事最初“助力企业以商业驱动数据智能决策”的目标已然发展成为“助力企业完成数据化转型”的完整宏图，并致力成为最懂商业模式的技术公司。

经过技术到商业价值落地的漫长挑战和探索，数说故事已经积累了近 200 家品牌企业的数字化服务经验，总结出自有的全链条数字化转型方法论，今后也将以整体解决方案为客户提供服务，解决不同商业场景下的数据难题，开辟新的数据玩法。

代表案例

名称： 门店数字化转型系统搭建

方案： 搭建全渠道消费者数据化管理平台：建立统一用户标识，实现全渠道消费者数据融合，线上对接淘宝、天猫、京东等三十几个电商平台数据，微信小程序、微信公众号等社交媒体数据；线下对接门店经营数据，以及其他离线或企业零散数据源，实现消费者 360 度全景画像。

会员通：完善消费者会员体系，实现阿里会员卡、微信会员卡、自有会员卡身份统一，权益的统一，全方位完善会员积分体系，提升企业会员服务能力，提高会员品牌认知度，从而实现会员与品牌的双向互动。

自动化营销：支持全类型营销触达方式，包括短信、邮件、微信公众号推文、微信公众号模板消息，小程序模板消息等，通过自动化执行的方式提升企业用户运营效率，降低人工成本。

营销玩法：丰富模板化的 H5 游戏，包括新品试用、大转盘、调查问卷、投票，帮助企业吸引新粉，留存老粉，并通过全流程 H5 埋点监测，实现消费者营销活动全流程数据监测，为营销活动升级提供数据支撑，从而降低营销获客成本。

店小秘：作为企业门店经营的助手，一方面通过培训课程、在线考试、企业公告等在线化办公的机制，提升店员素养，增强服务意识，实现企业到门店的无缝管理；另一方面为门店经营提供数据工具、客户交流工具、营销工具让门店经营数据化、在线化、智能化，从而提升企业门店经营效率，打造一体化线上线下联动的商业体系。

效果： 汇总 1 200 多家门店数据，沉淀超 500 万个电子会员，解决消费者数据、商品数据、售数据，线上线下割裂难题。精准营销瞄准目标消费群体，沉淀公众号粉丝超 1 000 万，会员转化率达到 50%，利用平台模板化 H5 游戏快速生成活动匹配触达手段，快速推向消费者，实现会员引流、促活、拉新与留存。有效管理超 10 000 名导购，导购流失率降低，线下门店复购率明显提升。

通过内外部数据融合、线上线下打通，构建新零售闭环生态圈，实现以消费者需求为导向，基于业务场景打造大数据智能应用，为零售企业提升经营效率，持续优化生意表现。

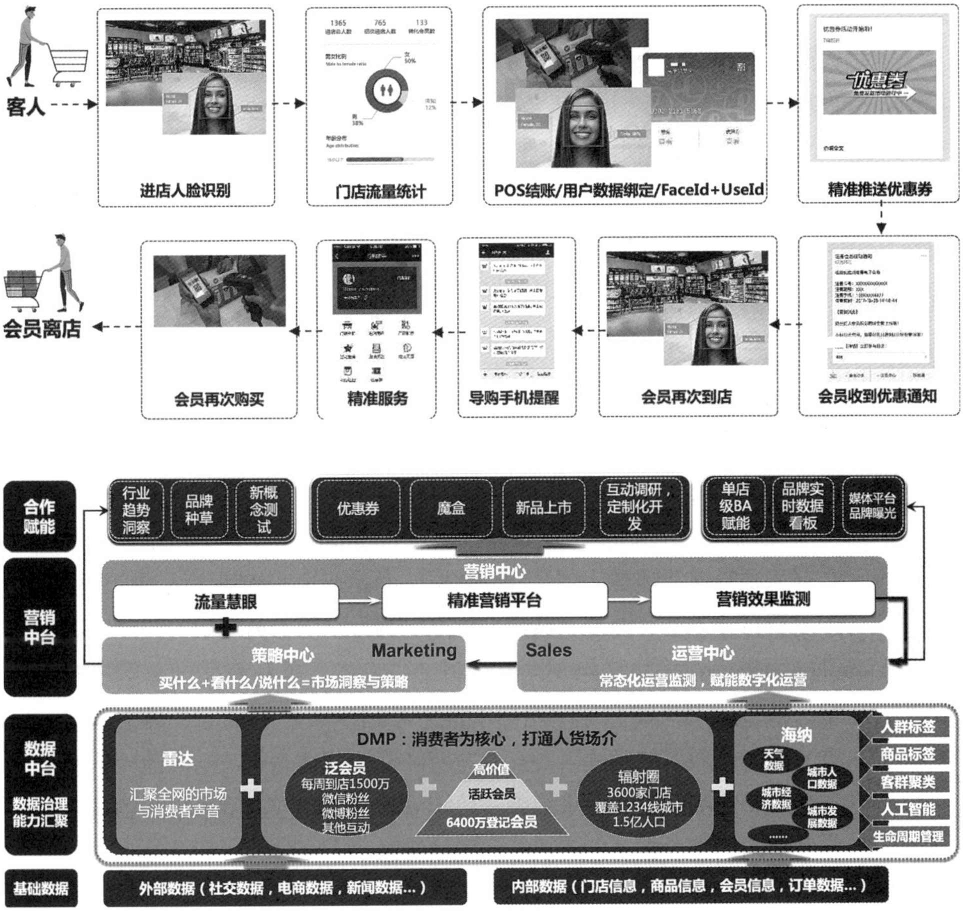

打造新零售闭环生态圈

创新行动

数说故事把“产品 + 服务”方法论融入公司，以数据为基础，展开“从外到内、从策略到行动、从场景到中台”的用户全生命周期赋能。

2019 年，数说故事打造三驾马车业务格局，覆盖涵盖营销优化、产品研发、舆情监控、新零售、IT 建设等多元应用场景，从数据基础到数据价值增量，把成熟的外部数据分析以及应用能力适配到企业数字化转型的更多场景中；全面推出数说中台，基于中台、平台能力和数据能力得以大幅提升，很大程度上带动了整体交付效率的提升，从而实现更深度、高效的客户服务；打造更多的标准化应用场景，标准化场景下的业务应用，能够最简单直观地展示数据分析的成果，大大降低企业的分析门槛。

数说故事拥有深厚的大数据技术沉淀以及成熟的 IT 建设能力。数据层面，持续采集包括社交、电商、视频、论坛、新闻在内的 90% 互联网外部声量，搭建可回溯行业数据库，已全方位覆盖快消、零售、3C 等十多个细分行业。技术层面，在数据采集、清洗、可视化及存储的完整数据处理过程的基础能力上，不断开发智能算法与科学分析模型，首创独家专利的三元组语义分析算法，涵盖情感分析、关键词抽取、广告识别等数据分析功能，助力企业深挖数据。

客户评价

匿名客户 1：

“回顾本公司数字化发展进程初期，首要难点不是不断拓展外部数据来源并重新梳理内部杂乱的数据，而是在企业数字化运营的过程中需要将数据连接消费者洞察、生产制造等不同业务场景。对此，数说故事基于数据隐私与安全专门打造独有的数据私有化部署解决方案，并辅以强大的数据平台赋能能力和日渐成熟的数据工具组建支撑。同时，数说故事提供的解决方案内置优化情感算法与商业分析模型版块，让不同品类、子品牌、目标圈层人群的数据洞察分析更贴近商业应用场景，完美地解决了我司的问题。”

匿名客户 2：

“我公司平台本身属性就是重投入产出比，重视企业与用户建立良性的互惠互利模式的长远价值。对我们来讲，理解用户和满足用户很重要。数说故事提供的用户数字化解决方案，在这两个方向都起着关键作用：数说领客的用户行为分析能力，能够促进理解用户，也能够通过智能化与流程化的及时运营加强对用户的个性化满足。如今，数说领客已经给我们的社区运营带来了诸多便利，可以与我司产品的独特使用场景更加融合，辅助技术、产品、运营人员释放出更大的价值，不断为用户提供更好的体验。”

10. 赛诺贝斯

基础信息

成立时间： 2005 年

员工数量： 500 人

主要服务行业： IT、互联网、汽车、快消、教育、金融等

主要服务客户： 戴尔、英特尔、华为、联想、甲骨文、思科、大陆汽车、美素佳儿、泰国双莲等

平均服务时长： 3 年以上

类别： 营销数据服务商

核心竞争力

赛诺贝斯成立 15 年来，始终坚持对于营销数据的分析与研究。对于营销场景的数据抓取设计以及数据应用能力设计，在国内是首屈一指的。先后推出了基于市场活动的会议、会展、路演的线上线下解决方案；基于社交媒体的 SCRM、OMO（Online-Merge-Offline，指“线上一移动一线下”的行业平台型商业模式）解决方案等。目前，赛诺贝斯旗下拥有 6 款营销技术产品，包含 B2B、B2C 营销云，智能营销客户数据平台、社交客户管理平台、新零售营销硬件以及会议营销硬件，实现了全场景、全流程的覆盖，助力企业完整地实现营销数字化转型。同时，公司旗下拥有 4 家全资子公司，分别覆盖了物联网研发及实施、内容营销服务、精准营销服务以及大数据咨询业务，一站式帮助企业实现业务增长。

赛诺贝斯营销集团核心业务

赛诺贝斯营销集团解决方案

代表案例

名称： 戴尔易安信——以行业需求为中心的一站式服务平台

背景： 在 IT 行业竞争加剧，信息爆炸、渠道铺张、竞品丛生的艰难环境下，单纯依靠品牌积淀及渠道商占领市场的时代已经过去，期望能从数字化转型与智能营销的角度，寻求业务的突破与增长。

方案： 以戴尔易安信自身雄厚的 IT 实力与成功经验，从企业视角为 IT 部门及企业主提供一站式、全面化的线上服务平台，并利用互联网优势来渗透用户与企业决策者的社会关系、满足用户的附加需求。聚焦于互联网、信息科技、医疗、教育等行业为细分，集产品、解决方案、活动、案例智库为一体的戴尔易安信解决方案中心，能够以实时分析和追踪用户行为，使用户体验更数字化、运营管理更数据化、商机挖掘更智能化，并强化品牌建设，提升企业核心竞争力。戴尔易安信解决方案中心呈现了用户可视化、用户体验升级、营销活动便捷性、全局数据整合分析等能力。

效果： 帮助戴尔易安信重新激活了营销流，达成了以数据驱动营销的战略目标。通过数据整合，对用户画像进行分析，实现了更个性、精准、有效的用户沟通。也使得戴尔易安信解决方案中心一跃成为戴尔集团全球多元布局下的重要支持。

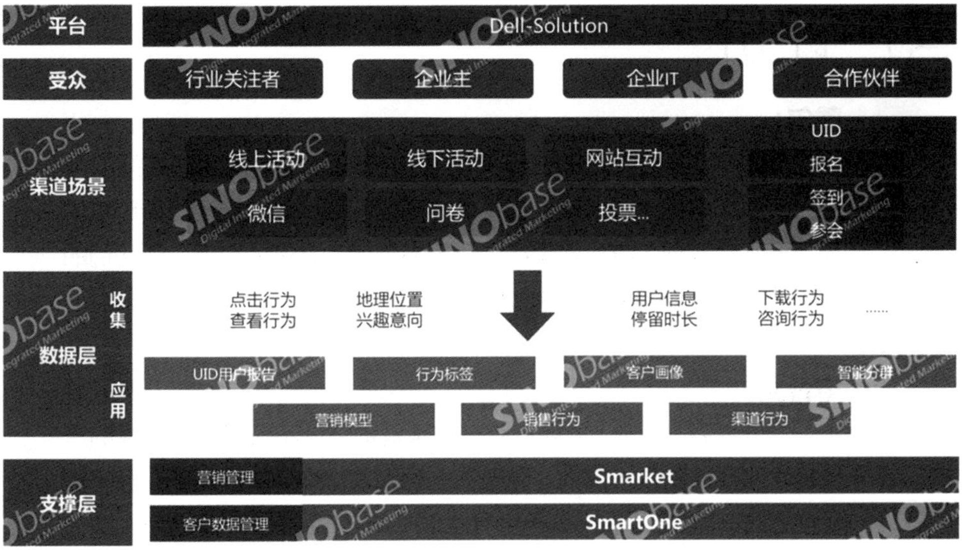

一站式服务平台

创新行动

赛诺贝斯自成立以来深耕营销数据整合、处理、分析、应用的研究，每一款产品都是以营销数据为核心，期望帮助企业发现市场问题，不断提升营销效果。

2018 年，赛诺贝斯相继推出了全新的客户数据平台、B2C 营销云、新零售营销平台以及两款营销物联网产品（会展及新零售方向），全面建立起了基于自有知识产权的营销技术栈体系，已足以完成覆盖 B2B、B2C，线上线下的全场景客户生命周期管理工作。同时，为了更为科学地帮助企业应用数据，成立了南京大数据分析子公司，为客户提供数据建模、数据分析、数据应用策划等数据科学服务。

以新零售场景为例，企业可以通过门店部署物联网设备，完成对于客户线下行为的抓取（停留、浏览、支付），对接上新零售营销平台后，在数据层完成线下行为数据与电商、社交媒体等线上销售场景的数据打通，完成了对客户档案的补全，自动化建立起客户的生命周期旅程，基于大量的客户生命周期旅程，我们可以以大数据建模的方式，自动化开启对应的营销动作（促销或交叉销售），提升客户的最终价值，帮助企业提高业务收入。

某国内头部信息通信企业，目前大型的市场营销活动全面接入赛诺贝斯的 B2B 营销管理平台，营销数据收集数量提升了 300% 以上，自动化的商机分析与分配，降低了 75% 以上的商机传递时间，大幅提升了意向客户的咨询体验。

客户评价

戴尔：

“戴尔和赛诺贝斯的合作解决了传统线上线下多活动之间的渠道、资源和数据上整合难，人工成本高的问题。通过赛诺贝斯研发的整合云平台实现了统一管理线上线下多场活动之间的数据，让我们的市场活动从此变得更加简单愉悦！”

甲骨文：

“可以说在中国，赛诺贝斯在数字营销领域不仅具有前瞻性的产品理念和成熟的技术实力，更具有一种锐意进取，不断创新，敢于接受挑战的服务精神。这就是为什么我们会选择赛诺贝斯成为金牌合作伙伴。在数字营销领域，我们将共同践行：WIN not by surviving the storm but by Changing the game。”

11. 悠易互通

基础信息

成立时间： 2007 年

员工数量： 170 人

主要服务行业： 汽车、快消、3C 电子

主要服务客户： 一汽丰田、戴森、联合利华、丰田、蒂芙尼、希尔顿、美孚、苏泊尔、达能等

平均服务时长： 3 年

类别： 营销数据服务商、营销技术公司

核心竞争力

悠易互通以 AI+ 大数据技术为核心，通过广告云（跨屏程序化购买平台 YOYI Plus）、数据云（数据管理平台 YOYI DataBank）、营销云（消费者互动平台 YOYI Hub）三大产品体系，驱动全受众、全场景、全链路的全域智能营销。

优质流量

悠易互通是市场唯一实现跨电脑 + 移动 + 视频 + 社交 + 智能电视 + 户外的跨屏 DSP（Demand-Side Platform，需求方平台），日曝光量超过 240 亿，与三星、海信、康佳等共同推出高端大屏营销解决方案 OTT MAX，整合超过 2 000 万个 60 寸以上高端大屏资源。

全网数据

YOYI DNA（全网人群数据库）通过跨屏识别及多方数据整合，整合 15 亿移动 ID、2 亿 OTT ID、6 亿跨屏 ID 以及 1.2 亿视频 VIP 会员数据，同时构建了个人及家庭标签体系 10 万多个，形成多维度立体化受众。

强大技术

悠易互通通过人工智能技术驱动，打造 YOYI Compass 人工智能平台，包括异常流量识别、CTR/CVR 预测、竞价策略等多种 AI 模型。

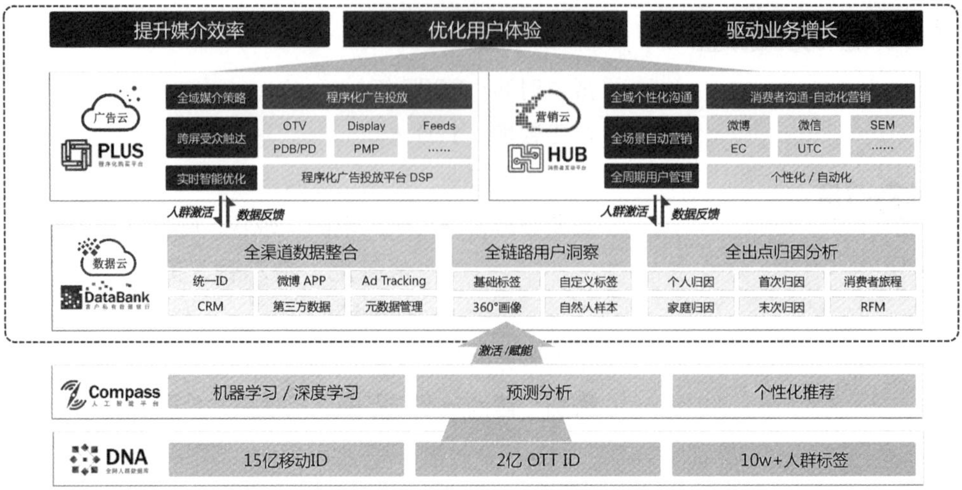

YOYI Compass 人工智能平台

代表案例

项目名称： 卡塔尔全场景营销

背景： “一带一路”利好及和谐的国际发展环境，适逢中国与卡塔尔建交 30 周年之际，卡塔尔对中国游客实施了旅游免签政策。卡塔尔航空公司希望快速地建立品牌认知，实现高效传播，提升知名度与美誉度。

目标： 立足品牌内涵，塑造其所代表的高端形象、优质服务，跨屏全方位开展立体化品牌营销。

策略： 悠易互通通过跨屏技术，基于 OTT、移动、户外数字媒体（Digital Out of Home，以下简称 DOOH）等多屏、多形式的全场景跨屏投放策略，触达多维度目标人群，串联用户触媒习惯，对家庭到个人的全包围、人群召回，全方位影响目标人群。

创意： 阶段投放品牌版及美食版两版素材，深度讲述品牌故事。第一阶段，品牌版素材上线，最大范围地覆盖目标人群，讲述卡塔尔航空公司，提升品牌知名度；第二阶段，点击人群召回，对品牌感兴趣人群推送美食版素材，激发用户深度兴趣，带动后续参与。

执行： 通过移动、OTT 等跨屏数据打通，进行旅游人群精准触达，同时采用线上电视 + 开机 + 信息流等多资源形式组合曝光；根据商旅人群行为轨迹特征，锁定了酒店入住场景，通过 DOOH 触达商务精英人士；甄选高端品牌 OTT 覆盖高端家庭场景，触达高端家庭旅游人群，同时通过 OTT 端高清大屏视频展示，突出品牌高端形象。

效果： 整体、分终端均超额完成关键业绩指标要求；与非跨屏常规投放相比，跨屏场景化营销能大幅提升点击率、品牌知名度及美誉度；召回投放互动效果较好，跨屏召回效果更优。

创新行动

悠易互通 OTT MAX 高端大屏营销解决方案

随着智能电视的快速发展，OTT 市场逐步细分，如何能够更好更精准实现广告投放，是广告主十分关注的问题。而 60 寸以上家庭大屏凭借更好的视听感知、更丰富的内容迎合了现代家庭的娱乐需求，给用户带来沉浸式的观看体验，高端大屏属于稀缺资源，营销价值备受推崇。

2019 年 3 月，悠易互通联合三星、海信、康佳、长虹、TCL 等主流智能电视厂商，针对高端家庭及用户推出了营销解决方案 OTT MAX，整合了超过 2 500 万个 60 寸以上高端大屏，针对消费分级时代，助力品牌更加精细化触达高端家庭及个人用户。

该解决方案不但整合了 60 寸以上高端大屏，同时结合悠易互通程序化电视购买智能营销平台，基于 OTT 及同源 IP 来建立电脑、移动设备及家庭设备的关联，为家庭建立以 House ID 为核心的标签体系，实现家庭数据的打通和跨屏统一管理，洞悉用户的完整行为轨迹，从目标受众到目标家庭，多屏营销影响消费决策。

OTT MAX 将消费决策者分为个人消费决策者与家庭消费决策者两个层级，助力品牌全方位覆盖高端家庭及用户，渗透高端家庭及个体消费决策：针对个人消费决策的产品，可以帮助品牌从开机到首屏，再到待机、屏保等用户收视路径全链路广告覆盖和屏控；针对家庭决策型的产品，在悠易互通跨屏数据积累的基础上，提供 OTT 与电脑、移动设备等多屏跨屏投放和场景解决方案。

客户评价

某 3C 品牌：

“首先，在行业影响力上，悠易互通的品牌营销理念和数据技术一直是领跑行业的，包括跨屏程序化购买、客户数据管理平台、OTT 等，通过和悠易互通合作，我们在国内最早构建大数据战略的品牌，通过开发客户数据管理平台挖掘价值数据，与客户沟通能够更加个性化、便捷化；

其次，在服务能力方面，悠易互通会通过多年的服务经验以及数据积累，给出很多非常有用的营销建议及策略，这让我们在数字营销及广告投放上获得了更高的效率，我们会通过悠易互通的平台整合多终端优质的媒体及数据资源，更精准地触达我们的消费者，最终获得超出预期业绩指标的营销效果；

最后，通过多次的合作，在品牌安全、投放的透明和可见性上，悠易互通都做得非常到位，是值得信赖的合作伙伴。”

某快消品牌：

“悠易互通是跨屏程序化购买行业中的领军企业，也是我们很多年的营销技术合作伙伴，在合作当中让我们感受到了他们的专业性以及很优质的服务能力。在合作中悠易互通为我们提供的人群洞察、数据管理、广告投放等定制化营销方案，帮助我们更深入地了解了消费者，并能够高效地触达到他们，从线上线下的数据打通、用户管理、受众洞察、个性化触达再到营销转化，这一系列过程完成了一个营销的闭环，帮助我们在品牌曝光以及转化效果上都得到很好的提升。同时悠易互通独有的家庭人群标签，也满足了我们一些产品想要覆盖家庭受众的需求，非常好地解决了我们之前家庭人群覆盖难的痛点。未来我们也希望与悠易互通在他们开辟的全域营销领域中合作共赢，挖掘更多的能实现增长的营销方式。”

12. 爱范儿

基础信息

成立时间： 2009 年

员工数量： 120 人

主要服务行业： 手机通讯、消费电子、互联网、汽车、生活及其他

主要服务客户： 苹果、腾讯、阿里巴巴、高通、vivo、OPPO、华为、三星

平均服务时长： 3 年

类别： 整合营销服务商、商业化媒体

核心竞争力

未来广告代理商的形态会是什么样？媒体公司有可能可以作为一种新形态与广告公司一起参与到品牌的营销竞争中。随着品牌在探索内容营销上的持续深入，擅长生产内容和把控调性的媒体平台越发受到青睐。爱范儿希望将自己的品牌营销团队打造为具备策略、创意、分发和测量营销全链条服务能力的内容营销团队，不仅提供原生广告服务，也制作能投放于其他平台的广告。

爱范儿致力于进一步探索与品牌的内容共创模式，成为品牌的商业合作伙伴；为更好的产品和服务提供更高效和更低成本的连接方式，希望给“趋势消费者”所想要的生活提供一种成熟的解决方案，为“新商业引领者”提供完整的数字运营服务；为未来的品牌服务，促进他们的高速成长；为优秀的产品服务，让他们未来能改善更多人的生活。

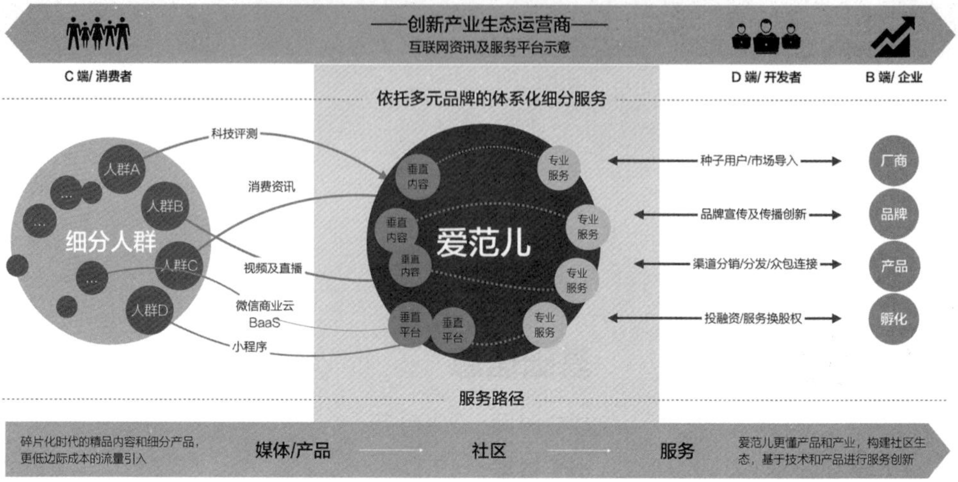

爱范儿核心价值

爱范儿同时连接 C 端和 B 端

1）趋势消费者

他们注重时代气质，具有审美要求，勇于创新和改变，乐于分享和引领。爱范儿为其提供多种形式精品原创内容，创造消费乐趣，帮助人们更好地获得科技带来的改变和乐趣。

2）新商业引领者

具有更好的商业触觉和商业变革动力的公司，无论大小。爱范儿为其提供一站式的微信生态集成服务及报道、体验、销售及社群运营。

代表案例

名称： vivo× 爱范儿未来方城

背景： vivo NEX3 是 2019 年年度新品，希望带给用户“探索不止，定义未来无界之美”的人文体验。“vivo× 爱范儿未来方城”是一次展露时代不确定的一次建筑艺术实验，vivo 始终强调自身正向的品牌价值，致力于带给用户积极正向的体验，让用户在科技的理想与现实中，探索无界未来。

方案： 爱范儿、vivo NEX3 和建筑师俞挺联手，将广州的一座旧校舍，改造成一个以 120 吨钢材用 30 天建造但只存在 30 天的占地约 10 638 平方米的大型类城市装置——未来方城。极具创新的实践，凸显 vivo NEX3 手机“未来无限”的品牌理念。爱范儿通过为城市青年搭建一座 30 天的实体城市，提供一个美好、愉悦的探索自我之地，将专业的科技产品拓展到这个时代的潮流、艺术和都市生活方式。区别于其他线下展览，在“未来方城”更能感受到一种科技带来的多元与包容的创造力。“未来方城”向世人展示的不仅是创意与科技、文化的结合，更重要的是让其背后蕴含的文化理念与大众直接接触和交流。

成果： 未来方城被列入了广州天河区市委宣传部“尚天河文化季”重点标杆项目，2019 年 9 月，在尚天河文化季启动会上，获得区委常委领导重点介绍。“未来方城”共举办活动 93 场，其中包括演出 13 场，工作坊 55 场，分享会 5 场，市集 5 天，青少年赛事 1 个，选秀 1 场，展览 1 个，露天放映艺术影像作品 26 部。项目传播总阅读数超过 753 万。

创新行动

爱范儿是“小”文化的忠实信徒，小团队移动更快，团队的每个人都是精兵强将，扔出去都能单打一面；每个人也都被赋予更大的势能和施展空间。今年爱范儿继续探索如何让团队保持小而美，一方面为创意提速，一方面也让真正参与创意的成员拥有主人翁意识。如何最大化团队的能力，在最短的时间内快速产出精品呢？爱范儿在三方面进行了努力：

1）多元化人员结构，挖掘出每个人的兴趣和擅长领域，深入研究，撬动大家的潜能。爱范儿最大的财富就是优秀的核心创意人才。人员构成多元化，有一些人身兼数职。为了让创意人员保持创作的热情，把时间花在自己感兴趣的事情上，爱范儿根据员工的特点进行了分工，这样项目配合也变得更加清晰高效。

2）扁平化管理。爱范儿按项目将团队打散成一个一个的小组，称之为“细胞”，内部成员直接沟通大幅缩减了复杂的工作流程，轻量化的管理也能让主创人员专心产品和内容的创作。在这些“细胞”中，每个成员都对项目有管理职能，不需要揣测上司的心思，只对项目结果负责，每个人都能最大程度地释放自己的创意和想法，更快速更敏捷地完成项目协作。

3）总结创作经验，沉淀方法。除了项目的复盘之外，规定员工定期阅读大量的案例作品，开分享会，讨论总结方法论，逐渐完善大家的知识体系，让方法更好地指导创作。

通过对团队的深耕细作，将主要业务从单纯的原生广告，逐渐升级为更大规模的整合营销项目，目前已经操刀多个百万级项目，未来有望继续坚持作为手艺人的角色，在媒体营销的领域走得更远。

客户评价

微信：

“优秀的内容合作伙伴。”

领英（LinkedIn）：

“爱范儿是唯一一家同时擅长产品解读和产业分析的媒体。”

13. 艾特

基础信息

成立时间： 1999 年

员工数量： 100—150 人

主要服务行业： 快消、美妆、运动、保健、金融、电商、母婴、洗护

主要服务客户： 辉瑞、善存、钙尔奇、拜耳、强生、惠氏、宝洁、汇丰、Visa、阿迪达斯等

平均服务时长： 5 年

类别： 整合营销服务商

核心竞争力

数据驱动的内容规划和执行

中国所有的大型数字平台都是相互隔离的，客户无法全面了解消费者在不同平台上的感受。我们的营销技术团队整合了多元化的社交聆听追踪工具，覆盖所有重要渠道（微信、微博、抖音、红书等），持续追踪品牌和消费者的声音，为客户挖掘潜在的沟通和商业机会。

资源中心为生活带来创意并推动业务成果

我们的策划、创意和资源团队，拥有超过 5 000 名内容创作者和传播者，不仅是媒体和 KOL，还有知名品牌、政府协会，特别是一些“非标准化资源”，如联合国、故宫和教育协会等，这对客户接触年轻一代、创造客户、推动交通和业务线索至关重要。

基于数据的内容共同创建和优化

我们在每个接触点共同开发定制内容，从“一个内容到全部”，在不同的平台、不同的背景下为不同的目标播撒不同的内容。通过对微程序、社交 KOL 发文，甚至微信组的性能、转化率分析，了解不同内容、不同触点的效果。

动态的活动计划和执行

整个过程由业务团队主导，鼓励客户进行测试、学习、优化、再测试，从而为每个客户积累独特的业务和沟通见解和模式，最终为每个人创造“有创意、有内容的 DMP(数据管理平台)”。辉瑞中国消费者数据管理项目是一个完美的例子，反映了我们的战略。从传统的传播机构到技术和数据驱动的内容营销机构，艾特也前进了一步。

代表案例

项目名称： 我是你的超级守护

背景： 舒肤佳为天猫“双 11”打造饭圈首本 AR 互动写真集——“我是你的超级守护”陈立农互动杂志，充分考虑品牌资产、明星特质和粉丝诉求，配合解锁机制、多重周边、应援等福利，得到年轻粉丝群体的认可，出色完成销量目标。

目标： 舒肤佳“双 11”天猫超市销量突破 6 万套；年轻化品牌形象。

策略： 充分考虑明星特质、粉丝心理和品牌特性，找到三者之间的共通点，作为创意源点。艾特发现陈立农与“农糖女孩”之间的互动是一种相互守护，而“守护”也是舒肤佳最重要的品牌资产之一，所以围绕三方之间的“守护”延展核心创意。

创意： 舒肤佳为天猫“双 11”10 周年限量打造饭圈史无前例的 AR 互动写真集——“我是你的超级守护”陈立农互动杂志，充分考虑品牌资产、明星特质和粉丝诉求，将三方之间的“守护”精神与明星主打歌曲《我是你的》巧妙融合，直击粉丝内心，引发粉丝好感。从前期不断蓄水，配合解锁机制、多重明星周边、应援等福利，最终推向“双 11”高潮。

执行： “官宣”第一波造势，瞬时捕获粉丝关注，随即宣布“双 11”加购规则。11 月 1—10 日加购期间，设置互动解锁机制，联动粉丝站子推进节奏，不断蓄水，持续拉升热度，刺激加购。“双 11”当天，释放限量写真集，并通过音乐 App 开屏应援等福利，进一步回血，冲刺“双 11”销量。

效果： 天猫超市专供套装 11 月 1—10 日加购量突破 6 万套，“双 11”销量 900 秒破 3 万套，为后续的合作奠定良好的基础。

创新行动

数据 × 内容驱动业务成果

歌诗达邮轮在 2018 年 7 月开设天猫旗舰店。艾特在天猫大数据的基础上，重新创建了一个“双 11”电商内容矩阵和 SKU 规划，在淘宝商城创建了多样化的内容，还运用全球资源来点亮商城标志，获取了更多流量进入歌诗达游轮淘宝商城。实现总业务量 850 万，在天猫飞度游轮品类中排名第一，成交总额最高，在所有的海外品牌中，天猫的品牌认知度上升了 80%。

创新的传播与销售平台，将不同品牌连接在一起

2019 年 3 月，天猫全球指定艾特为天猫超级品类日的牵头机构。艾特创建了一个连接双方深度合作伙伴的客户关系管理系统，天猫帮助在网上推广健身食谱和品牌，新元素提供 36 家线下门店作为天猫产品展示和接洽中心。借助这一合作，邀请了 14 个以上健康品牌参与，活动参与人数 1.6 亿人次，品类线上销售增长 25%。

丰富而独特的资源驱动下带来大的影响

麦当劳的“点亮梦想”平台，旨在鼓励中国所有的孩子，通过绘画来表达他们的思想和使命。如何才能让中国所有的父母和孩子都参与到这个商业活动中来？2019 年，艾特与吴杰合作，在联合国举办儿童画展。在来自全国 19 个城市的数百万幅作品中投票，6 位孩子和他们的伙伴作为中国孩子之声的代表来到纽约，在中美大使和国际媒体面前分享画作背后的故事，整个活动引起了巨大的轰动。

找到推动业务发展的正确和特殊渠道

如何在中国招募高价值客户一直是汇丰面临的一大挑战。艾特发现越来越多家长希望把孩子送到美国或欧洲接受教育，他们需要国际金融服务，这是汇丰银行的竞争优势。除了传统创意外，还与《中国日报》以及重点城市的重点高中合作，发起英语演讲比赛。通过特殊的线下渠道，成功地接触到了中国的高价值家庭，在活动期间带动了 3 000 多个业务线索和 310 多个家庭账户的开通。

14. 飞书深诺集团

基础信息

成立时间： 2014 年

员工数量： 500 人

主要服务行业： 互联网、电子等

主要服务客户： 小米、滴滴、中国南方航空、OPPO、携程等

类别： 出海营销服务商、整合营销服务商、营销媒介服务商、营销创意服务商

核心竞争力

飞书深诺集团是中国领先的跨境整合数字营销专家，也是国内唯一一家同时拥有 Google、YouTube、Twitter、LinkedIn、Pinterest 等九大媒体平台中国区官方授权代理权的公司。服务客户超过 1 万家，年度管理预算超 180 亿元，推广服务语言 50 种，每日广告触达人数 32 亿，广告覆盖 245 个国家和地区，每年为客户带来 25 亿下载量，日均上线活动数量 2 万个。

飞书深诺集团由国际化的专业团队提供品效合一的海外数字营销服务，包括：海外市场洞察、整合营销策略、优质渠道传播、数字创意服务、社交内容营销、技术产品支持，帮助企业全面提升营销效果，实现全球营销目标。同时，由硅谷前沿技术驱动全球数字营销服务，为实现精准高效的数字营销提供强大的技术支持和保障。包括 MeetBot（基于 Facebook Messenger 的 SaaS 营销平台）、Keybid（自主研发 App Store Search Ads 竞价广告投放工具）、X-Ray（违规广告侦测系统）。集团旗下拥有八个子品牌：

> **逸途：** 跨境营销技术赋能平台。提供系统化跨境营销解决方案，助力企业轻松出海。
>
> **深诺营销学院：** 跨境营销知识赋能平台。帮助从业人员迅速提升专业技能。
>
> **GAME PLUS：** 中国游戏企业出海首选合作商。由出海专业本地化团队，提供精准出海服务。超越传统粗放式营销方式，准确触及核心目标用户。
>
> **TRADE PLUS：** 聚合广告变现平台。专注聚合，高效变现，便捷

易用，技术、运营全天即时相应，支持账户全托管。

BEYOND CLICK：为品牌提供不止于效果的出海营销策略。以数据为导向，在移动数字时代建立品牌的新思路和新思维，根据不同国家和地区的特点提供品牌整合营销服务，覆盖从策略到执行的全渠道。

CREATIVE BOOSTER：跨境营销创意赋能平台。为客户提供数据驱动的整合创意方案，包括策略、设计、视频、三维、数据分析与全球创意趋势研究，累计产出百万级广告素材。

INTELLIGENCE CENTER：广告数据可视化分析系统。轻松将海外各渠道的广告数据生成可视化效果，支持多账户、多维度和多指标的广告数据分析。

MEET SOCIAL：中国第一家 Facebook 体验中心。全方位了解 Facebook 广告产品，结合企业需求定制出海营销方案，链接全球用户。

代表案例

名称： “Redmi Note 7 硬核出海”整合营销活动

背景： Redmi Note 7 是红米品牌重塑之后的首款重点产品，突出高质量和极致性价比两大特性。

挑战： 如何消除消费者“千元机质量没有保障”的误区；Redmi Note 7 并非高端旗舰系列，本身缺乏话题性，关注度不高；国内产品已经发布，如何在海外市场重新引发话题和关注。

目标： 短期：强化 Redmi Note 7 高品质的产品定位，提高产品关注度；
中期：凝聚粉丝人群，提升品牌忠诚度，提升销量；
长期：树立红米高品质、高技术含量的品牌形象。

创意： “硬核式传播”节奏，强化产品认知。采用全新的“硬核式传播”节奏，强化用户对 Redmi Note 7 高品质的产品认知；
大数据定向 + 粉丝营销，精准定位目标受众。甄选海外三大媒体和数据合作伙伴，结合小米粉丝人群及相应手机科技爱好者，精准定位潜在目标人群；

多元化场景沟通，注重粉丝参与感。融合受众线上生活场景，社交场景 / 娱乐场景 / 搜索场景，360 度深入营销；

线上线下场景整合营销，线上粉丝话题互动 + 线下粉丝活动参与及契合 IP 合作，形成粉丝营销闭环；创意内容发酵，用户二次参与，强化产品卖点。

结果： 增强品牌曝光度。从 3 月至今，Redmi Note 7 相关视频素材在全球范围有超过 3 000 万的观看量，广告展示接近 5 亿次。

提升社交平台整体参与互动率。全球近 4 000 万用户参与互动，各社交平台新增粉丝数 66 万。

刺激全球销售表现。在西班牙、波兰等市场内首销半小时内售罄，东南亚的 LAZADA 周年庆活动销售冠军，129 天全球销量 1 000 万台。

通过此次 Redmi Note 7 出海营销战役，达成了强化 Redmi Note 7 的产品认知并促进销量的短期目标，也为提升红米在消费者心中的品牌知名度打下了坚实基础。

创新行动

逸途：自主研发的一站式广告管理系统

目前市场上缺乏针对中国企业设计的广告管理工具：开户麻烦——个人账户不稳定；广告系统比较复杂——新用户上手不易；不熟悉广告规范——难以做出高质量创意；广告效果难以有效衡量——不知如何优化广告。为此，飞书深诺集团自主研发的一站式广告管理系统，基于大数据优化广告成效，可轻松应对 Facebook、Google 推广中常遇到的问题。

Intelligence Center：自主研发的广告数据可视化分析系统

目的：展示客户的广告数据报表；简单且直观地了解广告创意带来的效果；根据需要临时定义各类分析报图表。

服务：按广告主行业来展示客户的广告数据报表，涉及应用软件、游戏、电商平台、品牌营销（Branding）四大行业，为各行业的广告策略提供准确的数据基础；支持数据以表格形式或者图表来展示，并支持各种形式导出（PDF、交叉表、数据源）；简单且直观地了解广告创意带来的效果，基于这些广告素材进行创意再创作或表现形式创作；了解竞品的投放地区、年龄、目标人群和文案创意等，从而借鉴其中成功的方案并迅速调整自己的投放策略；提供强大编辑的功能，用户可根据自己的需要临时定义各类分析报表和图表。

X-Ray：飞书违规广告侦测系统

目的：快速地发现潜在问题点，有效防范广告或账户被关停的风险。

服务：提供广告信息详情，包括广告图片；提供状态发生变化的广告账户信息；提供具有潜在问题的敏感词信息。

优势：飞书深诺集团设有阵容强大的技术中心，引入硅谷最新技术，为实现精准高效的数字营销提供强大的支持和保障。

15. 汉威士（Havas）

基础信息

成立时间：1835 年成立于法国，中国办公室成立于 1993 年

员工数量：20 000 人以上（全球）

主要服务行业：汽车、快消、奢侈品、科技产品、通信设备，医疗保健等

主要服务客户：中国电信、马爹利、爱马仕、华为、中国银联、彪马、摩恩、青岛啤酒、东风雪铁龙、加州旅游局等 60 多个客户及品牌

平均服务时长：约 4 年

类别：营销咨询服务商、营销数据服务商、整合营销服务商、营销创意服务商、互动体验服务商公司、营销媒介服务商、活动管理等

核心竞争力

汉威士隶属维旺迪（Vivendi）集团，囊括音乐（环球音乐）、游戏（GameLoft）、电影（Studio Canal）、传媒（Havas Group）多领域业务的强大集团背景，为汉威士的整合营销和媒介融合提供资源，在“汉威士村”（Havas Village）和“在一起”（Better Together）全球战略引领下，汉威士得以联动全球平台，构建有意义的连接，打造非凡意义，为客户和品牌开创多元传播体验和价值。

此外，汉威士集团拥有多个自创工具和调研报告，精准辐射目标人群，以大数据支撑媒介创意战略执行。

> **Mx 媒介操作系统：**2019 年，汉威士在全球发布 Mx 媒介操作系统，建立在对消费者的全面了解之上，利用精准媒体组合打造“非凡意义”传播。
>
> **“非凡意义”品牌调研报告：**全球已持续 9 年，并拥有中国市场版本。

其他娱乐传播产消者报告：汉威士集团今年发布最新产消者报告《爱在数字时代》《娱乐未来 I & II》等。

Vivendi 集团大型文化活动 Crxssing 于今年登陆上海，彰显 Vivendi 集团对中国市场的重视以及子集团助力客户与品牌之所长，加强中法文化、娱乐、创意和内容的独特融合与交流。

代表案例

名称：The Crxssing Festival

这是一个当代新潮前沿的跨界文化盛典与大型活动，融汇丰富多彩的创意形式和娱乐元素，跨越中法两国音乐、娱乐、艺术和时尚等多个领域。该艺术节在万代南梦宫上海文化中心举行，见证巴黎与上海的火花碰撞。

The Crxssing Festival 于 2017 年在伦敦标志性的艾比路工作室（Abbey Road Studios）举行首秀，次年空降伦敦艺术大学中央圣马丁学院和巴黎，2019 年在上海举办，未来还将入驻东京。

The Crxssing Festival 由法国最大的传播集团之一的 Vivendi 集团倾力打造，旗下环球音乐集团、汉威士集团、Studio Canal、Game Loft 等协办方亦携手支持，将进一步加强在娱乐、创意和内容创作方面的独特融合。今时今日，跨越国界和领域的并肩合作与积极创造，其无限价值与巨大意义，将再度点亮人类生活与视野。

创新行动

汉威士携“非凡意义”核心理念，在全球范围内持续推广媒体规划工具 Mx 系统，以非凡意义媒体调研为基，进一步拓展客户服务价值。报告显示，富于意义的品牌才能取得较大成功，中介商应通过富于意义的媒介规划和广告创意，为品牌、企业和全社会创造意义非凡的媒体体验和价值，推动品牌影响力提升。世界充斥着社交媒体泛滥、广告拦截、个人隐私话题，因此，媒介的“非凡意义”也应成为我们思考的话题。汉威士的使命，是利用自身学习能力，真正助力客户最大化研究成果和媒介效果。

汉威士集团倡导**“在一起”和“汉威士村”战略**，整合全球业务、资源、市场与人才，助力国际品牌进入中国市场，助力华为、OPPO 等中国品牌走出国门、登上世界舞台。例如，2018 年，汉威士集团与省广集团携手，首次将中国广汽传祺带进巴黎车展。

汉威士全球人才共享：在汉威士村的战略倡导下，汉威士集团实现资源与人才共享，员工可以申请到全球 60 多个汉威士村工作和体验，丰富认识经历和事业，体验不同国家的工作经历。

客户评价

法国旅游发展署主席凯瑟琳·奥登（Catherine Oden）：

“在过去一年中，法国旅游发展署与汉威士媒体集团中国合作开展了多个项目，展示法国作为知名旅游目的地，其自然风光和文化底蕴的丰富多元。汉威士集团的工作方式非常专业，并竭力确保项目在规定期限内完成，且不超预算。他们拥有扎实的媒体研究方法论，并且始终为每项计划构思最合适的媒体策略和媒介计划，为我们带来了成功的投资回报率。

团队亲力亲为，在项目管理方面非常成熟，并且无论我们提出的要求和时间节点如何紧迫且兼具挑战性，他们都以强烈的责任心和以服务为导向的积极态度面对。汉威士是我们可靠且值得信赖的合作伙伴，对客户的企业文化以及内容标准有着深刻的体察，并完全了解与支持我们的愿景、战略和项目实施过程。我们的倡议与他们的远见卓识和团队合作精神，将共同提升品牌知名度，促进法国作为旅游目的地在目标市场中国及其消费者心目中的美誉度。”

彪马（Puma）数字营销和媒体经理：

“汉威士集团中国是我们的宝贵合作伙伴，其团队以服务为导向，沉淀丰厚的媒介规划和质量管控经验。能够与真正的合作伙伴携手并进，共同贯彻彪马愿景和战略，我们充满期待。”

16. 好耶

基础信息

成立时间： 1998 年

员工数量： 400 人

主要服务行业： 汽车、快速消费品、母婴、电商、金融

主要服务客户： 美的、维他奶、中国联通、招商银行、上汽通用、北京现代、一汽大众、雅培等

类别： 数字营销代理公司、整合营销服务商、营销媒介服务商、营销数据服务商

核心竞争力

好耶拥有资深的网络营销策划和服务团队，致力于为客户提供基于用户触点的全程数字整合营销解决方案。凭借对数字用户的深入洞察、对数字媒体的精准把握和对数字广告技术的充分应用，好耶将为客户提供包括互联网和移动互联网领域的品牌数字营销、效果营销、搜索引擎营销、社会化媒体营销、数字互动平台建设、电子商务解决方案和数字化终端渠道解决方案等全方位的服务。

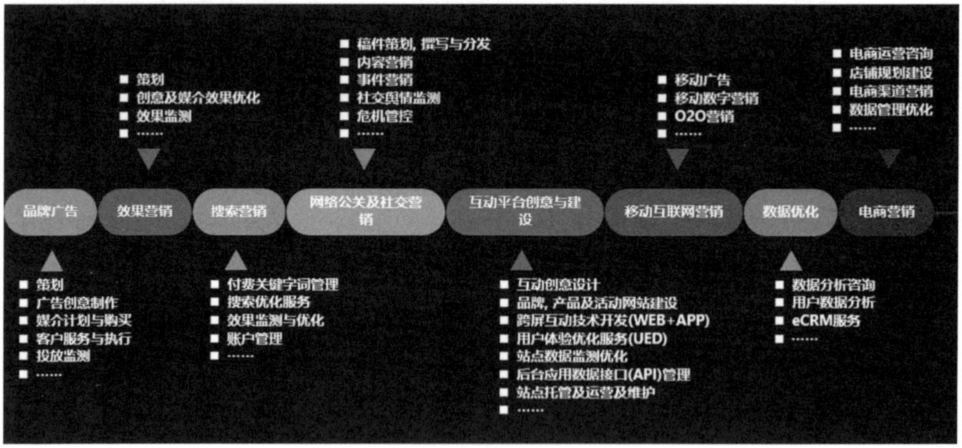

好耶全程整合营销系列解决方案

代表案例

名称： 美的冰箱《爱的保鲜舱》

背景： 冰箱产品高端化趋势越发明显，高端线的市场竞争也日益激烈。

目标： 更快更有效地打动目标消费者人群，占领消费者的用户心智，并传达出产品一周长效保鲜的差异化卖点，树立品牌形象和消费认知。

策略： 借势七夕情人节节点，聚焦用户情感关系痛点，围绕美的冰箱全新高端系列产品——微晶冰箱“微晶一周鲜”的产品技术优势，将美的冰箱微晶系列产品对食物的保鲜延伸为对亲密关系的爱的保鲜。

创意： 将“长效保鲜，口感如初”的美的微晶冰箱对食物的保鲜延伸为对用户亲密关系的情感保鲜，结合用户的真实故事，通过微电影的叙述，融入冰箱“微晶一周鲜”的产品独特卖点，阐述产品优势和品牌主张，开展情感营销。

执行： 从初期脚本的撰写、电影的拍摄到话题的传播，都始终聚焦在“为爱保鲜”的情感主张上。在拍摄脚本上选择了以真实故事改编，增加故事的真实感和消费者的代入感，从而顺利完成情感的触动，并选取女性情感类的优质账号进行爆破传播。

效果： 为品牌形象制造沉浸感的同时，以短平快的方式“引爆”传播，传播力度强，声量足，成功强化了美的冰箱的品牌形象。最终，《爱的保鲜舱》微电影全网曝光量超 300 万，活跃互动量超 30 万，用户参与互动产生原创内容 10 万以上，并在微博和朋友圈成功形成话题讨论。此外，多家国内知名媒体平台，也以“情感保鲜”为媒体聚焦，给予视频深度的媒体报道。

创新行动

创新工具：DMI2.0 品牌联合营销

DMI 是围绕品牌私域营销而生，帮助品牌全域汇聚用户，形成品牌自有营销数据库，实现品牌与用户多维互动的社群营销。随着 5G 时代的到来，DMI 产品功能也进行迭代，打造 DMI2.0——品牌社群营销服务平台。以大数据智能应用为基础，通过用户分享、达人引导、精准识别和完美体验来实现品牌的自主多维地开展营销。同时，DMI2.0 是以品牌社群为基础，以用户共享，信息共享，数据共享，活动共享的方式来实现多品牌社群联合营销。未来，随着 AI 技术的发展，DMI2.0 将引领互动营销成为企业、品牌市场活动的主旋律。好耶将以其专业的能力以及对市场的深度洞察和完善的服务，不断为客户提供多元化的数字营销方案，帮助他们获得更多的商业价值。

客户评价

招商银行：

“好耶能够系统地、精准地将业务管理流程运营起来，在做需求分析时，站在管理者的角度来看待和寻找其涉及的问题和痛点，不断地仿制其应用场景来接近实际情况，这样增强了对产品的感觉，并提升了对业务需求的熟悉程度。在达到我们需求的同时，有效减少沟通成本，更好地为我们服务和完成项目验收。”

美的：

“好耶在项目立项后，通过设立项目需求分析，分阶段地形成初步方案并根据此保持与我方沟通来定期核对保证项目方向的正确性和减少项目后期的成本投入。由于管理方式不同，偶尔会发现一些更为扁平而高效的方法，这个时候好耶项目组的同事也会大胆地提出优化意见，摒弃一些传统繁琐的流程节点，并在确定好初步方案后，主动与我们沟通交流来达到意见统一。这样不仅减少了我们的管理成本，另一方面，可以降低我们实现项目的复杂度。”

17. 华拓品效

基础信息

成立时间：2017 年

员工数量：70 人

主要服务行业：快消、3C 电子、美妆、母婴、保健品类等

主要服务客户：维达、汤臣倍健、vivo、屈臣氏、美赞臣、得宝、健力宝等

类别：整合营销服务商、营销创意服务商、营销媒介服务商、电商营销服务商公司

核心竞争力

全新营销时代下的为企业提供解决方案的新物种公司，整体布局北上广，拥有一支来自世界 500 强甲方、中外 4A 广告和数字营销公司、国内知名媒体及行业独角兽公司的顶尖人士在内的核心团队，成立一年内凭借多个现象级品效营销案例斩获数十座营销行业重量级奖项，获得多个合作品牌的高度认可。

作为新服务价值和模式的引领者，华拓品效以出色的生意策略力、品牌驾驭力、产品概念的创新力、渠道洞悉力为基础，结合跟多家互联网巨头生态的合作关系，打造平台—品牌—产品—内容—资源的最优匹配链，并有专门技术团队带来“电商和社交信息大数据分析 + 资源人工智能管理”的效率提升模式。因此，华拓品效能为客户提供集生意策略、内容创意、落地执行一体化服务的全年线性品效营销服务，包括品牌定位策略咨询、品牌形象推广、产品电商节点整合营销、多品牌联合电商营销、产品内容种草和直播推广等形式的服务，助力客户实现“品牌”和“生意”的双增长。

代表案例

名称： 维达超韧水中纸巾婚纱创意整合营销

背景： 1）7 年来，维达始终聚焦“韧”的品牌资产，每年都有创新演绎的营销打法，最终将超韧系列纸巾打造成销售额近 100 亿的明星单品。2019 年，面对消费升级 + 竞品跟随开发“韧”的产品，维达超韧

全新大升级，在京东超级品牌日首发，如何将新品打造成第 2 个 100 亿爆品?

2）维达超韧多年来以“纸巾婚纱”制造话题，为女性创造幸福激发购买欲，随着全新超韧升级，如何在营销传播升级上带给女性新的共鸣?

目标： 1）品牌：在产品力上与对手拉大领先区隔，让人们买纸巾就想到全新超韧，且进一步抢占竞品份额；

2）生意：新品上市战役，拉升全新超韧知名度，实现活动期间站内销量增长及旗舰店年轻女性的拉新。

创意： 水中纸巾婚纱——用最韧的纸巾制成婚纱，在 5 米深水下挑战纸巾的极限，无惧爱海波澜。

执行： 邀请陈小纭担任挑战官，穿全新超韧纸巾芭蕾裙，潜入水下 5 米，挑战纸巾湿水不易破的极限。打造“官方发起挑战—女明星穿纸巾婚纱下水接受挑战—全民见证—全民参与挑战”的营销链路。同时，也借此致敬每一位外表如纸巾般柔软，内心却韧性、无畏的现代女性。

效果： 拉大与对手的产品力区隔，获得年轻女性的高度认可，刷新并占据她们对维达纸巾“韧性”的品牌认知，并刷新电商销售及拉新纪录，活动期间站内销量同比增长翻一倍，旗舰店年轻女性客户增加 15 万。斩获 2019 年艾菲奖、金投赏、莱萌奖等多个营销行业重量级奖项。

创新行动

理念和体系：聚焦 1 个商业目标和项目关键绩效指标，贯彻知行合一、品效交互的品效营销理念，提供集策略、创意、执行等一体化服务的全年线性品效营销体系。

创新行动：依托技术升级以及跟多家互联网巨头的合作关系，致力于打造“大数据 +AI+ 创新场景体验”的营销模式，通过平台—产品—达人—内容最优匹配链，根据产品力、形象力、可见力、社交力，构建独一无二的品牌魅力，形成品牌区隔力，实现品效交互，助力生意持续增长，持续保持品牌生命力。

客户评价

维达：

“华拓品效作为维达的长期业务合作伙伴，在合作期间，提供了稳定优质的品效营销与传播服务。通过专业的服务意识及优质的业务能力，从品牌前端策略、内容创意制作，到具体执行动作、口碑管理等各个传播链路中均保质保量地达成甚至超越目标，助力品牌实现‘创意开花’与品效协同。”

汤臣倍健：

“我们非常认可华拓品效知行合一的品效营销理念，集策略、创意、执行等一体化服务的品效营销体系。在长期合作中，他们能够主动挖掘品牌营销亮点，高效整合创意资源和渠道，并通过强劲的执行力不断提升营销效果，助力实现‘品牌’和‘生意’的双增长。”

18. 九九互娱

基础信息

成立时间： 2008 年

员工数量： 180 人

主要服务行业： 科技、互联网、电子游戏

主要服务客户： 戴尔、英特尔、腾讯、小米、雷蛇、黑鲨、联想、京东、网易、三星

平均服务时长： 10 年

类别： 营销咨询服务商、整合营销服务商、营销创意服务商、公共关系服务商、营销媒介服务商、电商营销服务商公司、电子竞技营销服务公司

核心竞争力

九九互娱是诞生于电子竞技产业初期的以电竞业务为主的服务型企业。随后经过市场的历练，逐渐成长为了解并熟知电竞发展历程、洞察电竞发展趋势、熟悉电竞用户特征、掌握电竞行业资源的一家垂直领域的整合营销公司。

九九互娱在数字营销、赛事服务、内容创意方面都有相对独立，又能互相协作的工作群组。在做基于品牌的整合营销，或是基于单品或单一事件的事件营销方面可以灵活地调动资源，形成或大或小的虚拟工作组，高效地为合作伙伴提供定制化的营销方案。

任何希望通过电竞作为媒介或载体，去推广自身品牌或产品的企业，都可以从九九互娱得到一份优质的定制化的营销方案，并将品牌和产品迅速地打入青年消费群体中。

代表案例

项目名称： 黑鲨游戏手机 2 Pro 新品发布社交传播

背景： 黑鲨游戏手机 2Pro 新品上市

目标： 打造“黑鲨是最好的游戏手机”概念；让更多的玩家认识、了解黑鲨品牌；强调、解读本次产品技术卖点。

策略： 游戏手机概念新，未形成品牌站位，强调“游戏手机”市场占位；寻找竞品营销蓝海，绕开微博，选择竞品未占领的抖音；在有效平台集中发力，形成局部现象级发声；做行业第一：第一个做赛博朋克视频的游戏手机厂商、第一个做出屏幕压感的安卓游戏手机等。

创意： 以“业界第一”形象出现：抖音手指舞第一人 AK，为黑鲨游戏手机定制手指舞；第一支赛博朋克手机视频；第一个在安卓领域拥有针对游戏的屏幕压感功能产品系列；第一个做 MOD（modification，改装）机的手机厂商。

执行： 选取抖音为主战场，选取头部 KOL 集中发声，短期内形成“一刷就有”；跨界合作，形成品牌高度定位。和游戏笔记本行业知名品牌 Alienware 互动；与电竞配件龙头赛睿联名出定制款耳机；和国潮代表中国李宁联合出定制手机；与英雄联盟职业联赛 LNG 战队战略合作。

效果： 抖音内容产出后，雷军分别在其抖音和微博中与 AK 互动并关注；赛博朋克视频推出后，被网友戏称“黑鲨是要做广告公司了吗”；抖音播放量超过 3 000 万；许多网友主动询问求购 MOD 机。

创新行动

作为专注于青年人群营销，尤其是电竞营销的企业，准确、及时地把握行业脉搏是制胜先机。九九于 2018 年成立了非盈利部门九九研究院，旨在通过更为广阔的视角去洞察行业内外，发现趋势，找到客户和自身发展的机会，躲避风险。

九九研究院通过与诸多第三方机构的合作，在行业洞察、跨平台合作、资源整合方面都为九九集团及行业贡献了巨大的力量，是九九集团在专业营销领域的智库，也为诸多客户提供了富有价值的报告、分析及策略服务。

在九九研究院的不懈努力下，九九集团相较于友商，可以更快速地获取必要的行业报告、趋势洞察及分析以及跨领域的合作资源。尤其在大客户的服务中，除了单一项目的服务外，也能为客户提供中长期的营销规划，九九进一步成为客户可以依仗的强大外脑。

客户评价

戴尔：

“九九为戴尔旗下的高端电脑产品 ALIENWARE（外星人），自进入中国市场开始，就提供了从品牌营销策略，到游戏 IP 合作、赛事赞助、高端品牌合作、大型活动、新媒体营销等全方位的服务。九九在服务 ALIENWARE 的过程中，也在不断成长，通过自身对于行业富有前瞻性的洞察，为 ALIENWARE 在营销侧不断提供最具价值的创意及资源，是 ALIENWARE 在中国地区最核心的合作伙伴。”

黑鲨：

“作为中国电竞营销第一品牌的九九，在黑鲨诞生之初就开始了双方的初次合作。九九的服务团队不仅富有创新精神，而且在新媒体营销以及品牌联合方面有着丰富的经验以及强大的执行能力，为黑鲨不断巩固游戏手机第一品牌的市场地位，提供了卓有成效的营销支持。”

19. 极客娱乐

基础信息

成立时间：2017 年

员工数量：30 人

主要服务行业：快消、零售、美妆、文化生活

主要服务客户：上海博物馆、钟薛高、全棉时代等

平均服务时长：1 年

类别：整合营销服务商、商业化 IP、娱乐营销服务商、国际娱乐资源服务商

核心竞争力

极客娱乐累积其多年来在内容领域——电影（出品《七月与安生》）、电视剧（与国内知名电视剧导演张黎合作开发新项目）、综艺（曾参与《极限挑战》《中国梦之声》模式开发及参与艺人组建和节目模式管理）；商业化变现领域——整合营销 / 数字营销 / 品销合一；跨行业领域——出版、教育、广告、娱乐等多元行业经验，完成权利运营，赋能产品及营销，赋能行业跨界，资源整合，品销合一。

> **权利赋能，跨行业资源整合，品销合一**
>
> 任何品牌的营销行为我们认为都是一种借势，借助明星的流量，借助 IP 的曝光量，借助创意的火花，而其运作的本身是对明星肖像权，IP 使用权，创意知识产权，渠道使用权，品牌及产品运营及开发权等权利的综合运营。
>
> 如何不仅仅通过单一的权利赋能，比如明星代言 = 肖像权的使用，在不改变品牌方权利诉求的前提下，借助跨行业资源整合，爆发出权利赋能最大化的商业力量，是一种对多元权利的深刻认知，也是对于权利的多元运营；从需求方出发，引入权利资源，优化跨界整合，赋能产品及渠道，风险共担，实现品销合一。

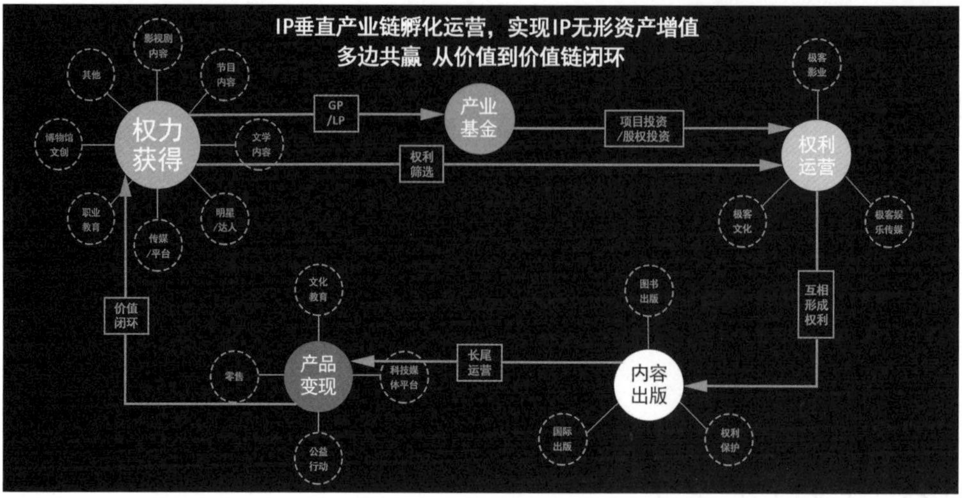

极客娱乐价值产业链

代表案例

名称： 上海博物馆“博物奇趣”文创整合营销

背景： 上海博物馆面临游客老龄化、品牌老龄化，如何吸引年轻人群成为其首当其冲的课题。

目标： 在维持上海博物馆品牌专业性的前提下，吸引年轻人关注品牌，提升年轻客流。

策略： 上海博物馆镇馆之宝二次元人物化 × 跨界迪士尼米奇 × 跨界明星周一围，三重流量“引爆”，赋能上海博物馆品牌年轻化，实现品牌年轻化，产品销售爆款化。

创意： “博物奇趣”文创跨界

执行： 《镇馆之宝》二次元系列漫画 + 迪士尼米奇 90 周年跨界文创产品爆款 + 周一围首席文创官流量

效果： 品牌年轻化游客提升 124%，上海博物馆与国际品牌迪士尼米奇跨界年轻文创产品销售火爆，该案例获 2019 年虎啸奖评审团大奖。

创新行动

核心： 权利赋能渠道，跨行业资源，保底 + 销售分成收入模式创新

代表案例： 钟薛高 × 周一围 × 央视《足球道路》夏日世界杯联合营销

具体项目执行： 钟薛高品牌重视产品品质，对雪糕的研发及食材精益求精；希望严选同样在其领域对其专业精益求精的“品牌合伙人”打响其品牌品质的市场声量。

周一围作为演员，获得 2018 年《演员的诞生》冠军，在其表演的专业上，一直精益求精。央视体育在世界杯期间，追寻各国家足球名宿的足球崛起之路，挖掘其在足球的职业道路上的热忱与奋斗，周一围为其纪录片录制全程配音。

以“品质”与职业“专业”为链接，串联三方资源，在各自极小化投入的前提下，以明星肖像权及央视《足球道路》节目 IP 使用权为前提，与钟薛高共创《足球道路》周一围定制款雪糕，并于线下路演，线上电商同时推广及销售。根据定制款销量的最终数量实现保底 + 分成模式。

效果： 钟薛高借助周一围打响品质宣言；央视《足球道路》借助钟薛高的年轻化切入了年轻人群；极客通过该模式获得了比短期代言更高的销售分成收入。

客户评价

上海博物馆：

“不拘一格的想法，切实根本从企业情况出发，令人意料不到的资源整合，出色完成任务。”

钟薛高：

“从品牌出发，多方跨界的资源整合串联，创新的收费形式，结果皆大欢喜。”

20. 嘉年华整合营销（CARNIVO）

CARNIVO

基础信息

成立时间：2016 年

员工数量：120 人

主要服务行业：食品饮料、个护日化、3C 家电、服饰鞋履

主要服务客户：爱彼迎、爱茉莉太平洋、百草味、肯德基、乐高、上海家化、索尼、喜马拉雅、优衣库、资生堂等

平均服务时长：3 年

类别：整合营销服务商

核心竞争力

嘉年华整合营销（CARNIVO）为品牌提供创意驱动、效率导向的整合服务。通过先进的组织架构和独特的传播方法，高效整合从品牌、数字、媒介、社交到线下的代理业务，争做品牌传播的“头部代理”。

> **三大核心竞争力**
>
> 基于事业部和内外协作者的整合协作模式，有效降低沟通与管理成本；
>
> 首倡约创营销，实现自带流量的品牌内容，有效提高品牌传播的效果；
>
> 针对电商传播总结的内容电商黄金三角，有效提高站内站外传播资源的效率。

代表案例

项目名称：“百草味　中国味”演吃会

概述：　　利用代言人易烊千玺的国风少年人设，制作不同时辰赏味不同零食的

短视频，塑造百草味中国味的品牌形象并带动相关产品的销售。

- 为品牌及代言人量身定制的中国风演吃会，惊艳全网，演吃会 IP 大获关注；
- 借势短视频潮流，把演吃会开到抖音上，实看实买，“引爆”转化。采用磁贴，包含“明星同款”及“大力度的优惠”信息，极大地提升了用户的点击兴趣；
- 预热阶段互动不断，6 天时间策划 6 大波动作，层层推高演吃会热度；
- 福利互动深度触达粉丝痛点，“过年”气氛感染粉丝，收割大波流量。本次的演吃会策划获得粉丝一致好评，无论是剧情设定还是千玺的表演都突破以往的形象，极大满足了粉丝对偶像的好奇心，更收获不少粉丝自发的衍生内容，得到二次传播。

效果： 本次抖音信息流的投放，按照用户饮食习惯，分时段进行广告素材投放，在常规投放的基础上，很大程度提高了用户的点击兴趣。“每日坚果”“牛肉粒”作为前两支投放视频，点击率高达 2.14%。

微博热搜话题：“易烊千玺演吃会”话题总阅读数 4.8 亿，讨论度 70.1 万；微博粉丝通投放：视频播放较预估效果良好，9 月 22 日视频互动率以及播放较曝光转换达到 40%。

微信 KOL 合作：播放量目标为 150 万次，实际播放量达 197 万次，目标达成率 131%。

创新行动

提出内容电商黄金三角的策略模型，该策略模型图在公司核心竞争力环节有展示。基于该模型，公司组建并推出了品效合一的服务品牌 YUE，来解决来自品牌方需求从考核曝光到考核转化的转变。

YUE 目前服务索尼、索尼互娱、狮王等客户的内容电商业务，同时给其他客户提供媒介服务，与嘉年华形成互补，给客户提供针对性的整合营销传播服务：

- 客户拥有更专业的团队进行专项内容服务，如嘉年华团队服务狮王市场部、YUE 团队服务狮王电商部
- 应对电商站内外媒体投放的融合（维护老客）
- 拓展来自品牌方更多电商导向的传播需求（挖掘老客的新需求）

客户评价

索尼：

“CARNIVO 是一家愿意和客户共同成长并进化的公司，我们非常愿意保持和他们的合作关系！”

喜马拉雅：

“他们总是能够给到惊喜，经常能在我们的生意数据上看到回报。”

21. 兰渡文化

基础信息

成立时间： 2014 年
员工数量： 60 人以上
主要服务行业： 娱乐 IP
主要服务客户： 腾讯、炫迈、康师傅等
类别： 整合营销服务商

核心竞争力

1）她娱乐营销联盟——泛娱乐女性联盟。互助共赢、共建影响力和商业力。打通内容壁垒，最快最全为女性品牌提供整合营销服务。

2）内容基因优势。

3）粉丝自营和合作资源丰盛。长期运维各个社交论坛粉丝 KOL 账号，月阅读总量峰值过亿。

4）与头部战略合作经纪公司合作绑定。

5）拥有国内设计最潮视觉。

6）线上和线下合作媒体资源。线下发行精准投放，地毯式覆盖“引爆”传播效果。

代表案例

名称： 《创造营 2019》粉丝侧

执行： 运营职业粉丝号，增加选手粉丝量，扩大传播效果，带领和助力热搜。

选手宣传分层带动。上位圈：突出个性、强化标签，矩阵带动；中下位圈：组队效应。

选手塑造，CP（coupling，配对关系）塑造。通过对选手互动细节挖掘并及时传播相关动态、截修、动图等，挖掘选手之间的默契互动，为圆梦的冲刺等各类素材进行二次创作和加工传播。

小分队打造及团魂打造。例如，B 班班歌《少年之时》作为大的传播方向打造 B 班团魂及创造营大团魂向，利用职业粉丝号进行歌曲的科普及预告并及时传播相关的饭拍及混剪视频以及搅动舆论，将《少年之时》升华至情怀和团魂等高度。

组织粉丝应援。楼体巨屏广告：粉丝自发应援 + 品牌合作，覆盖上海、北京等多个核心城市人流密度最大的中心地段，触及范围最广。

线下活动应援：活动现场的应援形式，让粉丝真正融入应援中，进而线上再次传播。

公交、地铁应援：多渠道组合宣传，深度和广度相结合，宣传选手的同时，极大扩大了节目本身的影响力。

效果： 选手粉丝增长总量 2 423 万，后援会粉丝站总计 350 多个，在除微博外的豆瓣、知乎、贴吧、B 站、抖音和快手互动点播量总计超 2 亿。

创新行动

根据项目的特色进行营销，例如话题的代领，热搜点的提拉，运营职粉号，增加选手粉丝量，扩大传播效果，带领和助力热搜，突出个性，强化标签，矩阵带动。

通过线上和线下合作媒体资源，线下发行精准投放，地毯式覆盖“引爆”传播效果；楼体巨屏广告：粉丝自发应援 + 品牌合作，覆盖上海、北京等多个核心城市人流密度最大的中心地段，触及范围最广；线下活动应援：活动现场的应援形式，让粉丝真正融入应援中，进而线上再次传播。

公交、地铁应援：多渠道组合宣传，深度和广度相结合，宣传选手的同时，极大扩大了节目本身的影响力。创新行动实施效果：明显提高了明星及综艺的话题量，热度传播呈立体全方位的扩散。

客户评价

腾讯娱乐：

“兰渡文化公司自 2018 年开始完善公司的粉丝营销和流量营销团队，截至目前（2019 年）已经为公司争取 60% 及以上的头部腰部综艺影视 IP 粉丝营销及 IP 联运出品，为 40% 以上的头部及上升期艺人粉丝营销及多元赋能。所服务客户：综艺节目《创造 101》《下一站传奇》《明日之子》《创造营 2019》《山东春晚》《横冲直撞 20 岁》等多个头部综艺。所服务的综艺影视 IP 粉丝营销及 IP 联运都受到了极大的好评。”

22. 力领互动

基础信息

成立时间：2014 年

主要服务行业：美妆护肤、母婴、食品饮料、汽车

主要服务客户：全家、歌帝梵、露华浓、高丝、尤妮佳、汉堡王、滴露、欧姆龙、宝骏

平均服务时长：1.8 年

类别：整合营销服务商

核心竞争力

专注服务快消行业、美妆行业，对两类行业互联网传播有独到的见解。

优势是以创意为生命线和竞争力，聚焦互联网，为品牌提供线上整合营销服务、社交平台策略及运营，协助品牌和产品扩大其社会化影响力。

在品牌服务过程中，创意先行，多维数据、多维用户洞察支持创意发想，整合多种创意方式与强力团队执行力实现创意落地。

除自身优势外，不断探索营销新模式、新技术，为品牌营销的成功赢得更多的可能性，自主开发口碑营销管理平台 IBUZZ，为品牌用户提供口碑营销传播、沉淀精细化定制化营销服务。

代表案例

名称： 欧姆龙电商营销

背景： 移动互联网时代，流量分散，品牌苦流量久矣。促销节点密集、竞品价格刺激、红海下沉等电商营销大环境更加速流量竞争进入白热化阶段，品牌方使出浑身解数争取流量、抢占顾客心智，千方百计吸引消费者眼球。

目标： 面对如此竞争激烈的后流量时代营销战，欧姆龙希望突出重围，传递品牌信息，并最终导向电商销售，形成营销闭环。

方案： 以流量带存量，以存量带增量，打造欧姆龙电商流量制造机：1）换流量，根据时下社会热点话题策划创意内容结合多种电商玩法，换取

电商平台流量；2）圈流量，与品牌 /IP 跨界合作，打造多元立体活动，包括产品联名、特色礼盒等，借势赚收多方流量；3）赚流量，创造贴近生活的消费场景，针对圈层用户精准营销，线下沉浸式互动丰富体验深度沟通，圈存潜在流量；4）盘流量，建立 S-CRM 精耕细作私域流量，推动用户从“种子用户”进化“超级用户”，增强黏性，盘活流量。

效果： 电商流量制造机动力十足，2019 年品牌微信指数提高 40%，公众号用户互动比例高达 42%，销售转化率高达 30%。

创新行动

洞察消费者内容，赋能营销趋势变革，敏锐察觉面向消费者的口碑营销将成为主流，抓住行业目前在口碑营销分发、KOC 孵化等运作痛点，自主研发口碑营销 KOC 管理平台：IBUZZ。

围绕口碑营销优质内容创出，IBUZZ 构建起 KOC 长效营销双引擎结构，其中流量引擎完成口碑营销全局部署，搭建人才数据库助力品牌精准匹配 KOC，线上线下结合的泛渠道传播促进口碑多方辐射，让品牌营销与 KOC 真实口碑有效链接，实现品效合一诉求；发声引擎关注 KOC 个体成长，专业培训、利益驱动、系统管理三重机制挖掘个体潜力，孵化高阶领袖，全面提高 KOC 价值。

目前，IBUZZ 已入驻 5 万名高质量 KOC，并仍在持续吸纳新鲜血液；已服务 50 多个品牌，月合计触达数近亿，每月产出 100 万余篇优质口碑。IBUZZ 的上线使力领真正实现从创意、技术、媒介到执行的全面整合，服务范畴扩大至社交媒体的公关传播，有效整合卓越创造力、网络媒体资源与意见领袖优势，使传播直接作用于品牌与消费者关系，引导用户的真实口碑，并利于发现品牌与受众意识形态的完美契合点，获取市场最真实诉求融入品牌营销方案中。

客户评价

匿名客户：

“力领团队战斗力非常强，无论是内容运营，还是营销活动执行，都能够且紧密地完成。凭借犀利的洞察和敏锐的社会化营销嗅觉，帮助品牌在一次次的热点追踪上取得良好效果。并源源不断地给我们提出创意，推动我们品牌传播进展。”

23. Max Communication

基础信息

成立时间： 2009 年

员工数量： 300 人

主要服务行业： 快消、美妆、家电

主要服务客户： 宝洁中国、戴森、法国娇兰、美素佳儿、青岛啤酒等

平均服务时长： 3 年

类别： 整合营销服务商、营销咨询服务商、营销数据服务商、营销创意服务商、公共关系服务商

核心竞争力

Max Communication（以下简称 MAX）通过创建适应新的社交媒体环境的营销方案，技术赋能，创造以消费者口碑和体验为核心的营销模式及工具，实现品牌与消费者的直接联系，实现消费者的聚集和成交。

在营销层面，从 2018 年开始，MAX 发展了顺应当下新营销环境的口碑种草营销模式，从多年深耕的美妆品类，到女性消费者的延伸领域，都能够精准洞察其市场偏好和特点，帮助品牌取得亮眼的成绩。

在技术层面，MAX 还致力于帮助品牌培育自己的用户资产，并构建了基于公共社交媒体平台、实现用户资产化的一系列用户培育机制。MAX 所开发的用户社群运营系统，为宝洁集团及爱茉莉集团旗下数个品牌进行用户资产化的运营工作，开发的“红人宝系统”解决了 KOC 等碎片化资源问题。MAX 以技术系统化的模式进行管理，全方位拉动品牌实效营销。

代表案例

名称： 法国娇兰 × 延禧“型色攻略”口碑营销战役

执行： 在“臻彩宝石唇膏”新品上市之际，帮助娇兰借势热门剧集《延禧攻略》，打破常规，出乎意料地将摩登时尚代名词法国娇兰与网红古装风

《延禧攻略》“穿越”结合，在各社交平台打造“型色攻略”热门话题，以独特的品牌内容吸引粉丝自动为新品传播声量。

效果：　臻彩宝石唇膏创下丝芙兰高端口红品类销量第一名，在天猫旗舰店持续热卖。

创新行动

MAX 成立了 SMARTDATA，立足于企业私域流量延展，结合数据与市场策略，建立以消费者为核心的营销新模式，以精细化运营为企业解决流量生存问题，最大化提升营销效果。MAX 正在逐步建立以技术赋能的营销模式，促成客户交易价值思考的体系。通过技术赋能，组建营销系统可达成的效果：交易效率提升、消费者数据可查、未来可持续使用。

- SMARTDATA 进行了多项营销工具研发，如社群、小程序等。基于新媒体的 H5，小程序的研发、社会化营销领域的系统研发，例如电商商城，跨平台技术解决方案。
- 推出了 KOC 营销管理系统，以高效化管理模块、精细化标签定制、实时化数据报表三大优势直击流量、营销、传播的痛点。帮助品牌实时、反复与消费者进行有效沟通，建立直接联系。通过对流量的获取、管理、沉淀和运营转化有效赋能品牌。

利用技术系统，帮助客户存留了大量品牌核心消费者，抬高了客户更换服务商的成本。通过持续的系统运营，成功地保有了客户，提供长期服务。

- 比如，MAX 帮助宝洁依托微信群等社交群平台，建立了“生活家福利社”小程序，通过生活家会员进行社群分享获取新用户，并通过激励措施将新用户沉淀为生活家会员，增强用户量和用户黏度，实现社交裂变。
- 比如，目前已经为宝洁量身定做 KOC 运营解决方案，提供活动策划、设计，以运营执行的运营服务，如精准标签分类、AI 实时响应等，达到外部流量交换获取。在一年内协助宝洁招募及管理 5 万多个 KOC。并为帮宝适、TAMPAX 等宝洁旗下的十余个品牌量身定制不同的运营计划，每月通过系统运营带来的实际传播量超过 500 万。

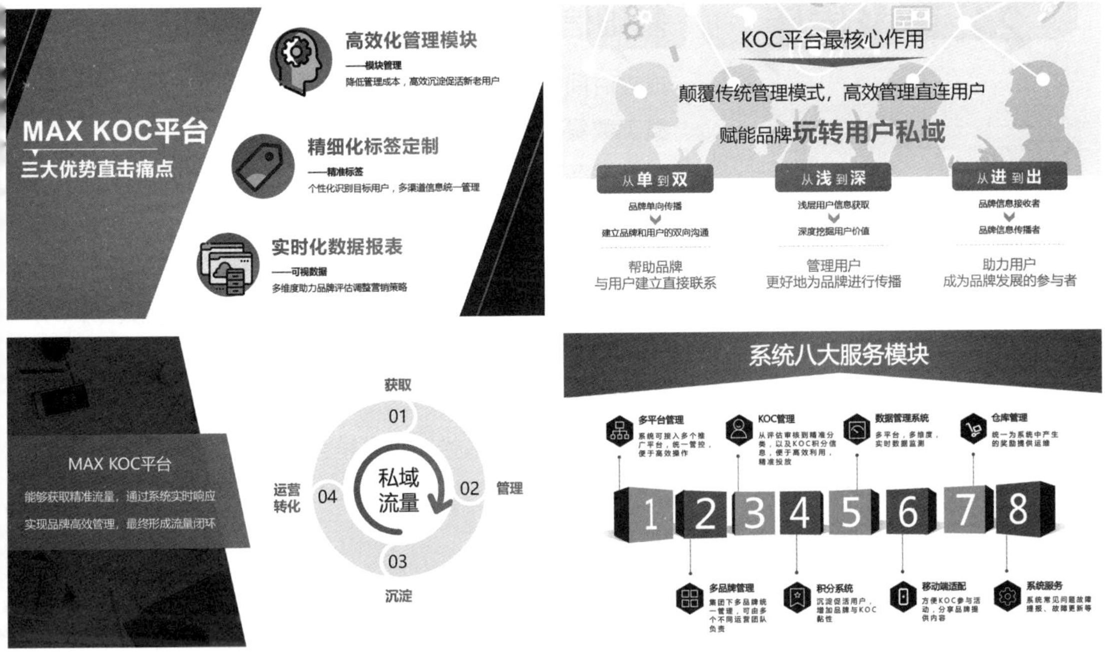

MAX KOC 平台

客户评价

法国娇兰 Social & PR Manager（社交与公共关系部门经理）董又懿（Chloe Dong）：

“MAX 是一家很懂美妆的代理商，他们的小伙伴也很敬业，随时都在为品牌思考。刚好去年《延禧攻略》大火，他们针对《延禧攻略》的热度迅速策划了完整的宣传方案，在极短的时间内高效推动了一波相当精彩的营销。每次和 MAX 合作，在配合度和执行力上确实可圈可点，同时还能进行突破性思考，所有的东西都很精致、很奏效、很放心！”

戴森高级市场专员李鸥：

“MAX 的小伙伴很有趣，他们对戴森太了解了，在活动现场简直都是金牌销售，超能讲，超专业，对产品讲解、演示以及种草都非常到位，间接帮我们培训了新销售。很想挖他们的人，哈哈！”

24. 蒙彤传播

MTOMORROW
蒙彤傳播

基础信息

成立时间： 2012 年

员工数量： 150—200 人

主要服务行业： 大快消、3C 数码、家居家电、母婴及大健康

主要服务客户： 宝洁、vivo、罗莱家纺、阿迪达斯、Swisse、雅培、合生元、爱慕、苏泊尔、比瑞吉、达能等

平均服务时长： 3—5 年

类别： 整合营销服务商、营销创意服务商

核心竞争力

蒙彤传播（MTOMORROW，以下简称 MT），一个策略驱动的创意服务机构、品牌的内容输出中心，2012 年成立于上海。目前在上海、广州设有办公室。作为中国最年轻的 4A 创意公司，业务范围涵盖品牌服务、渠道服务和内容产出。“用‘存在感’和‘影响力’支持一切美好与创新”是公司的目标理念。

从 2018 年至今，MT 作为迈入亿元门槛的本土全案代理商，一直秉持着与甲方共生成长的经营思路，追求与客户的长期相伴，不断与客户从单一业务扩展至整合业务，并持续拓宽上下游产业链资源，相互成就地满足客户综合营销需求。以帮助客户解决问题为己任，紧跟领先创新与技术发展，走在前面，想得更多，给予更多，从服务到产出的每个环节都践行着“GIVE YOU MORE”的品牌精神。

优势：

- 生意转化与结果导向的策略思维
- 基于品牌策略的创意逻辑
- 快节奏快消品服务经验与高效执行力
- 独立的影视及后期制作配套以确保创意的还原性和执行效率
- 独立的媒介与执行配套以确保创意的输出效果

蒙彤业务架构

代表案例

名称： vivo 2019“照亮全家福”春节整合营销

背景： 作为一个专注于智能手机领域的手机品牌，vivo 和追求乐趣、充满活力、年轻时尚的群体一起打造拥有卓越外观、专业级音质、极致影像、愉悦体验的智能产品，并将敢于追求极致、持续创造惊喜作为坚定追求。

目标： 在激烈的 2019 年春节广告大战中，让 vivo 和消费者之间产生情感共鸣，提升品牌好感度。

创意： “全家福”作为本次 vivo 春节传播战役的核心创意元，完美地链接了品牌、产品和人群。拍照是 vivo 一直积累的品牌资产，vivo 新品强调超广角拍照功能，许多人的手机里都有几百上千张自拍照、美食照、旅行照……但是全家福却少到几乎没有，因此全家福是一个可以让春节和品牌产生紧密联结的优质场景。我们提出新年用 vivo 拍全家福，留住更多和家人的共同回忆。

执行： 户外媒介投放，王嘉尔微电影多平台投放。

效果： 从“你的手机相册里有全家福吗？”的敲心一问，到“为记住去记录”

的内容号召，成功地帮助品牌完成了一套完整的沟通，并将功能认知与情感认知深深地绑定在了一起，也正是因此，在全网都获得了大量的好评和参与以及业内外多家媒体主动报道。

创新行动

MT 提出了在目标和流程上的双重创新，搭建了一套整合的以解决问题为目标，聚焦营销实效的作业体系。

基于结果导向的基本策略观，MT 通过“项目目标”的区别，把项目分类为品牌服务、渠道服务和内容产出三大不同的服务类型，三者之间因目标不同，在作业流程和思考路径上均有所区别，以达成面对面、点对点的高效产出，为品牌提供定制化和个性化的服务内容。

基于效率和还原度的考量，在作业流程上将执行前置，除核心策略与创意人员参与项目前期外，还有配套自有媒介和影视部门的前置介入，最大程度地实现作业流程的高效性和执行流程的还原度，为品牌提供高效的内容输出。

客户评价

欧乐 B：

“感谢 MT 在欧乐 B 多个营销战役中的努力，在这些营销战役中我们得到了京东 S 级支持，为我们带来了用户的高认知度和销售增长。这些优秀的成绩显示了 MT 出色的创造力、客户服务能力和执行力。期待未来继续合作。”

宝洁中国，头发护理品牌部（Hair Care Brand Manager）：

“感谢 MT 团队和团队在过去两年中对 Aussie（澳丝）和 Hair Recipe（发之食谱）新品推广的支持。在你们的引领下，我们创造了：新品牌洗发水及护理产品十年来首次成功推出，创建新品牌快速成长的模式，创造大量新的品牌设计资产。展望未来，期待与您的团队将有更多的合作，创造更多的辉煌。谢谢！”

25. 诺粿传媒（NORMCORE）

基础信息

成立时间：2014 年

员工数量：50—100 人

主要服务行业：快消品、食品饮料、美妆、医疗健康、汽车后市场

主要服务客户：百胜中国、嘉实多、博士伦、可口可乐、拜耳

平均服务时长：4 年

类别：IP 代理公司、整合营销服务商、创意服务商、品牌营销咨询服务商

核心竞争力

以创造消费者价值为第一思考

以创造消费者价值为核心的定位，满足消费者的需求。提升品牌、产品给到消费者的价值感。通过创造创意故事包装品牌与产品带给消费者价值感，并通过有效的途径传递给到消费者。

与时俱进的产品与组织设计

新营销时代到来，新的挑战也伴随而至：

消费需求升级背后不再只是价格升级，而是文化消费与审美消费升级；

当底层思维逻辑替代营销技能，市场需要的是复合型人才而非整合型人才；

无论是组织还是个人，兴趣与爱好的发展将会是未来的王道。

因此我们

以兴趣与专业细分业务与组织，有泛娱乐小组、二次元小组、电竞小组、国潮小组等；

不断升级产品与解决方案思路；

营销解决方案，包含整合营销传播、新消费场垂直营销，如国潮、二次元、泛娱乐、电竞等，全链路营销与新零售，品牌咨询及商业模式创新，IP 整合营销，IP 授权与谈判等。

创意带货与深度种草，包含直播与电商、爆款短视频。

深耕 Martech，用技术驱动营销，实现企业的数字化。

整合作业，以内容创意为核心、技术为驱动、媒体资源为导向，为客户打造以创造消费者价值为核心的“内容 + 电商 + 体验”商业模式。

国内规模领先的 IP 生态圈

孵化出专注于 IP 公司数字化与 IP 运营的新业务公司：酷拓（COOLTOUR），推出 IP365 平台，包含网站（www.ip365x.com）、小程序（IP365）、App（IP365）等数字化入口；

与中玩协、中国品牌授权联盟一起打造出面向 IP 产业链的标准化服务，将 IP365 打造为目前国内领先的 IP 平台，深度链接 IP 产业链，是 IP 企业商业影响力的塑造者；

基于强大的 IP 生态圈，结合品牌主需求，提供 IP 策略、IP 代运营、IP 采购、IP 方案落地等服务。

产学研相结合的实践模型

广告、IP、技术等业务理论与实践相结合；

与上海交通大学、复旦大学、上海大学等举办学术交流研究，促进行业人才成长；

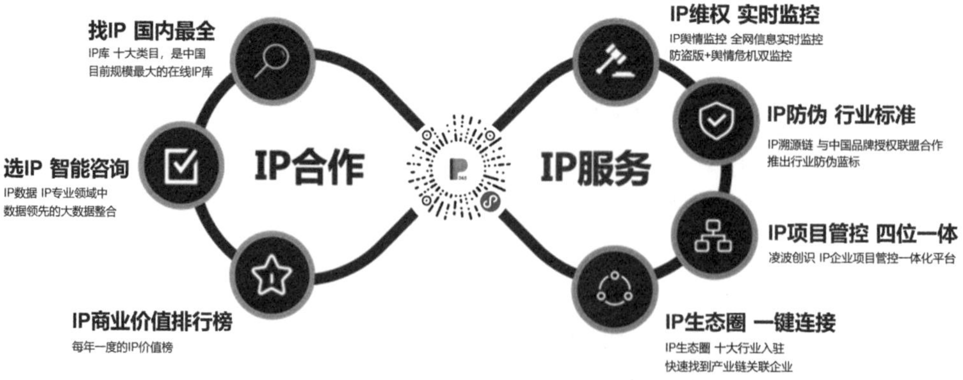

IP365——IP 全产业链智慧服务平台

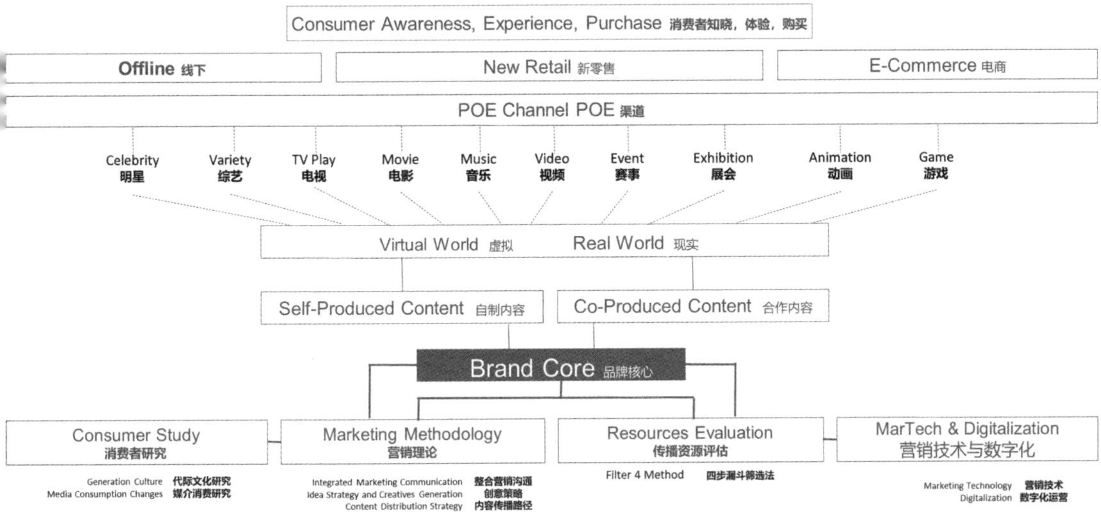

营销树

> 组建企业大学进行理论提炼与升华，进而指导实践，比如提出品牌 IP 化、IP 价值管理体系、DRI 品牌管理模型、IP 四步漏斗筛选法、内容制造与传播模型等。

代表案例

名称： KFC×《知否知否应是绿肥红瘦》

背景： 肯德基品牌和正午阳光联合首次试水，通过全新的剧中植入形式，推出影视剧授权合作食品。产品包装：具有深厚文化底蕴的匠心设计，产品卖点：香酥、可口、烘烤、好料。

目标： 充分利用并策划剧目独家授权，提炼肯德基玫瑰酥饼产品整体概念；了解并结合电视剧本身推广计划同步肯德基品牌推广，频繁互动充分借势；最大化利用剧方权益，打造与电视剧 IP 合作营销的创新事件，提升品牌市场口碑；借助传统文化 IP 的基础，以量身定制化产品植入，呈现一场精彩的内容营销，开启文化创新植入新时代。

策略： 借势热门电视剧和艺人，定制同款产品和线下主题门店，吸引两个粉丝群体视线，促进转化。

创意： 肯德基将产品打造成为陪伴消费者成长的美食，设计了致奋斗、致爱情、致家人三款中国美学包装，并通过包装上结合中国文化元素及意象，完美诠释了个人的刻苦奋斗，对爱情的不懈努力，以及对家人的真挚关心。

肯德基提前锁定了剧中齐衡的角色扮演者朱一龙，并充分利用“电视剧＋明星”双锁扣，小公爷推荐玫瑰酥饼。跟紧网络话题热度，确保营销效果。配合《知否》剧情，肯德基以齐小公爷的剧中形象，通过双微互动、视频、线下主题门店、专属周边等内容花式推荐玫瑰酥饼。

效果： 肯德基联合《知否》片方通过这一连串循序渐进的内容创新，始终保持话题的热度，既达到了肯德基玫瑰酥饼的传播目的，也为这部剧带来了很好的辐射效应。香酥可口的玫瑰酥饼更是供不应求，售卖量共计 244 264 个，原计划售卖时长 2 个月，全国各地多处 1 周内即被抢购一空。通过这次与片方的创新合作模式，为行业起到了很好的示范效果，也把品牌的正能量文化情怀传播出去，让消费者对品牌有了更高的好感度。

创新行动

基于市场需求的洞察，解决 IP 产业链四大痛点，凭借多年行业专业的累积、消费者调研数据的研究等，打造 IP365X 平台，深度连接 IP 产业链，为 IP 的发展赋能，与客户共赢，与时代共振。

IP365X 作为面向 IP 产业链的服务型平台，由中国玩具和婴童用品协会与酷拓文化交流（上海）有限公司联合推出，将为行业打通上下游信息、实现行业社交、科学理性授权等提供服务于决策依据，并提供后续的营销支持。

IP365X 率先在行业内创立“IP 价值评估体系”算法模型为品牌精准匹配契合点更高的 IP 与品牌做精神内核的结合，并利用 AI 大数据系统，通过智能采集工具、智能分析系统和策略方法论等模块帮助品牌实现最大化品牌传播效应，从商业合作角度实现品牌方、IP 方、消费者的共赢。

客户评价

百胜中国：

“诺锞以‘创造消费者价值’的理念贯穿于每一场营销战役中，确保每一次的策略及创意的有效实现，严格管控每一个项目的落地实现和质量。在过往合作的项目中尤其在 IP 整合营销、娱乐营销和粉丝营销领域，他们的专业团队有着极其丰富的经验，对 IP 市场的分析策略和执行都有相当高的把控度和敏锐度，能够及时和高品质的理念达成每一场战役的目标，实现共同进步的双赢效果。”

拜耳：

“诺锞有着独到的市场分析、敏锐的行业触觉和丰富的媒介资源，在合作中对整体的策略和运营把控度较高，非常深刻地了解市场的发展模式，对新时代营销模式有极强的前瞻性，为我们以带货为思考的电商模式带来了更多可能。”

26. 欧游传媒集团

基础信息

成立时间：2013 年

员工数量：40 人左右

主要服务行业：快消、服饰、酒类

主要服务客户：良品铺子、自嗨锅、韩束、一叶子、羽西、佰草集、欧莱雅、联合利华（清扬、力士）、携程、泸州老窖、思念、韩后、PT 铂金、伟嘉、必胜客、浦发银行等

平均服务时长：3 年

类别：营销咨询服务商、整合营销服务商、营销媒介服务商

核心竞争力

欧游传媒集团成立于 2013 年，定位为科研型品牌管理公司，立志走在全球传播科学，品牌科学，营销科学的前沿，7 年接触 4 000 多家消费品企业，合作 200 多家国内外知名品牌，积累和创造了大量的实战案例和方法论。

欧游传媒集团立足上海，打造全亚洲顶尖的品牌供应链，打破了传统广告业冗长低效的服务模式，让原本需要几十家公司高损耗服务变成一站式营销赋能加速器。

> **欧游传媒核心竞争力关键词**
>
> 深：三纲八目深入洞悉梳理企业脉络。
>
> 广：接触过 4 000 多家企业，合作过 200 多家国内外知名品牌，积累和创造了大量的实战案例和方法论。
>
> 全：提供的 DTC 专家体系，从咨询—定位—策略—创意—媒介—执行—反馈—优化，八位一体闭环服务，打破了传统广告业冗长低效的服务模式，让原本需要几十家公司的高损耗服务变成一站式营销赋能加速器。

影视剧4+2全维度立体预测模型
解决了风险和价值预测的问题

影视剧 4+2 全维度立体预测模型

内容营销学、植入脚本创作概论
编剧是一门艺术，营销是一门科学

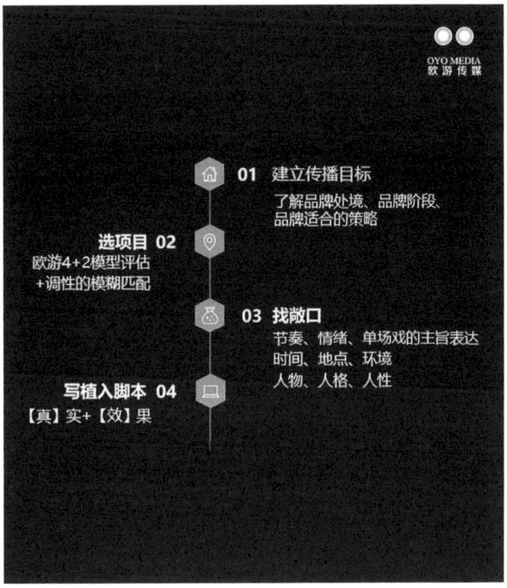

欧游“内容营销学”

欧游独创的影视剧 4+2 全维度立体预测模型，解决了风险和价值预测的问题，连续 3 年八成准确率预测未来一年影视剧表现排名。

欧游独创内容营销学、植入脚本创作概论。编剧是一门艺术，营销是一门科学，是唯一一家把植入脚本创作作为科学和艺术的公司。

代表案例

名称： 自嗨锅全案战略合作

背景： 2018 年 4 月成立的新品牌，9 个月只有 1 亿份销量，定位高端方便速食，主打自热小火锅，零售价 38 元 / 盒。品牌处境：量入为出，现金流吃紧，每一分投入都想变现。

目标： 拉动销售，产生回款。

策略： 重新定位品牌和主打产品，梳理主打产品的场景化白皮书，全年策略布局影视剧种草，丰富的物料和品牌资产在电商渠道和经销商渠道上使用，增强了 C 端和 B 端信心、网红感和爆款感。

执行：

- 林更新代言合作、TVC 拍摄制作；
- 映前 3 个月覆盖万达、中影、大地等全国 50% 院线；
- 分众框架和数码海报创意制作 + 投放；
- 品牌端定位：一锅一世界（C 端）、自热餐饮开创者（B 端）；
- 新产品线（自热米饭）的概念、定位、电商详情页策划和推广；
- 14 部影视剧植入，在 6 部已播剧目中爆款率为 67%，所选植入剧目播出率 100%，制作中的剧集也在正常的后期排播中。

效果： 影视剧矩阵轻种草策略流打法，“引爆”用户原创内容二次曝光，“6 · 18”之前卖断货，补货后取消折扣，以 38 元原价出售，“6 · 18”之后再次全线断货。引发需求 1 亿左右，实际销量超过 4 000 万份，天猫粉丝量提高 50%，单品单月销量突破 40 万份，8 月销量继续上升至 6 000 万份以上。销量、市场份额、品牌力、增长速度均列第一，碾压海底捞等知名头部品牌。价格一度被炒到 80—90 元一盒。

	消费者	品　牌	市　场	产　品	渠　道	团　队	财　务	资　本
R	人口属性	阶段调查	大环境背景分析	产品需求分析	类型	权限与责任达成分析	基础财报问题	资本阶段分析
	画像	消费者认知	行业趋势分析	同质化与差异性分析	地域	结构与功能分析	单品财务模型	目标分析
	需求	流量与声量	市场份额	单品变量	地位	成本与效率分析	增长空间推演	资本可行性分析
	场景	品牌话术（报告）	价格带分析	SKU 变量	竞品	替代性和优化分析	结构合理性分析	路径分析
	复购率		竞品（直系、旁系、跨界）分析	供应链分析和升级可能性	消费者特性	市场竞争力分析	危机分析	资本化评估（报告）
	忠诚度		坐标与象限（报告）	产品经理思维	价格带	同行竞争力分析（报告）	竞品财务分析	
	口碑（品牌及竞品）				促销效果		财务健康（报告）	
	可替代性分析（报告）				销售策略分析（报告）			
P	消费者需求建模	品牌商业定位	全年营销策略主题与基调	概念升级	全渠道拓展打法	优化流程权限	优化单品毛利	融资
	频次和粘性建模	品牌 IP	营销战役规划	包装升级	分渠道差异打法	行业顶尖人才招聘	优化 SKU 毛利	供应链金融
	优势 DNA 建模	品牌故事	促销节点与节日主题基调	内容物升级	多渠道互助融合	精简冗余人员	优化运营成本	IPO（Initial Public Offering，首次公开募股）/买壳
		广告语（Slogan）	种草与流量漏斗模型规划	品类定义	渠道时间窗与迭代打法	内部分工优化	优化投入产出模型（报告）	市值管理
		品牌视觉体系	媒介组合与杠杆	供应链设计	渠道优化（报告）			兼并购
V	丰富的受众带	定位清晰，优势明确	充分而精致的消费者沟通	易传播易接纳的创新概念	拥有渠道话语权	轻快高效的团队	多样化的单品利润模型	安全可控的资本状态
	友好的消费体验	维持稳定的品牌形象	活跃的消费者互动和体验	有竞争力且创新的产品	不同渠道差异化管理	职能加成，功能齐全	合理的预算机制	不断优化的产业结构
	精准沟通和转介	丰富生动的品牌内容	较高的媒介投入 ROI	供应链区隔与壁垒	稳定高效的渠道关系	平衡制约，自我修复	高营收和利润	较高的估值杠杆
	较高复购率和粘性	鲜活的场景沟通	设计感和体验度兼优	爆款打造能力	具有竞争力的渠道成本管理	能力卓越，开放包容的企业文化	分渠道分 SKU 的抗风险机制	灵活的资本变现能力
	较大的受众规模	不可替代性	优势的行业声量	可持续的 SKU 计划		价值观统一，凝聚力强	良好的现金流储备管理	
		消费渴望	高度控度的市场行为和反馈					
		积极健康的社会责任形象						

欧游“三纲八目全息导图”

创新行动

欧游独创的“三纲八目”，深入洞悉企业脉络，科学系统化制定品牌的战略定位，助力企业产业链加速升级。建立了系统品牌图谱，让不同企业找到这个阶段适合的事情，并通过专家和广告产业链的整合把企业闭环做好。自嗨锅作为一个新品入市，面对品类渗透率低且大品牌的激烈竞争。通过欧游定制的品牌图谱，短短1年内帮助品牌从零做到月销6 000万份，以极致性价比和高效在短短1年打造一个品类新星，带领行业出圈。

客户评价

自嗨锅品牌市场总监：

“欧游传媒是品牌方最佳的战略合作伙伴，具有极强的市场敏锐度和前瞻性，在整个品牌从0到1的阶段给予全案营销的策略与支持。尤其旗下欧游娱乐，在娱乐营销和市场营销推广方面具有丰富的经验，其通过项目筛选推荐，定制策划，全程亲临执行及协助给予市场策略，帮助品牌快速提升知名度与认知度，在最短的时间内帮助品牌树立行业领军者地位，与友商拉开极大的差距，扩大市场占有率。”

良品铺子品牌副总裁段文：

“欧游娱乐是一家娱乐整合营销领域的专家热店。精耕影视剧植入营销多年，并能将合适的影视剧类型与不同的品牌特质去结合。通过全案企划，帮助品牌达成传播效果，打造了多个影视剧爆款有效案例。企划创意能力见长，经常能洞察剧情当中的磁力点，结合品牌诉求进行商业剧情演绎落地播出。欧游娱乐通过持续创新，引领行业变革，形成了独特的差异化竞争力。是众多品牌合作的优秀伙伴。”

27. oookini

基础信息

成立时间：2014 年
员工数量：90 人左右
主要服务行业：互联网、运动时尚、美妆护肤
主要服务客户：耐克、欧莱雅、优衣库及阿里巴巴集团等
平均服务时长：2 年
类别：营销创意服务商

核心竞争力

品牌数字产品

构思、设计和提供品牌数字产品和服务，以改善消费者的生活。多学科团队参与了多个行业的标志性项目。与经验丰富的客户合作，提供满足客户需求并超越业务目标的统一蓝图。

品牌网络社区

杰出的社交媒体从业者拥有世界级的能力和经验，提供持续、综合、管理、可测量的生态系统，以客户的商业需求和新机遇为指导。与数字产品解决方案团队一起，社交媒体团队拥有独特的领导地位，为客户提供无与伦比的竞争优势，帮助客户成功导航多个功能、平台和渠道，提供无缝解决方案。

品牌商业转型

对商业的承诺是有意义的战略创新，这是 oookini 与众不同的特征之一。以创业的心态加速客户的创新优势。将初创企业的速度、敏捷性、洞察力和创造力与最佳实践交付能力结合起来，帮助客户打开新的收入来源，增加客户对新一代客户的相关性。核心理念和基础是为客户提供行业领先的解决方案。

代表案例

名称： NIKE FA19 ESPORT 数字营销活动

目标： 邀请线上电子竞技社群参与体育活动；开展电子竞技创新，帮助团队成员更好发挥；带动新会员注册，并持续为他们服务。

创意： “真英雄跑向前”——向玩家展示游戏精神的任务型跑步挑战。
LOL × 耐克运动挑战：2 千米里程碑开启游戏内和真实产品奖励。
数字社交内容：在耐克自运营社交平台，通过内容实现电子竞技玩家的捕获和留存。

效果： 2.3 亿曝光，818 973 人参与挑战，微信阅读量 94 534，微博曝光 220 万。

创新行动

2019 年新上线的社会化客户关系管理（SCRM）产品 ooohub，创造性地通过将社交品牌的用户画像与客户的电商用户画像打通，帮助客户解决社交媒体投资与实际销售产出之间关系如何衡量的困扰。帮助客户优化社交媒体投放及内容产出策略。

通过 ooohub，帮助耐克实现了针对性内容营销，通过对不同消费者的消费行为和内容习惯的匹配，提供针对性的内容刺激用户的社交互动及购买行为。

客户评价

耐克：

“oookini 通过对年轻人生活方式和流行文化的深刻洞察，帮助我们时刻引领青年文化。”

天猫：

“oookini 结合对电商业务的理解，社交平台的网感以及超强的执行能力，已发展成为阿里的优质数字供应商之一。”

科颜氏：

“感谢和 oookini 的三年，共同努力将科颜氏打造成美妆行业的社会化营销标杆品牌。”

28. 睿路传播

基础信息

成立时间：2008 年

员工数量：100 人以上

主要服务行业：美妆护肤、个护日化、食品饮料、酒类

主要服务客户：联合利华、百威英博、雀巢、拜尔斯道夫

平均服务时长：3 年

类别：整合营销服务商

核心竞争力

一切皆为整合而生，做到生意上有效，创意上出彩

致力于帮助品牌持续不断地开疆拓土，通过有效的传播和市场活动，影响更多的消费者，从而实现生意的增长。

整合是睿路行之有效的方法。睿路痴迷于创造真正能够联通策略和创意的点子，帮助客户在日新月异的市场环境中保持不败之地。不只是把各种资源生拼硬凑，而是像催化有机反应一样去催化有机的整合，从头到尾讲述一个完整的创意故事，使通盘一体化，效益最大化。

整合营 · 销伙伴

营：从品牌定位、内容传播到传播战役，品牌建设和发展少不了策略创意的核心支柱。以伙伴的姿态维护品牌基石，同时不断更迭，赋予时代性。

销：从产品推广到口碑建立，甚至品效合一。产品销售已经通过数字整合完成了生态链布局。以伙伴的身份通过多脉络链接，为产品销售搭建创新内容和渠道，助力线上线下推广实效。

代表案例

名称： 多芬沐浴露“肌肤如我　美敢不同”

背景： 多芬在以往的营销传播中已经深入人心，但中国社会女性的多元化在不断升级，而品牌形象却被固化，虽然商业行为和产品销量处于行业领先地位，但居安思危，多芬真正的对手是自己，保持原有的品牌调性，升级品牌的形象从而提升符合时代的品牌认知是多芬的商业考量。

目标： 品牌本身的基调始终保持在“温和”的状态里难以越界，如何继承这种“温和”，又能够打破多元感官，成为最大的传播挑战。睿路从视觉、话术、故事建构、形象塑造上尝试性地激进了一步，通过这一次营销活动，打造话题多芬、意见领袖多芬，着力点在于带动消费者认知与态度共鸣。

策略： “美不自美，因人而彰”，每个肌肤问题都蕴藏着美丽的故事，让更多人去发现“美”。

创意： 肌肤如我　美敢不同——“肌肤是人生的画布不是旁人眼里的美丑”。

执行： 用艺术的眼光看待肌肤背后的故事，通过多维度传播创造肌肤新认知的话题与内容。

效果： 成功向消费者传递品牌理念、真人真事的观点，从肌肤升华到女性运动，品牌声量与产品销量均有激增。

创新行动

从社交开始，让品牌始终社交

在睿路，如果整合是有通调的话，那一定是“SOCIAL”（社交）。

“SOCIAL”远不止是一篇微信文章，或者一个病毒视频，而是一种（如果不是唯一一种）整合各种零散传播方的方法。一个品牌突围和区隔的法宝，一种把团队拧成一股绳的精神，“SOCIAL”是睿路从一开始就与众不同之处。

睿路把“SOCIAL”作为每一个创意的核心——也就是所谓策略性创意的精髓。从社交化的角度，给每一个点子“上色”，赋予社交化的“个性”，这样才可以传播开。

睿路要求所有的创意人（甚而是“睿路人”）都必须是有“社交精神”的人——你首先得是一个这样的人，然后才能为这样的人服务。

数据让我们始终保持客观

创意是前端，数据则是内里的主心骨。

睿路从数据的角度，把用户整合进传播中——用户可以是既有的消费者，可以是路过的顾客，可以是点过赞的网友，也可以是曾经浏览过页面但是最终没有转化的流失客户。

睿路自由的数据平台（包括 Sass 和 PassS，以及定制化的平台服务）把散落各地的数据或标签统一串联起来，构成有序的、规范的用户全局观，供品牌方以及睿路轻松管理，在茫茫的数据海洋中化繁为简，找到发力点，贯穿从用户第一次接触到最终保持忠诚度的全过程。

对应到“前端”的创意能力，睿路提供全局的数据管理模块，包括 3C（Collect、Connect、Clean，收集、整理、清理），即数据建模和挖掘、应用和适配。

客户评价

联合利华：

“‘我们做整合工作’是睿路的口号，也是睿路的成绩。近年来我们见证了睿路的变化，通过整合业务能力的不断提升，可以更好地服务我们。”

29. 时趣

基础信息

成立时间：2011 年

员工数量：400 人

主要服务行业：美妆护肤、母婴、食品饮料、服饰鞋履

主要服务客户：兰芝、娇韵诗、SK-II、碧欧泉、科颜氏、梦妆、伊蒂之屋、白猫 SODA、当妮（Downy）、飘柔、美赞臣

类别：整合营销服务商、AI 技术驱动的品牌管理公司

核心竞争力

时趣是一家左右脑结合，技术融合创意的数字营销公司。紧抓最核心和变化最快的客户需求，用创意 + 技术帮客户找到并抓住用户。在“创意 + 技术”的主轴下，时趣从 2011 年至今推出了波纹理论 1—3、数据驱动、商业结果闭环、精细化管理 SCRM、营销场景等理论与营销工具，对行业产生了深刻广泛的影响。

时趣技术与创意的融合体现在客户能直观感受的服务过程中。比如，技术和数据团队紧紧围绕在创意和策略团队身边，用数据来佐证战略设计，通过开放的消费者洞察，来降低决策风险。内部行业专家、数据积累沉淀在全服务流程链条中，能够提供整合型价值。

数据价值	提供软件工具，缺乏对营销场景的理解和洞察，距离实际应有较远，仅有一定参考价值	依赖外部数据工具公司，部分尝试自建团队但应用很差，创造以投放监测为主的营销服务价值	数据洞察引擎场景化创新，通过数据洞察创造了丰富的营销服务价值，覆盖策略、创意、媒介、传播等决策环节的服务场景应用
数据模型	通用数据分析，例如声量趋势、舆情正负向、高频词等	无，或通用浅层分析	场景化洞察模型，如战役洞察、竞品自媒体洞察等
数据积累	无，按需获取计算	无，按需联系供应商	持续整合跨平台、全量、全过程的公开数据和商业数据
时间效率	数小时到数天不等	等待供应商提供，数小时到数天不等	分钟级
覆盖场景	个位数	个位数	50以上

时趣“AI+ 服务”模式

未来，“AI+Creativity”将是时趣“创意 + 技术”的升级方向，将 AI 技术与“标准化”结合，包括将营销过程的历史数据分析管理，着手解决这个行业巨大的效率痛点。最终，重构数字营销服务行业的新商业模式形态，并做出表率。

代表案例

名称： 某品牌社会化营销案例

背景： 新品牌，新品类，无基础认知；新产品，新用法，非必须使用。

目标： 创造消费者需求，开拓新市场。

策略： 全民跟风艺人同款衣服、香水，快速建立品牌形象，打造“爆款”。

创意： 打造明星热点事件曝光新品，玩转粉丝经济；场景化种草，圈层传播打透不同人群。

执行： 挖掘艺人特性，赋予独特标签定位，建立品牌与艺人的联系，区分其他品牌与产品；
整合品牌内部资源，联合推动营销活动，整合公关资源、电商资源、电商置换、社交话题最大化传播效果；
产出与艺人匹配度高，品牌独有的创意内容。高效利用艺人资源，为品牌带来实际流量与销量；
创造粉丝喜爱的内容，提供利好，通过粉丝团、直播、粉丝福利，将粉丝流量转化为品牌流量。

效果： 月总搜索量 540 417 次，日搜索最高峰达 87 538 次；
口碑种草文总阅读数 161 984 239 次；
微信阅读量 912 566 次；
12 月天猫旗舰店总销量 5 038 566 元；
微博阅读量 134 309 464 次，MCN 阅读量 689 000 次；
电商平台浏览量 54 000 次。

创新行动

时趣洞察引擎

开发背景：营销是连接产品与用户的重要环节，但在如今移动互联、万物互联的数字化时代，传统的营销打法显然已经过时，就连传统营销人也懂得自嘲“知道营销预算的一半被浪费了，但不知道是哪一半”。传统营销越来越无法适应数字化的企业营销需求，即使是国际巨头广告集团经营状况也在迅速恶化，营销行业也亟须构建新的数字化营销体系，原因在于传统营销面临着四大痛点：营销准确性不足、营销效果难以评估、营销主动性不足、营销效率低下。

核心目标：时趣洞察引擎基于创新的 AI 算法技术和实时大数据，发现营销信息和知识，构建具有分析洞察能力的数字营销智慧引擎，科学赋能营销服务创造力，用人工智能和客户服务相结合的方式创造营销价值。

功能特色：时趣洞察引擎基于实时大数据长期监测，使用持续优化的模型算法，实现对行业、品牌、竞品、用户、内容、场景、发声阵地等维度洞察分析，挖掘数据价值，发现营销信息，为品牌提供营销策略服务。

通过多渠道、多平台的外部数据获取，结合时趣内部长期的客户服务数据沉淀，形成基于报告、成功案例、营销热点、情感故事构成的创意灵感库，帮助品牌创造符合营销策略并具备话题性、传播性的创意内容。

客户评价

匿名客户 1：

“时趣对消费者的洞察是以数据为基础的，十分客观地反馈品牌的现状，可以有效地监控营销活动达成的效果。同时，传播云可以帮助我们分析竞品的媒介策略，也可以对我们的媒介投放提供专业的分析及效果预估。”

匿名客户 2：

“现在时趣是我们合作最为密切的伙伴，他们在云平台帮我们搭建的品牌资产管理体系，将营销执行过程中产生的创意内容、传播媒体、效果数据等数据资产持续沉淀并进行系统化管理。”

30. 视通传媒

基础信息

成立时间： 2008 年

员工数量： 120 人

主要服务行业： 互联网 App 类、食品饮料类、啤酒白酒类、传统医药类、金融通信类、个人用品类等

主要服务客户： 百岁山、飞鹤奶粉、雪花啤酒、以岭药业、美柚、蘑菇街等

类别： 整合营销服务商、营销媒介服务商、效果广告公司、短视频营销公司

核心竞争力

解决理念

内容驱动品牌创新　技术引领营销变革

核心竞争力

视通传媒深耕内容领域 11 载，秉承坚持不懈、精益求精的服务态度，帮助企业与品牌从容应对日新月异的市场变化，着力于为品牌提供专业化、个性化、市场化的营销服务。资历深、洞察准、服务优、工具化服务及迅速组织战略布局。可为客户提供以内容为核心的整合营销全案服务，以及带动品牌 / 产品收益增幅的效果类广告。其中包括独家效果广告系统，独家内容评估模型，品效模型等。

代表案例

名称： 雪花啤酒“勇闯天涯 superX”《这就是街舞》第二季冠名全媒体整合营销项目

策略： 延续客户街舞领域布局，将生而无畏的品牌 DNA 根植进街舞，造就街舞即品牌的强联想效应。同时紧随 IP 的大众化渗透速度，合理化自身的多触点营销布局，高效俘获年轻群体，强化品牌年轻化属性。

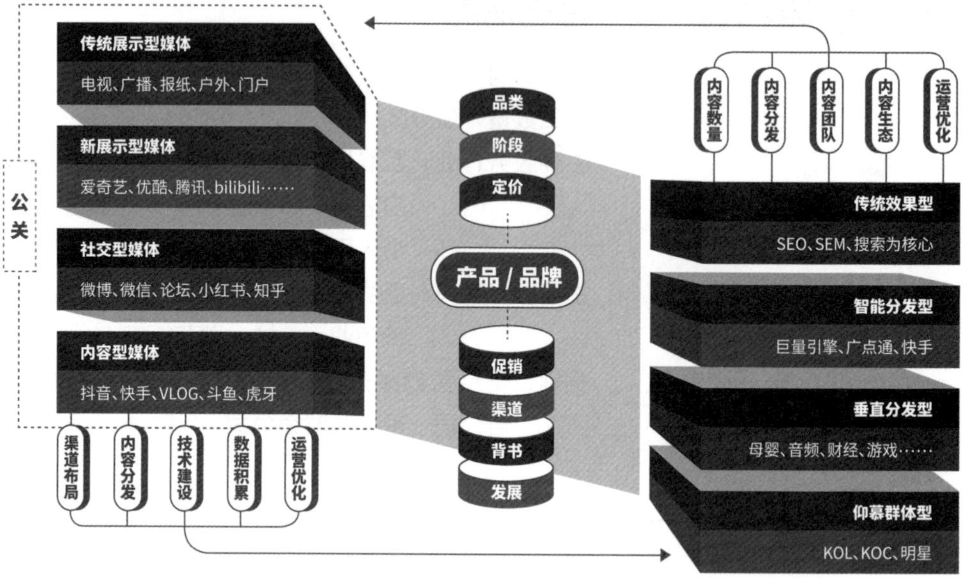

品效合一页面模型

创意： 深度实践基于突破人群壁垒、冲破价值理念、打破营销迷思三步走营销战略，深挖流量价值，疏通流量渠道，在实现多触点营销“引爆”的同时高效沉淀品牌资产。打造以优质 IP 为流量池，品牌内涵为基点，媒介渠道为通路，小程序及区域实体渠道为主线的全链路营销。

效果： 借街舞之势，“勇闯天涯 superX”收获了一条从圈层抵达大众年轻人的营销新路径，街舞精神也将始终流淌于“勇闯天涯 superX”的不畏挑战的品牌血液之中。新浪微博主话题“雪花啤酒冠名《这就是街舞》”阅读量 273 亿，新增阅读量 130 亿，相关话题新增阅读量 317 亿，全站短视频博文量超 9 000 万，播放量超 90 亿，12 期节目热搜数 90 个，在榜时长 657 小时。知乎热搜 24 次，神马热搜 15 次，抖音热搜 29 次，全网 25 个平台热搜 286 次。优酷视频《这就是街舞》播放量约 3 亿，站内互动量 300 万次。节目中期，小程序注册量破 30 万，新增用户量 15 万。传统渠道宣发及全网宣发，曝光达 135 亿。帮助雪花啤酒 superX 品牌认知提升 33%，深化用户产品内核；提升 13% 的人群购买意愿；电商流量同比提升 161%；节目观众高转化成为品牌粉丝，拉动电商销售同比增长 20%。

独家IP内容价值评估体系

帮助广告主选择高价值IP

独家双端媒体选择模型

帮助广告主锁定媒介渠道

独家视频媒体预算分配模型

帮助广告主合理化资源费用分配

媒介方法论多维模型

客户评价

雪花啤酒：

“感谢视通传媒在这一年对我们工作的大力支持。作为初次合作者，需要时间与耐心来充分了解沟通才能将内容营销效果做到最优，而这正是你们的优势。在近一年的合作中能够做到需求积极响应，投放策略优质专业，整合营销能力突出，为雪花品牌赢得了最大化投资回报率，希望未来视通传媒能够继续保持优秀的内容营销能力，并积极拓展新领域，让服务更全面。”

飞鹤乳业：

“与视通传媒合作 6 年有余，其团队高效的作业素养给我们留下了非常深刻的印象。在问题沟通，内容交流方面视通传媒也以目标达成为导向，并能及时反馈情况，其专业的内容营销能力也为我们带来了优秀的品牌传播效果，未来我们将继续携手前行，共同探索内容营销新道路。”

31. 微梦传媒

基础信息

成立时间： 2011 年

员工数量： 210 人

主要服务行业： 影视娱乐、快消美妆、金融、科技、互联网

主要服务客户： 阿里巴巴、奥迪、网易、搜狐视频、爱奇艺、芒果 TV、欧莱雅、阿芙、今日头条、腾讯视频

平均服务时长： 3 年

类别： 整合营销服务商、营销咨询服务商、营销数据服务商、营销媒介服务商

核心竞争力

微梦传媒依托投资方拓尔思大数据支持，自建新媒体传播数据分析系统 KolRank

实时监测传播数据——KolRank 拥有分钟级监测的功能，可实时查看品牌在微信端的传播曲线，便于及时掌握传播数据，控制风险。

完整的投放数据报告区别于只停留在表面维度的新媒体投放报告，KolRank 拥有几十项数据分析模型，多维度交叉分析，深度剖析传播效果，清晰化地还原真实传播数据，旨在为品牌主提供真正有价值的传播数据参考。

新媒体整合营销服务

微梦传媒作为国内最早从事新媒体营销的公司之一，创始人团队皆出自新浪、腾讯等国内巨头，拥有天然的社交基因优势；自 2011 年起便通过自身对于新媒体营销前瞻性的理解与成功经验，为品牌主提供新媒体策略咨询与营销服务。基于对不同类型品牌主成功的服务经验，为品牌的新媒体营销提供策略指导。

新媒体广告精准投放平台

新媒体广告营销平台。可以帮助广告主完成新媒体程序化精准广告投放，增加新媒体变现渠道。

代表案例

名称： “赫莲娜琉光恒彩系列”传播案例

背景： 微梦传媒根据品牌定位、产品特性，针对赫莲娜（HR）琉光恒彩系列量身定制了不同以往的 KOL 种草推广方案，将免税店渠道与旅途相结合融入产品“无龄进化”的护肤理念，拉近与目标消费者的距离，提升目标消费者对品牌的认同感，增加用户黏性，将种草环境从梳妆台带入生活，走向世界各地，实现不同以往的更具真实性的种草推广。

目标： 通过 KOL 投放对琉光恒彩系列产品进行推广

策略： 结合品牌宣传话题“HR 奢美悦游”和产品高光抗老等特点，提出无龄进化的概念，并将 KOL 种草内容进行整合把控传播节奏，制定了一套完整的 KOL 种草方案。在对赫莲娜品牌及其目标消费者进行深度了解后，对上千个美妆 KOL 进行筛选，凭借专业推广经验，为客户找到时尚、旅行和美妆等领域最匹配的 KOL。

创意： 从情感共鸣、深度测评和花式种草三个维度选取 KOL，输出内容。

执行：

- “Travel with HR”（与赫莲娜一起旅行）。
- 深入理解产品所表达的抗老和高光时刻，从纵深解读品牌的传播内容，升华主题——“无龄进化”。
- 6 位美妆博主，在微博以 9 图的形式，进行测评，引出“HR 奢美悦游”“赫莲娜免税”这一主题。

效果：

- 总共触及 4 700 万；阅读人数达到 3 500 万；同时互动量超过 10 万；
- 共 18 位 KOL，发布 20 篇内容；
- 影响人次达到 35 854 044；
- 有 102 953 人次参与互动。

创新行动

领库排行榜（KolRank）是微梦旗下新媒体大数据服务平台，基于可靠、稳定的数据采集技术，构建微信、微博新媒体数据仓库，深度分析平台数据，建立新媒体影响力指数，帮助广告主和广告公司选择精准、优质、可靠的新媒体渠道，同时为新媒体人提供全方位运营数据支持和数据服务。

1）新媒体影响力评估体系创新：KCI（KolRank WeChat Index，KolRank 微信影响力指数）、KBI（KolRank Weibo Index，KolRank 微博影响力指数）。基于微信、微博数据的采集，清洗，标准化，加权，最终经过自研的一套算法计算最终得出。

2）监测工具体系创新：分钟级监测基于微信数据采集技术，有效验证微信文章自然传播数据产品。

3）数据报告体系创新：

- 应用程序接口服务：为没有数据采集能力的企业赋能，提供维度丰富的新媒体数据。
- 投放前评估分析报告：基于领库历史新媒体数据，在投放前为广告主提供效果预估及公众号质量评估。
- 投放后传播分析报告：为广告主提供投放后的效果跟踪，查看完整传播评估报告。
- 竞品投放分析报告：为广告主、新媒体量身定制的分析报告，洞察竞品投放策略。

客户评价

鼓山文化创始人乔洋：

“与微梦传媒合作多年，深感领库具有方便、快捷、实时触达以及沟通高效等诸多优点。同时领库也为我们提供了一个稳定的新媒体变现渠道。在未来的日子里，希望能与领库建立更多的合作，一起携手成长。”

安乐电影新媒体总监季恩熙：

“微梦是非常值得信赖的合作伙伴，我们安乐的《捉妖记》《我的特工爷爷》《北京遇上西雅图》《寒战》等多部电影，微梦都为我们提供了优质的推广服务，非常高兴可以和他们取得合作，希望微梦继续前行，成为中国新媒体广告交易平台的领导者。”

32. 文明广告

基础信息

成立时间：2012 年
员工数量：90 人
主要服务行业：快消品
主要服务客户：康师傅集团、百事集团、湾仔码头、伊利、壳牌、妙管家
平均服务时长：2 年
类别：整合营销服务商

核心竞争力

内容创意

结合时代洞察、艺人故事、品牌诉求，以国际水准的制作为品牌讲故事。

策略规划

通过对社会趋势、市场格局、客群行为、产品特点、传播效率等多维度的梳理思考，与品牌方共同规划年度营销策略以及产品和传播的创新实验。

资源整合

有效串联品牌方与外部营销资源，形成具有合力作用的传播方案，在品牌方的预算范围内达成高效率的传播效果。

代表案例

名称： 壳牌喜力 2018 足球战役——徐根宝“致敬永不言弃”微电影 + 公关话题

背景： 壳牌喜力润滑油在中国品牌形象不鲜明，独特卖点“纯净”不被认知。作为中超连续四年的官方赞助商，已具备了一定的足球品牌资产。在

2018 年足球世界杯年，如何打一波借势世界杯的足球传播战役，传播“纯净”的产品功能点？

目标： 在世界杯期间提升目标消费者对品牌的关注与讨论，从而促使消费者能够选择壳牌喜力润滑油产品。

策略： 以中国足球为切入点，用徐根宝“纯净”坚持的故事带出品牌的“极净动力”，以徐根宝的时代稀缺特质引发深度情感共鸣与话题。

创意： 短片运用视听不匹配的表现手法，将一句句直击人心的“冷嘲热讽”，与画面中奋力拼搏的小球员们相对比，展现徐根宝与小球员们对足球纯净坚持、永不言弃的精神。这样的精神也正是壳牌对极致纯净的追求，以及在技术升级之路上永不放弃的精神。

执行： 在世界杯开赛前，将视频在微信朋友圈“引爆”，随后在社交媒体上，足球明星、足球评论员、足球垂直大号均参与其中。讨论与热度达到高峰时再推出一波外围素材，将热度再次推高。

效果： 视频上线一周内，世界杯开赛前，曝光量达 2 亿 4 400 万；视频观看量达 8 800 万以上；获得中超比赛所有俱乐部强烈关注，中超俱乐部在社交平台主动与品牌互动。获得上海体育局的关注与认同，并收录为视频素材供大学生政治课使用。

创新行动

文明尝试启用 CIA MODEL 来实现品牌娱乐营销新模式，从创意角度、IP 平台合作及艺人合作三个维度去打造品牌一站式解决方案。

将繁复的流程简单化，依靠品牌本身背书进行内容定制并辅助持续的传播方案，让品牌主获得高效投资收益，不管从哪个维度进行切入，都可以为品牌提供“三位一体”的整合营销方案。

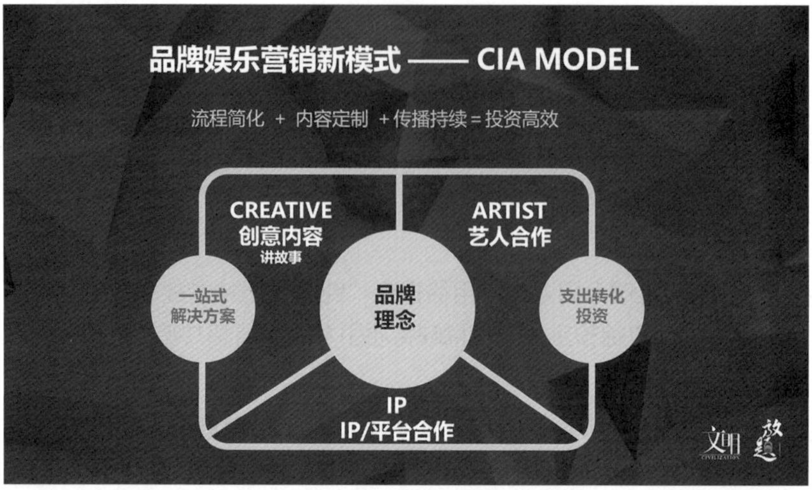

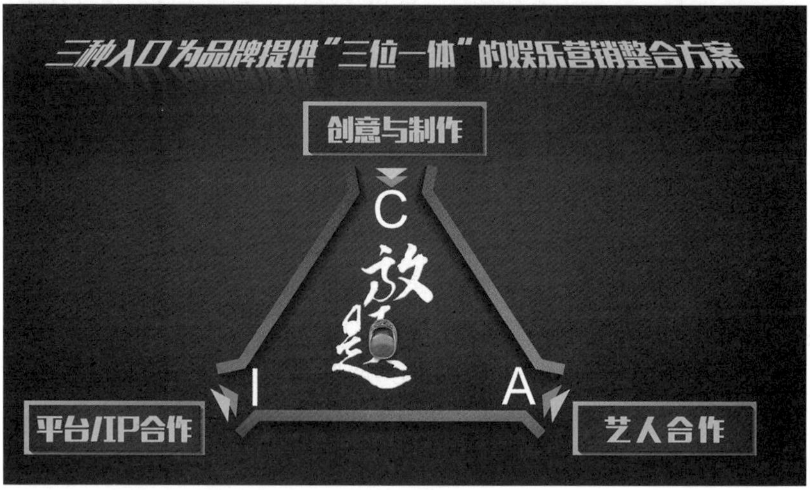

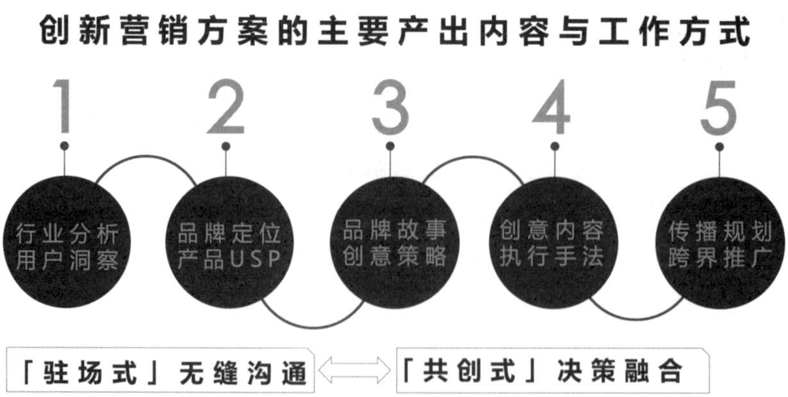

创新营销产出内容与工作方式

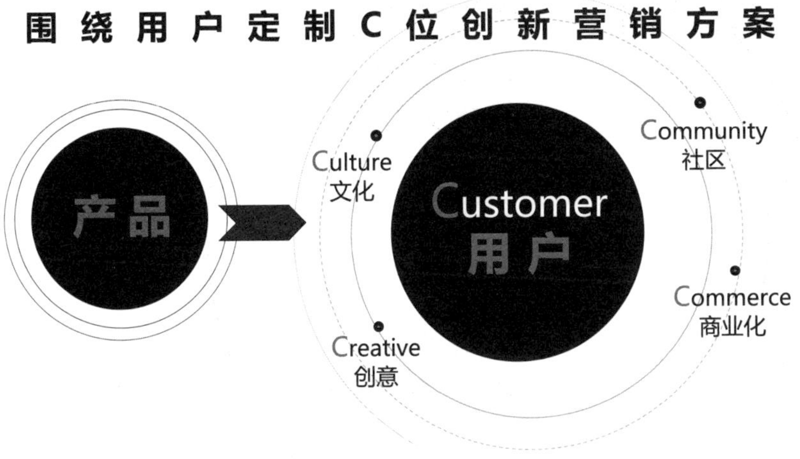

围绕用户定制的 C 位创新营销方案

客户评价

康师傅：

“文明作为康师傅近年来最为信任的合作代理商之一，为康师傅旗下各大茶饮品牌做出了令人满意的年度营销规划。康师傅许多比较成功的营销活动也有很多出自文明公司，不管是热力燃动的冰红茶，还是清新活力的绿茶，文明对品牌及产品的掌握还是非常精准的，也能针对不同的品牌需求做出有效的整合方案。对文明的服务及营销产出，我们都是非常认可的，我们如此坚定的合作关系就是对文明最好的肯定。”

百事：

“文明与百事的渊源要追溯到 2010 年，当年的中国新年营销活动（CNY Campaign）中，文明的‘把乐带回家’脱颖而出，完成了一次很出色的中国新年营销。谁承想，这只是文明与百事的开始，在此后的 9 年时间里，文明一次又一次让我们看到了不一样的好作品，9 年的时间，文明把‘把乐带回家’塑造成了一个行业经典案例，这样一个长效的品牌经营，不管是对品牌方还是代理商来说，都不是件容易的事，很感谢文明团队为百事提供了如此优秀的品牌策划及执行。”

33. 屋瓦传播

基础信息

成立时间：2016 年
员工数量：35 人
主要服务行业：消费品、互联网
主要服务客户：金光、小米、优衣库、西瓜、抖音、美迪惠尔、施丹兰、瑰珀翠、卡慕等
平均服务时长：2 年
类别：营销咨询服务商、整合营销服务商

核心竞争力

屋瓦深耕于消费品（快消、美妆）市场，从前期策略到后期资源、执行都拥有深刻的思考和丰富的经验，为针对消费品牌的包含精准策略 + 丰富资源 + 靠谱执行的一站式全包营销管家。

精准策略

屋瓦不仅希望成为消费品品牌的最佳营销合作伙伴，也希望帮助消费品品牌带来获客、生意层面的增长。基于这样的理念和丰富的消费品合作经验，挖掘了不同阶段消费品品牌的不同痛点和需求，量身定制出 7 大专属于消费品品牌的营销解决方案，分别为：新品发光器、爆款制造机、种草收割机、品牌扩音筒、品牌重塑仪、人群探照灯、品牌问诊台，能够全面涵盖消费品牌从 0—1、1—100、100—1 000 不同阶段的需求。其中“新品发光器”更通过多个客户案例研发出创造性的“品牌造新滚雪球模型”。

丰富资源

不仅拥有线上线下大众向的各类资源媒介，也有针对不同消费品牌需求的精准圈层资源和营销方案，如高校人群、亲子人群、精英中产、美妆人群、男性购买力、年轻亚文化等。并紧跟媒介市场的变化在不断更新迭代，例如，针对近几年火爆的电商平台有专属的流量和直播解决方案。

靠谱执行

团队成员大多出自国内知名 4A 公司，拥有丰富的消费品项目执行经验，服务过多个 500 强消费品牌，服务项目类型涵盖双微运营、病毒事件、技术开发、视频拍摄、公关、线下活动等，对于行业理解深刻，熟知消费品牌运营模式。

屋瓦消费品牌 7 大解决方案

代表案例

名称： 华丰三鲜伊面"鲜香三十年"品牌传播营销活动

背景： 经典国货老品牌三鲜伊面已走过 30 余年历程。为拓宽销售渠道，于 2019 年 5 月新开设天猫旗舰店。虽线下渠道铺设过硬，口碑好，但多年来营销动作非常少，品牌声量持续低迷。

目标： 品牌希望通过营销动作盘活品牌已有资产：1）唤醒并积累品牌用户资产，完成老品牌的唤醒之路；2）为新建的品牌天猫旗舰店引流，实现销售转化策略：如何高效盘活品牌已有资产，吸引新老用户关注，撬动购买力是品牌本次营销活动面临的挑战。品牌以 80、90 两代人作为打开营销局面的突破口，借助大曝光唤醒品牌记忆，内容营销实现种草渗透，实现购买转化。

创意：　“鲜香三十年”经典老味道全新亮相

执行：　阶段一：“鲜香三十年”创意视频：以极具戏剧张力的表现手法，呈现了一场极致逼格和仪式感的美食制作过程，并且用丰富的视觉细节与其互相衬托，让大众在被形式感吸引的同时也了解到了产品的鲜香。

阶段二：共创 KOL“深夜发吃”，推荐“鲜香三十年”老味道，引发集体陷入回忆杀。

阶段三：承接回忆杀热度，品牌用长图作为媒介，将 30 年来品牌与消费者之间有代表性的场景和故事浓缩，用复古风格的手绘展示出来，激发消费者产生共鸣。

效果：　社交媒体：累计曝光量近 3 亿；社交媒体互动量 25.2 万；官方微博粉丝增长超过 20%。

硬广累计 PV（曝光量）：近 1 亿 6 000 万。

天猫旗舰店销量翻倍。

创新行动

CCI 品牌种草模型

简述：CCI 模型是品牌种草的策略思考模型。模型基于产品本身分析，从圈层（Circle），内容（Content），意见领袖（Influencer）三个维度进行思考，实现更精准更高效的触达。圈层层面实现消费者的精准定位和深入洞察，内容层面结合产品的深度剖析找到种草的突破口，意见领袖层面我们影响最关键的影响者，借助合理的资源组合，实现精准“种草”。

作用：借助 CCI 模型，帮助包括美迪惠尔、卡姿兰、施丹兰、德美乐嘉等多个品牌实现了产品种草。通过种草策略的梳理，找到最适合的种草方式，减少了品牌的无效投放。

品牌造新滚雪球模型

简述：以人群深入洞察和市场跟踪扫描为原点，并进行一系列的追新测试，获取小范围的消费者反馈对产品定位进行调整。最终，当进入市场营销的终端时，屋瓦提供了一个以需求（Need）、创新（Excite）和意愿（Will）为三个维度的品牌策略模型。

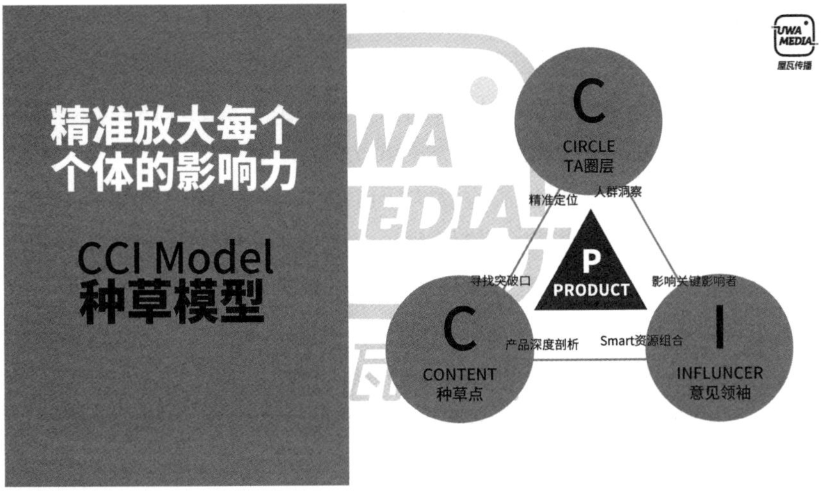

CCI 种草模型

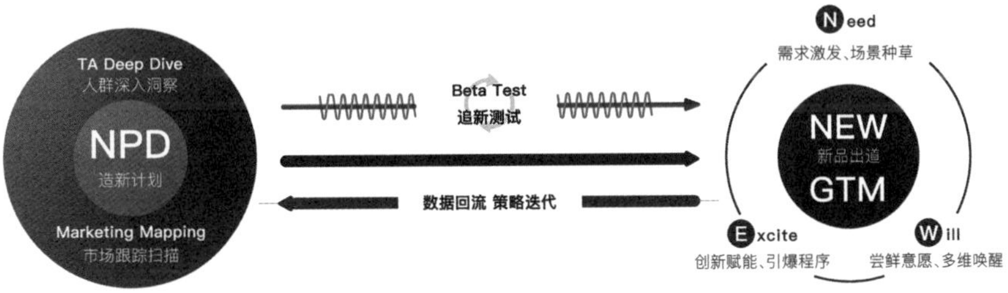

品牌造新滚雪球模型

客户评价

L&P Cosmetic 营销传播经理：

“2018 年对于韩国品牌来说并不容易。通过互联网和社交媒体，我们拥有过绝对的口碑产品，但呼应着市场情况，品牌和产品略显式微。如何维护消费者信任，建立品牌护城河，不断让新品获得眼球，在新品层出不穷的中国市场环境中守住一席之地，是我们和屋瓦在 2018 年一起探索的重要课题。

屋瓦是我们长期合作非常值得信赖的伙伴，不仅拥有对消费品市场极其深入犀利的洞察，也拥有超强的执行能力。通过和屋瓦合作，实践产品种草方法论，实现新品出道，我们成功建立了中国消费者对新产品的认知，也潜移默化地刷新了消费者对品牌其他产品的认知。”

小米中国区电商市场部高级策划经理张一帆：

“小米‘双 11’超长直播活动是小米和屋瓦传播合作的第一个项目。屋瓦在 5 家供应商中脱颖而出，展现了丰富的项目经验、极其出色的创意水平和绝对的细节把控能力。

在后期近一个月的高强度执行过程中，屋瓦团队专业的工作态度，行业上游水平的整合营销能力，以及颇具凝聚力的团队氛围令人印象深刻。最终在双方共同努力下，小米官方旗舰店不仅成为‘双 11’当天天猫平台品牌直播热度榜第一名，还进入了亿元直播俱乐部，直播销售额仅次于薇娅和李佳琦两位个人主播。这次与屋瓦的合作，使我们看到了直播营销更多的可能性，拓宽了内容探索的边界，也为小米全局营销思维注入了新的思考。我们希望日后能够和屋瓦拥有更长远的合作关系。”

34. 引力计划（G Project）

基础信息

成立时间：2016 年
员工数量：30 人
主要服务行业：奢侈品、美妆个护类快消品
主要服务客户：宝格丽、百事集团、联合利华集团、劲霸集团、百雀羚集团、玛氏集团
平均服务时长：2 年
类别：整合营销代理、营销创意服务商

核心竞争力

社会化营销是十年前的概念，引力计划（G Project，以下简称 GP）倡导艺术化营销。当前社会化营销同质化相当严重，在成本负担和增长式微的情景下，GP 提炼艺术为更智慧的策略。艺是美的本质，术是表现美的形式，丰富而多变。“艺 + 术”，是逻辑、情感、语言、世界观，更是营销手段。

艺术化营销不是简单地为跨界而跨界，更重要的是将艺术变为有效的营销工具，将品牌、产品、情境、消费者与传播链路一路打通，赋予品牌文化属性，塑造品牌，提升形象，助力销售增长。通过激发消费者体验来提升品牌认知，通过体验打造记忆点，占领心智，打破次元壁，讲好品牌故事的同时，相信这个故事。

同时将创意作为艺术、IP 与商业品牌有效对接纽带，深入浅出地带出场景效应和参与感，打造产品及品牌口碑的同时，满足了消费者情感期待。

代表案例

名称：2019 乐事春季限定整合营销

背景：如何让一款限定产品成为自带话题的爆款？品牌希望通过营销事件，在诸多樱花和春季限量的零食中突重围，并在销售上取得好成绩。

目标：　帮助品牌宣传及营造限定款产品声量，在同类别或同场景下的众多产品中突出重围，提升销量。

策略：　从消费者动机来看，零食的需求发展为满足社交、放松和带来优越感，同时消费者对于自带社交属性的限量跨界产品关注激增，另外如何创新性地用好艺术 IP 和品牌的代言人，也是此次战役需要思考的问题。

创意：　利用“乐事带你去赏樱”的主题，连动线上传播和线下艺术空间快闪店，讲述品牌为消费者打造的虚拟梦境樱花之旅的故事。

执行：　限定口味包装背后加入二维码，引入乐事带你去赏樱 H5 互动，体验虚拟的 3D 赏樱；与 UGG 推出 14 款跨界周边产品及限量版礼盒；参与聚划算欢聚日活动，社交媒体及电商双渠道曝光；联合多媒体艺术家为快闪店设计定制艺术装置，取名“乐樱号”，为消费者创造梦幻的赏樱之旅；线上引入明星资源，接力打卡微博话题“打卡乐樱星干线”；线下商超以樱花为主题的陈列和赠品呼应整个大战役的核心。

效果：　线下快闪店参与人数近万人；线上传播“打卡乐樱星干线”微博话题阅读 3.6 亿、互动 250 万，上微博热搜；电商销售额“3 · 16”活动当日再创新高，仅次于“双 11”；被百事集团评为 2019 年全球最佳营销活动。

创新行动

互动多媒体艺术作品的商业运用

原创多媒体艺术作品结合最新的投影、红外捕捉虚拟互动技术。GP 邀请艺术家为品牌定制开发数字作品，通过完整的体验设计，结合互动和红外捕捉的技术，呈现出的场景化浸入式体验。多媒体作品让消费者的体验通过投影的载体呈现在不同介质上，呈现丰富的内容，较强的互动性，精美的视觉和体验，产生大量用户原创内容。

创造直播新玩法：综艺 + 时装秀 + 卖货

直播卖货是 2019 年最火的话题之一。在乐事“STAX 全新双料薯片上市战役”

案例中，GP 邀请了当红主播李佳琦和当红小生陈赫、孙艺洲，做了一场融合走秀、综艺、卖货的直播。这个专门为消费者创造的场景兼具直播现场、娱乐活动现场、秀场三大功能，消费者不仅可以看到李佳琦卖货，两位顶级艺人与李佳琦的有趣娱乐互动，还可以看到乐事与太平鸟联名服装走秀，欣赏创新及脑洞大开的跨界服装产品。该项目案例线上话题阅读量过亿，短短一小时的专场直播中，最高时刻的观看量超百万，品牌电商官方旗舰店当日销售额达数百万元。

客户评价

匿名客户 1：

“GP 协助品牌整合优秀艺术家资源，集合从产品到市场到娱乐营销，再到电商各部门的资源，从各个渠道去触达消费者，呈现出可看，可玩，可秀，可买的多合一场景，实现了产品和内容的一致体验。案例从产品包装出发，到线下艺术跨界快闪活动的呈现，再到线上明星和 KOL 资源的引入，以及意想不到的跨界产品（乐事×UGG 跨界礼盒及时尚单品），电商聚划算欢聚日的集结，最终实现了品牌传播为销售赋能，成功助力春季限定款的新品上市，实现阅读曝光和销售的双高峰。”

匿名客户 2：

“我最放心的是 GP 对于美感的把握，非常精准地平衡了商业和艺术。在创意方面，也和常规的广告公司不同，他们很容易触类旁通，跳出既定的圈子逆向思维；更重要的是，他们的创意能够契合简报的同时，完成期待的效果。以前传统的代理商的做法是，先出天马行空的创意，再看可否执行，再去解决问题；而 GP 是同步，甚至是反过来，他们提供新的资源、素材、解决方法和技术，反过来成全更疯狂更有意思的创意。还有一点就是，他们的策略和消费者洞察，做得非常完整和透彻。甚至比我们还了解目标人群和竞品。”

35. 幼狮传播

基础信息

成立时间：2010 年

员工数量：80 人

主要服务行业：个人护理和美妆、食品和饮料、生活方式

主要服务客户：联合利华、可口可乐、卡西欧、汉堡王、皇家加勒比游轮

平均服务时长：3 年以上

类别：整合营销服务商

核心竞争力

技术瞬息万变、媒介环境动态发展，所有广告公司的核心竞争力归根结底都是人才，幼狮传播也是如此。

幼狮不追求激进的增长，和品牌客户共同成长、应对多变的营销市场带来的挑战和机遇。强有力的执行力和解决问题能力，换来了品牌对幼狮的信任与尊重。九成以上的现有客户都服务了 2 年以上。

幼狮传播近 80 位小伙伴拥有不同的学术背景、敏锐的洞察力、多样的创新力和持久的好奇心。幼狮用事业部的组织形式，让公司的组织体系保持敏捷，其终极目的也是为让每一位队员有充分发挥和发展的舞台。这让幼狮永远保持着创业公司的激情，在数字整合营销、影响力营销和社交日常营销等业务领域持续输出鲜活而丰富的实践。

广告公司的价值恰恰在于它并不永远和品牌、客户站在同一战壕。广告公司应该是独立专业的第三方，它洞悉品牌面临的挑战、洞察消费人群的心理、洞见社会潮流的起伏，提出策略、产生创意、专业执行。它是商业传播的“第三只眼”，同时创造社会风潮、增加品牌价值。幼狮传播力求做到这一点。

代表案例

名称： 联合利华跨界合作项目

背景： 中国市场已经成为全球品牌的竞技场。国外的大品牌、新品牌纷纷进

入中国，国内品牌的复苏，小众定制化品牌的崛起，使得日化市场的竞争空前激烈。在此背景下，传统品牌营销模式渐渐“失效”，联合利华需要寻找新的创意营销方式来制造话题、“引爆”流量，持续获得用户、特别是年轻用户的注意和青睐。因此，联合利华自 2018 年以来，不断探索和尝试品牌跨界合作计划。

方案：

时尚潮流类：凡士林 × 百事可乐

夏季对于身体乳而言，是使用和销售“淡季”，为了破局及维系品牌热度，凡士林在 2019 年的夏天需要选择一个兼具清爽，高热度及有话题点的合作伙伴进行跨界。于是，这年夏天，凡士林和百事可乐带来了一波超酷又治愈的夏日联名。

产品端：凡士林 × 百事联名限量挎包礼盒，包含凡士林小铁罐、百事可乐、限量挎包；

传播端：ELLE × 陈都灵，当红小花演绎潮酷大片；KOL 种草；校园贩卖机。

国潮类：奥妙 × 飞跃

国潮成为这两年的新时尚，更成为 2019 年“双 11”的八大趋势之一。在这样的市场环境下，奥妙联手飞跃，从各自品牌“带不走的经历”出发，在今年“双 11”，为广大消费者打造了一波“洗新念旧”的国潮联名。

产品端：“双 11”联名礼盒

传播端：天猫“海景房”资源 + 抖音、淘内直播

二次元类：舒耐 × 全职高手

舒耐主打年轻群体，二次元文化又是年轻人的标签。2019 年，舒耐与国漫中最受欢迎的 IP《全职高手》进行合作，动画中三位人气角色——叶修、黄少天、苏沐橙分别登上舒耐瓶身，变身清爽高手，邀请粉丝清爽过夏天。

产品端：重塑包装，IP 形象上瓶身

线下事件：线下为《全职高手》主角叶修举行生活派对，开展了明星应援解锁活动，用粉丝经济打爆产品销量。

文化类：旁氏 × 莫奈

旁氏希望摆脱自己“大众”的品牌形象，向更高端迈进，同时为自己

的高端产品线打好品牌认知基础。2019 年 3 月，旁氏首次跨界艺术IP，选取与产品相对应的四幅莫奈热门画作，从面膜包装、礼盒定制到周边物料进行全方位视觉和传播升级，打造莫奈包装面膜。

产品端：莫奈礼盒

线下活动：参与 2019 年上海静安雕塑公园的莫奈画展。

效果： 联名合作款的产品基本都销售一空，1 加 1 大于 2 的跨界合作方式让联合利华尝到甜头，2020 年会继续选择符合品牌调性的 IP 及合作伙伴，继续品牌跨界之路。

创新行动

从 2019 年开始进行组织变革，由原先的创意、运营、技术三大业务部门重新打散整合，幼狮业务线形成四个事业部。拆小业务单元，使整个公司更加敏捷。

事业部的领导拥有实质的权力构架团队、开拓业务、形成特色，公司后台提供人事财务行政支撑，并提供业务资源。

事业部的组织形式变革，对业务创新有非常大的正向作用：

- 为骨干员工提供了事业平台，激发他们的潜能，与公司一起发展；
- 小团队的战斗力更强，协作沟通更为顺畅，效率提高；
- 不同事业部有机会形成不同的业务特色，使公司获得更强竞争力；
- 各层次同事都能接触到复杂度很高的项目，每个人都有机会成为特种部队。

客户评价

康宁中国区企业传播主管：

“幼狮是可以像自己的团队延伸一样去信任的代理商。不仅因为它们提供了全面的专业知识、创新的解决方案和深入的洞察，更重要的是，所有这些都是建立在对行业趋势和品牌业务重点的透彻理解之上。这是一群了解社交媒体世界，关心你方方面面需求，并以有效方式提供高标准服务的人才。”

孩之宝原高级品牌经理：

“2011 年，幼狮就被认定为孩之宝中国社会化和数字营销代理。作为本土的数字营销代理先锋之一，帮助孩之宝中国为中国消费者打造了沉浸品牌与惊喜的产品体验，与腾讯、阿里巴巴、招商银行等多家合作伙伴共同发起了变形金刚系列玩具发布的数字化营销活动，不仅实现了传播目标，也满足了客户的商业需求。”

36. 悦普集团

基础信息

成立时间： 2009 年

员工数量： 230 人

主要服务行业： 电商、互联网、母婴、快消

主要服务客户： 阿里巴巴、沃尔沃汽车、惠氏、达能、帝亚吉欧、娇韵诗等

平均服务时长： 2 年

类别： 营销数据服务商、整合营销服务商、营销创意服务商、营销媒介服务商

核心竞争力

悦普具有最完整的社交媒体智能营销生态。

直客全案营销 +KOL 采买结合 + 深耕 MCN，打造社交媒体营销完整生态，利用大数据和 AI 赋能社媒营销，海量投放数据构建数据壁垒。

中国社交媒体市场蓬勃发展，正颠覆传统的数字营销市场，巨大的社交媒体空间（微信约 10 亿月活 + 微博约 4 亿月活）孕育着社交媒体服务商的巨大机会。悦普是社交媒体服务的领军者，已成功打造社交媒体行业服务的标杆，服务超过 50 家世界 500 强企业，建立长期合作伙伴关系。悦普多年来准确把握行业变化，不断自我突破，强媒介资源掌控能力赋予了悦普绝对议价权。同步打造国内最大的综合 MCN，完善产业链布局。

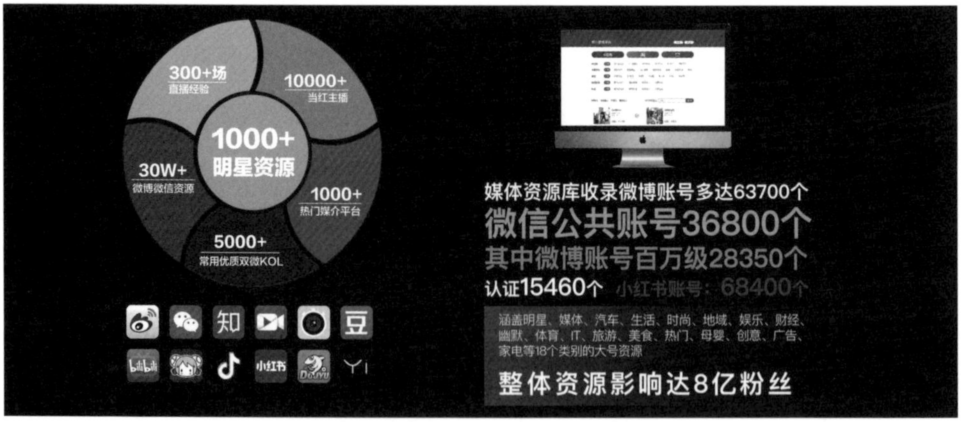

悦普核心竞争力

代表案例

名称： 美版善存“抖出彩虹治愈力”

背景： 美版善存 EC 团队在中国地区发起的 3 月攻势，在线上京东超级品牌日的资源配合下，输出美版善存跨境心智，稳固善存维生素膳食营养补充剂的第一提及率。

目标： 品牌资产升值、旗舰店粉丝量提升 50%，美版善存超品日成交额破 400 万。

策略： 抖森首支中国定制广告收割跨境流量；用户互动和买货权益绑定产品属性；媒体矩阵深度拉动 90 后新用户；互动体验匹配中国用户浏览习惯；微博端话题合作完美接档复仇者联盟。

创意： 抖森新恋情掀起跨境粉丝狂潮。

执行： 美版善存透过抖森微博账号、抖森和复仇者联盟粉丝矩阵、新浪微博“复仇者联盟 4”话题专区和 KOL 矩阵，发售旗舰产品 Tom Hiddleston 联名限量礼盒，引发全球抢购疯潮。

效果： 在中国地区获得连续 4 天的新浪微博 Top10 最热新闻、超过 2.5 亿的曝光量、1 000 万的视频播放量、130 万的互动、113 404% 的媒体指数增长；在境外影响了 8 个国家、10 个社交平台，带来超过 1.5 亿的曝光量，持续一周占领 Instagram 和 Facebook 热门标签，登上 BBC、CNN 等国际一线媒体头版，英国社交媒体声量从 200 万猛增至 3 200 万；美版善存京东旗舰店粉丝增长 12 万人，增幅超过 98%。传播效率提升 3 倍，第一日成交 40 万美元，刷新京东保健品类第一记录，总交易额达 60 万美元，是去年“6 · 18”促销节的 3 倍；中国发起的营销活动带动全球善存交易，辉瑞评定为 CBEC 2019 年最佳实践。

创新行动

悦普集团致力于为企业提供社会化营销的服务，创新方向在于通过大数据和 AI

赋能传统的营销服务。目前，悦普集团已经设立“悦普研究院”作为企业内部的创新研发机构，研发了大数据产品：榜壹、SCI-社交传播指数、新领袖等，分别应用于社交营销的各个业务层面。

SCI-社交传播指数工具将传统的营销数据升级为大数据应用产品，并且根据悦普集团大量的投放实操经验，设计了业界领先的评估算法，将传统模式中难以量化的社交传播资源做了规范的量化标准。该标准在企业内容上率先使用，并已开始服务部分 500 强企业客户，实现了较高的经济价值。悦普集团的创新内容，对传统的社交传播服务流程进行了重构，媒介资源价值被量化后，广告客户能够对投放所可能产生的效果拥有更精准、清晰的判断。根据艾瑞咨询统计，2018 年中国社会化营销因为数据虚假问题所导致的经济损失超过 50 亿，悦普集团的创新工作，一方面正是为了解决这一社会经济发展中的痛点。

悦普大数据媒介投放解决方案

客户评价

GCH（辉瑞健康药物部和葛兰素史克保健事业合并后的名称）:

“为了在有限的时间内完成抖森的签约和拍摄，以及整个营销活动的推进，共同组建了快速执行团队。在‘nimble team’的概念下，赋予悦普充分的独立决策权，确保悦普在极短时间内迅速完成对创意和流程的执行。很显然悦普做得非常专业和出色。”

阿里巴巴集团：

“与悦普合作的 5 年左右的时间里，贵司提供了良好的服务，团队配合度高，专业能力强，能随时配合业务方的突发需求，整体团队素质高，希望在未来可一直保持合作关系。”

37. 蕴世（Inspire）

Inspire

基础信息

成立时间：2016 年

员工数量：120 人

主要服务行业：美容美妆、食品饮料、个人护理、汽车

主要服务客户：娇韵诗、王老吉、佳沛奇异果、联合利华、vivo、大众、清风、中宏保险、卡特彼勒、叽里呱啦英语、上海迪士尼乐园、银河娱乐等

平均服务时长：3 年

类别：整合营销服务、媒介策划和采买服务、创意和内容服务、品牌娱乐营销服务、社交媒体营销服务、营销咨询和数据分析服务

核心竞争力

生意思维：对全行业生意模式的深刻理解和增长思维；

整合营销：全链路的整合策略思考，和全整合的策划、创意、媒体和购买执行；

融会贯通：对市场、趋势、数据、技术、消费者、媒体的全方位理解和融会贯通；

灵活定制：基于品牌生意和市场营销需要的高度灵活定制化的解决方案；

数据思维：运用静 / 动态数据思维指导，理性结合感性的整合思考和作业模式。

代表案例

名称： 2020 年清风纸巾“新春好运”系列

概述： 纸巾品牌清风创新的结合春节期间中国人最普遍的娱乐文化——麻将，

Inspire蕴世
出色的营销实效
用定制化的全整合营销传播解决方案实现
We deliver effectiveness through on-demand integrated marketing communication solutions
整合营销
INTEGRATED MARKETING
COMMUNICATIONS STRATEGY
传播策略
MEDIA PLANNING
媒介策划
mei jie cai mai
媒介采买
MEDIA BUYING
数字营销
DIGITAL MARKETING
IDEA
創意內容
CREATIVE & CONTENT
SOCIAL MEDIA
社交媒體
E-COMMERCE MARKETING
电商营销
数据分析
DATA ANALYSIS
娱乐营销
BRANDED ENTERTAINMENT
東西南北

蕴世核心竞争力

将 42 种麻将牌面融合到纸巾包装，并推出多套和牌的手帕纸组合，推出令人耳目一新的“新春好运系列”。产品设计和创意概念也延展到清风的全系列产品，在社交媒体也掀起了分享狂潮，获得超过 30 倍的超高销售投资回报率。

名称： 娇韵诗黄金双瓶整合媒体战役

概述： 品牌计划借助迪丽热巴的形象和影响力在全国范围内获取更多新用户。整个媒介战役包含智能电视、互联网视频、移动应用程序、社交媒体、电商媒体等全方位媒介接触点，同时使用品牌私有 DMP 对接第三方平台大数据，提升媒介策划和投放效率。本次战役成功帮助娇韵诗黄金双瓶的销量较前一年提升 80%。

名称： 王老吉“全民制作人”

概述： 王老吉希望与年轻的 95 后“Z 世代”建立情感连接，在 bilibili 打造了“越热越爱 Z-Star 要出道”营销战役，把品牌内容的制作权完全交给用户。战役邀请“up 主”（uploader，内容上传者）创造品牌二次元形象，在几千个作品中票选出优胜者并制作成品牌内容，延展至产品设计在王老吉的自有渠道销售。战役成功帮助王老吉品牌在曝光的“Z 世代”人群中的品牌喜爱度提升 25%，夏季整体销量提高 8%。

名称： 进口大众 × 吴京“你自己的特技大片”

概述： 进口大众汽车联手吴京，共同打造整合营销战役，让每个消费者开着大众途锐创造自己的特技驾驶大片。整合营销战役由 90 秒轻松幽默的广告开启，随后途锐发起全国的招募行动，募集众多潜客参与线下试驾活动并拍摄自己的“动作大片”。本次战役的试驾销售线索收集效率较以往提升 20%。

创新行动

项目名称： 娇韵诗数据管理平台

挑战： 常规广告投放效率正在逐年下降，而品牌对广告投放所带来的新客及销售的要求则逐年升高，如何更高效地抓取新客、转化目标消费者成了各个品牌都会遇到的难题。如何利用现有资源提升广告投放效率是娇韵诗现阶段面临的巨大挑战。

解决方案： 为了挖掘品牌数据的价值，为娇韵诗搭建了数据平台——娇韵诗 Brand DMP。不仅能够收集和管理数据，还能够分析目标消费者并进行分层，为营销提供策略上的支持，实现精准投放。

具体分以下三个阶段来实现：

1）整合多方数据，人群分层并洞察目标用户；

2）结合大数据，优化媒体投放效率；

3）数据的回收总结，持续优化投放策略。

结果： 超过 7 亿次曝光，2 000 万点击；目标人群提升超过 40%，天猫旗舰店产品销量同比提升 886%。

客户评价

娇韵诗：

“蕴世是我们值得信赖的生意伙伴。他们能够从生意的层面理解我们面临的挑战，从增长的角度提出战略思考，并使用具有针对性的整合媒体营销策略策划以及媒体购买解决方案，帮助我们实现增长的目标。”

佳沛奇异果：

“蕴世是我们合作过的最具整合能力的代理商。他们可以提供从传播策略，到创意和内容，再到媒体策划和购买的全链路整合服务，并且非常具备销售思维，以最高的效率帮助我们达成营销传播的目标。”

清风：

“蕴世是我们合作过极具创意想法和整合能力的代理商。他们能够根据品牌提出的要求，并提出具有针对性的方案。从传播策略到创意内容，包括媒体策划以及全链路的整合营销方案，从而实现销售增长，为品牌打造营销传播的目标。”

38. 赞意（Goodidea）

基础信息

成立时间： 2012 年

员工数量： 120 人以上

主要服务行业： 美妆护肤、食品饮料、个护日化、文娱休闲

主要服务客户： 可口可乐、宝洁、伊利、海尔、匹克、字节跳动、爱奇艺、腾讯、北京现代、安居客、杰克琼斯、德克士、味全、香飘飘、百雀羚、完美日记、高通、智联等

平均服务时长： 2—3 年

类别： 整合营销服务商、营销咨询服务商、营销数据服务商、营销媒介服务商

核心竞争力

赞意，以“PLAY FOR YOUNG”为品牌理念。专注品牌年轻化、娱乐营销、跨界营销和种草带货，帮助品牌连接中国年轻消费者。

广告创意

自成立以来，赞意为不同类型的客户提供最优质最高效的传播策略制定、创意策划、传播执行管理、互动体验和创新玩法，横跨线上线下传播平台和消费者接触点。

娱乐营销

在娱乐营销领域，赞意与播放平台方、内容制作方、经纪公司及品牌主均有广泛合作，共同推进影视综艺包装、明星代言宣传、粉丝营销、综艺节目及影视剧花式植入、原生内容开发、IP 联合共创等创新实践，最大程度地激活各项娱乐营销资产。

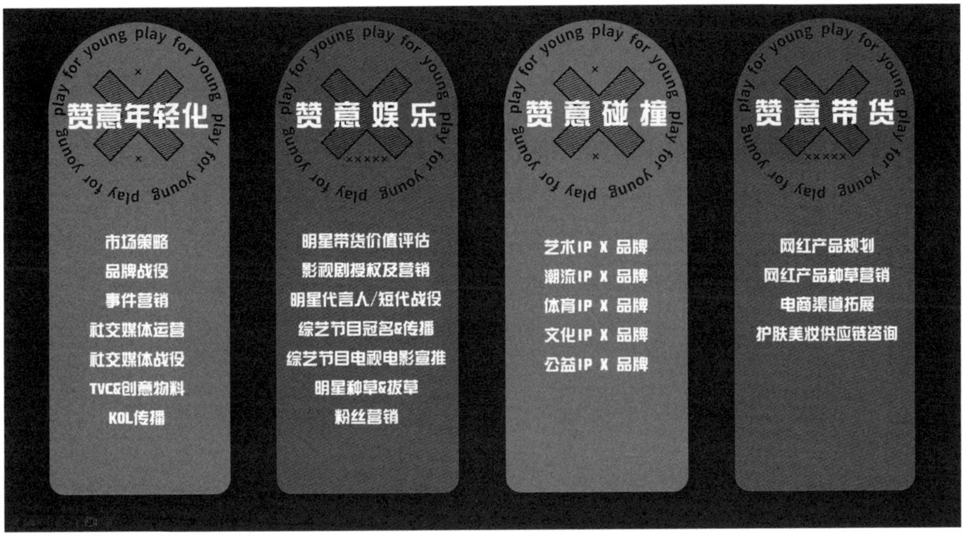

赞意业务板块

跨界营销

赞意还将新锐审美方式、艺术玩法、生活态度广布于新式营销，凭借多年拓展的资源网络，为不同领域的品牌搭建了跨界碰撞合作的平台，以视觉形象融合、联名产品定制、实体消费场景开发等形式，深度发掘并重新演绎品牌故事。

电商带货

依靠对天猫等电商平台的研究以及自建种草模型，赞意帮助护肤、美妆、快消等领域品牌制订欢聚日、超品日、全明星计划等电商营销方案、产品站外种草营销策略、市场传播裂变机制，全面拓展打通电商渠道，同时提供护肤美妆供应链咨询服务。

代表案例

名称： “理想生活，我要发光”宝洁全明星学院 2019 秋季开学季营销

概述： 2019 年开学季，宝洁携手天猫全明星计划，发起“理想生活，我要发光”主题活动，史上首次出动旗下七大核心品牌明星白宇、迪丽热巴、鹿晗、李汶翰、王俊凯、肖战、张艺兴，打造了“宝洁全明星学院”IP，

面向开学的“Z 世代”展开了系列营销活动，助力品牌带货。

创意： 结合品牌个性与明星特征，赞意打造了以七人为代表的学院社团，并基于宝洁全明星学院整体视觉风格，打造了开学季最闪光的联名文具；通过采访、记录流量明星拍摄背后的故事及对 Z 世代、对品牌、对大众的影响，挖掘流量明星正能量；在淘宝天猫内策划设定专场，粉丝通过每日写故事、每日签到等一系列活动，解锁各品牌明星定制礼盒，明星见面会等福利，引领品牌电商营销新玩法。

效果： 覆盖人数 4.4 亿，话题阅读量 13.8 亿，讨论量 527.4 万，视频播放量 1.7 亿，成交量同比上升 400%，新客占比 85%。

创新行动

品牌业务完善： 赞意年轻化 + 赞意娱乐 + 赞意碰撞 + 赞意带货 +TOP MCN，五大业务板块覆盖广告创意、IP 资源、整合营销、社会化传播、电商、红人营销，有能力满足客户的多方面需求。

深耕行业资源： 拥有众多跨界 IP 资源和影视娱乐行业资源，包括明星、影视、综艺、热门 IP、时尚、二次元、艺术、体育等领域。

工具和创新方法： 联合胖鲸智库推出《2017 娱乐营销新生态研究报告》《2018 品牌娱乐力进化报告》《2019 明星营销指南》三本行业营销指南，通过梳理整合娱乐营销方法论，提出品牌娱乐力进化体系和明星营销 3.0 框架，帮助品牌建立自身娱乐力资产，用“创意＋娱乐”的力量产出优秀营销案例。

客户评价

匹克整合营销总监王炜：

“用创意与娱乐、IP，把品牌建设的长期价值与带货的短期目标有机结合，是我们选择赞意的原因。继续保持对变化的敏感，迅捷行动，也期待未来与赞意一起扎实前进。”

39. 众引传播

基础信息

成立时间：2006 年
员工数量：200 人以上
主要服务行业：美妆护肤、3C 家电、个护日化、母婴
主要服务客户：联合利华、戴森、雀巢、达能、惠氏
平均服务时长：5 年
类别：整合营销服务商、电商营销服务商

核心竞争力

核心竞争力

众引传播深化布局数字营销领域，以全局的眼光审视企业的整体运营，通过系统化的项目管控、销售渠道、定价策略等来实现高效的管理运作和收益；在充分理解客户真正的需求前提下，通过团队卓越的创新能力，不断扩大竞争优势，巩固行业地位；稳定并持续增加的客户群则为众引传播不断开拓业务提供了动力源泉。

解决方案理念

整合传播真正的实效，是帮助品牌实现两个增长——品牌价值的增长，以及用户资产的增长。在媒介及 KOL 策略上，一方面通过数据洞察及应用，精准定义和覆盖目标用户，并选择符合品牌定位和传播目标的媒体展示环境。另一方面，基于用户行为链路的特征，进行媒体价值区分、选择及组合，并通过数据追踪、应用及沉淀，不断优化投放策略及效果，最后做电子商务营销活动实现销量转化。

系统 / 资质

众引传播是抖音星图平台首批认证服务商之一，快手认证服务商之一，小红书国内最大商业化合作伙伴，美图系主要代理商之一，并且在快消、生活、时尚等领域拥有 1 万个以上的 KOL 资源。在数据处理分析能力方面，众引传播旗下拥有舆情监测工具、消费者洞察数据系统以及程序化媒体投放系统，并结合电商平台数据工具进行人群洞察、市场需求、用户行为等数据分析，为 KOL 投放、媒介投放、

整合营销提供策略建议并规划精准营销方案。提升品牌人群洞察＋精准沟通策略＋精准投放的能力，加深与核心重点客户的合作关系增加业务收入。

代表案例

名称： 沁园“小白鲸”新品上市活动

目标： 打造净水行业爆款

策略： 利用全链路投放解决方案，将营销策略规划和精准数据洞察融入整波营销活动。

在新品来袭前，通过数据工具抓取了整个净水行业的消费趋势，帮助沁园确定了产品的优化方向，以及被新生代消费者喜爱的命名策略。同时，通过对京东九数平台的数据洞察，进行了精准产品人群建模分析，为沁园找到更多基于兴趣标签的高潜力人群，实现了人群的精准细分。并以此规划 KOL 内容投放策略，及广告精准投放策略。针对不同人群进行不同的传播沟通角度规划和投放内容素材设计。此外，还从搜索、流量、销售维度等多渠道对投放内容进行动态检测及优化调整，不断优化提升投资回报率。

效果： “小白鲸”不仅是京东大牌风暴日净水器销量第一，而且是京东有史以来月销量最高的一款净水器产品，更获得综合搜索排名第一，被当作经典案例在京东多个场合进行分享；沁园“小白鲸”上市的整个过程和数据掌控成为品牌重要的消费者资产，可以进行长期的运营维护，运用到未来更多的营销活动和策略决策行为之中。

创新行动

1）基于数字营销系统（应用案例：沁园“小白鲸”新品上市爆款打造）

一方面，通过策略模型开发和数据建模，实现数据分析的系统化，提升品牌上新策略的精准性和效率；另一方面，开发外部媒介／社交数据的分析系统，实现更高效、精准的数据上传融合，打通站内外传播链路。

2）E.P.S.M 资源模型打造强势 KOL 资源库

将 8 000 多个 KOL 分为意见领袖和精英（Elite）、具有话语权的公众人物（Professional）、具有一定专业和经验的达人（Specialized）、拥有消费能力、愿意分享的达人（Mass）四个矩阵。并根据品牌的实际现状、资源和目标，提供符合商业需求的组合策略，实现从 AI 到 PL（Attention-Interest-Purchase-Loyalty，注意—兴趣—购买—忠诚）的实效内容传播；实现真正叫好又叫座的品效合一，并通过组合模式不断优化投资回报率。

3）基于媒体数据与人群数据的跨屏联投系统（应用案例：云集 2018 年“双 11”9 大 App 跨屏联投）

通过对媒体和人群数据的分析为云集选择了短视频、资讯、音乐、视频、母婴等 8 大领域排名前 3 的 App 进行“霸屏”联投，旨在帮助品牌将活动的核心亮点直接触达目标人群。

4）跨平台 KOL 数据监测分析投放系统（应用案例：霓裳（VERVE）洗衣液 KOL 网红营销）

通过淘宝 / 微博两个平台的数据洞察，洞察消费需求 & 达人带货能力，从而指导达人选择，以及站内微淘、站外微博种草卖点，提升投放回报率。同时沉淀洞察，规划后续天猫旗舰店的营销传播活动。

众引传播 E.P.S.M 模型

客户评价

联合利华饮食策划市场部：

“众引小伙伴是一群极富激情、创意、责任感的人。在长期的服务中，充分体现了对行业深挖、对 TA 高度洞察的特点，给予我们的解决方案，综合了创意、服务、对生意的思考，是我们真正的生意伙伴。”

雀巢市场部高级经理：

“在拥有全面营销能力的代理商里最懂生意的，在最懂生意的代理商里拥有最强营销服务能力的，在单纯传统的品牌建设愈加失去优势，品牌方更加看重营销直接转化销量的今天，众引总是能够站在品牌方的角度分析消费者需求和理解洞察，擅长用新兴平台和手段触达消费者，提供完善的营销策略分析。”

40. 赤马广告

基础信息

成立时间：2010 年
员工数量：43 人
主要服务行业：电子产品、互联网
主要服务客户：vivo、华为、OPPO、阿里巴巴、自然堂
类别：视频广告制作公司

核心竞争力

公司在广告影视行业常年积累的优秀口碑、优秀的团队成员、丰富的制作经验等都是公司的核心竞争力。公司擅长国际制作和艺人拍摄，相关资源丰富。拍摄足迹遍布五大洲，与合作伙伴一起在全球 13 个国家有 15 个办事处，还有多个国外有实力的战略合作伙伴。这些资源都保证了公司国际制作能力。公司有上千位国际导演资源，部分中国区域独家导演资源。公司出品的广告视频作品获得多项广告相关奖项。

代表案例

名称： 阿里巴巴冬季奥运会宣传片“相信小的伟大”

背景： 2018 年的平昌冬季奥运会将于当年 2 月开幕，这意味着将掀起一股对奥林匹克话题关注的浪潮。2017 年 1 月 19 日，国际奥林匹克委员会与阿里巴巴集团在瑞士达沃斯联合宣布，双方达成期限直至 2028 年的长期合作。阿里巴巴将加入奥林匹克全球合作伙伴赞助计划，成为“云

服务”及“电子商务平台服务”的官方合作伙伴，以及奥林匹克频道的创始合作伙伴。

目标： 为配合平昌冬季奥运会的传播，阿里巴巴第一次以集团的形象，推出奥运之声——“相信小的伟大”，并同步发布了 3 支视频。面向全球展现阿里巴巴“相信小的伟大”的品牌形象，为小人物、小力量、中小企业发声。

创意： 相信小的伟大，是相信小的力量，每个人不应该将“小”边缘化。每个小角色、小群体、小地方都有自己的存在价值和意义，无论是否能为社会或者世界创造成就，存在本身就是一种不容小觑的价值，都应该拥有被关注的权利。小是大的前提，低是高的基础。

执行： 客户的 slogan（广告语）是“相信小的伟大”，短片制作的幕后也有很多不被看见的小细节。

准备时间短，南非三天拍摄，需要完成一篇 1928 年阿姆斯特丹的划艇奥运故事、一篇肯尼亚的冰球故事，还有品牌宣言篇的部分镜头，工作量很大。

场景的选择导演精益求精，每次堪景总希望能再多看几个角落，片子里的好几个场景都是在导演坚持下偶然发现的，也难坏了场地经理。

在南非拍摄的划艇和冰球两个故事的调性截然不同，美术部门做了充分的调查研究，事无巨细，真实还原了 1928 年阿姆斯特丹奥运会和肯尼亚场景。

划艇故事用的是真实的古董皮划艇，与 1928 年奥运会比赛中使用的皮划艇一模一样，演员们提前一天开始适应训练，为正式拍摄做准备。拍摄时小鸭子有专人保护管理，拍摄现场水温很低，每拍摄半小时就必须上岸休息恢复体温，工作人员把湿淋淋的小鸭子抱在怀里人肉取暖。划艇故事动用了上百位的群演，定妆是项大工程，服装全部精心准备，复原 1928 年的服饰风格，做到了人人细节精致。

后期的部分，也花了不少精力。仔细观察，三支片中看不到任何一个商品的 logo，但在拍摄中并不能做到完全避开所有 logo，后期团队严格遵循 IOC 的标准，对画面一帧一帧精修，最终呈现给观众最纯粹的故事画面。

音效老师花费 50 多个小时进行声音设计，工作量远远大于一般音乐制作。在音棚使用先进的播放设备，可以从片中听到几百种音效细节。
微末者高远，庞大的冰山也永远只露出一角，这三支片的背后凝聚了来自亚洲、欧洲、非洲的人员的努力和付出，幕后的制作团队包括“赤小马”们，也都是不起眼的“小人物”，但是赤马坚信：好的作品自己会发声。

效果： 官微点击过亿次，官网点击过 2 亿次，广告圈大量转发。
获得艾菲奖、金狮奖、金瞳奖、长城奖、金投赏（ROI Festival）全场大奖，IAI 国际创享节影视类作品全场大奖等奖项。

41. F5

基础信息

成立时间： 2016 年

员工数量： 18 人

主要服务行业： 互联网、金融、快消

主要服务客户： 阿里巴巴、百度、腾讯、招联金融

平均服务时长： 2 年

类别： 营销创意服务商、营销咨询服务商、整合营销服务商、互动体验服务商公司、出海服务公司

核心竞争力

F5 擅长结合先进技术与人性洞察，打造激动人心的营销案例，为品牌创造不同凡响的声量。

F5 是目前唯一同时服务中国互联网巨头百度、阿里巴巴、腾讯的创意代理商，因此同时拥有技术、电商和社交的知识和能力，这三者正是新零售的核心元素。

F5 将技术领域的产品迭代运用于广告营销领域，运用互联网产品的增长思维，提升营销效率。通过充分挖掘用户的深层需求，运用社交裂变，促进用户的自传播，以小博大，达成高效率营销。

F5 拥有国际影响力，曾获得包括戛纳银铜狮、釜山银铜奖、OneShow 广告奖等海外权威创意奖项，多个作品被 *Campaign Brief*、*Mumbrella*、*Shots* 等国际专业营销媒体报道收录。F5 创始人兼首席创意官范耀威受邀在海内外的不同创意舞台上分享对于广告的真知灼见。

增长策略执行思路

确定增长模型：确定核心增长目标并制定对应公式确定执行方向。

理解用户需求：参阅二手资料，社交媒体反馈，用户一手访谈等充分理解产品与用户之间的突破点，AHA点。

获客：根据1和2的结论，结合产品宣传的idea，选择匹配的增长工具，分析投放渠道以确定获客方案。

优化推荐：通过数据监控、工具转换、灰度测试以及A/B测试等不断优化体验，实验并找到最佳增长模型。

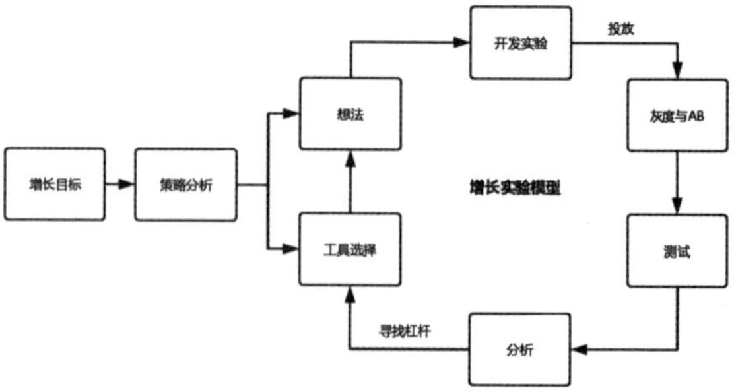

F5 增长策略执行思路

代表案例

名称： “生活好，支付宝”支付宝品牌传播战役

背景： 2019 年，基于金融生活服务第一平台的定位及目标，支付宝希望结合在未来的技术、金融、服务上的领导力，重新输出品牌价值观，并启动新一轮的品牌传播。

目标： 支付宝希望通过这次品牌传播战役，获取下沉渠道、县域城市新用户。向用户清晰传递支付宝的花呗、自动缴费等产品卖点，强调支付宝在老百姓日常生活中的价值，建立支付宝生活服务平台的心智，促进支付宝 App 拉新。

策略： 将支付宝从全民品牌升级为国民品牌，而打造国民支付品牌的第一步就是让品牌具有时代感。“生活好”是全中国人民的价值观，结合支付宝自身的产品功能利益点，整个传播战役的品牌主张确定为“生活好，支付宝”，希望支付宝以“民生生活服务大平台”的形象，重新进入消费者的心智。

创意： 广告片选择了“花呗”和“生活缴费”这两个最接地气的产品功能作为突破口。通过爸爸为面试儿子买西装，体现父母对子女的关爱，女儿为母亲代缴电费，表达子女对父母的一片孝心，这些都是中国最普世的价值观。通过平凡的生活细节打动下沉市场的用户，让消费者意识到支付宝不再只是一个支付平台，它已经融入我们生活的方方面面。好生活，就在支付宝。

执行： 针对下沉市场用户调研显示，花呗的卖点在于随时随地都能用，不怕没钱的尴尬。而生活缴费解决的痛点是省去出门缴费的麻烦，所以两支片子的文案直白点出产品特色：“上支付宝用花呗，大店小店有得花”“用支付宝缴电费充话费，便捷省心不用跑”。

效果： 从 2019 年 7 月起，广告在央视黄金时段持续播放，获得大众好评与专业首肯。

创新行动

在媒体环境极度碎片化，争取消费者注意力越来越难的当下，F5 相信并身体力行，结合先进技术及增长思维打造互动式体验营销，是提升营销效率的不二法宝。

运用先进技术实现交互式的体验，令消费者参与其中，获得独一无二的个性化感受，留下对品牌的好感度与强烈记忆，从而形成口碑式的二次传播。正如美国诗人马娅·安杰卢（Maya Angelou）所言："人们也许会忘记你说过什么，也可能忘记你做过什么，但绝不会忘记你对他们的感受。"

王老吉"我的回家路"，是配合王老吉每年春节公益活动"让爱吉时回家"推出的线上互动，让每个人不仅能"吉"时回家，更能发现回家路上的美好，导演专属于自己的回家公路大片。将"年度最大规模的人口迁徙"成功搬到网上的幕后功臣，是人工智能技术。首先，由机器学习算法对已获得百度地图授权的街景图片进行筛选、分类、组合，选择风景优美但不同风格的街景图片；其次，利用智能程序，将图片合成视频片段存储于云端；最后，根据每位用户选择的起止点，程序进行计算与规划路线，随机匹配模拟驾车导航路径下的途经城市，调取相关城市的街景视频，并进行音乐合成、个性化文案生成、片头片尾添加等。"我的回家路"以 H5 形式在微信、微博端发布，获得广泛传播。项目一经上线，便大受欢迎，在两天内有 160 万人参与体验"我的回家路"，获得自己的回家公路片。

客户评价

支付宝：

"支付宝团队已与 F5 多次合作，从'赏个脸呗'互动小程序到央视投放的'生活好，支付宝'广告片，每次合作都很愉快，被 F5 的专业能力所折服。除了令人眼前一亮的创意，F5 团队在人工智能技术及增长思维上的思考与实践，也总能带给我们惊喜，令营销活动达到超出预期的传播效果。"

百度：

"我们已与 F5 多次合作，因为 F5 团队不仅了解技术，更深谙人性。百度作为一家强调技术能力的公司，尤其欣赏 F5 优秀的讲故事能力，将百度的先进技术与普世的人性洞察相结合，用打动人心的故事展现技术让人们生活更美好的本质，为百度的先进技术增添温暖的人情味。"

42. 筷子科技

基础信息

成立时间：2013 年
员工数量：100 人以上
主要服务行业：美妆、日化个护、母婴、3C 小家电、汽车、酒店等
主要服务客户：宝洁、联合利华、戴森、欧莱雅、家化集团、飞利浦欧洲、百胜集团等
平均服务时长：3 年
类别：Martech AI 创意资产管理与增值技术平台

核心竞争力

筷子科技是全球领先的创意资产管理及增值技术平台，基于元素级别的创意 AI 技术，筷子为品牌赋能智能制作管理，创意元素归因分析，创意投资回报率优化及创意大数据洞察等不同产品和服务。筷子与全球主流数字场景对接，包括阿里巴巴，京东，腾讯，头条，各大视频 App，海外对接了 Google，Youtube，Facebook，Instagram 等平台。目前筷子已经在全球范围服务超过 130 个品牌及 70 多个超级集团客户，如欧莱雅集团、宝洁、联合利华、玛氏、飞利浦、戴森等。

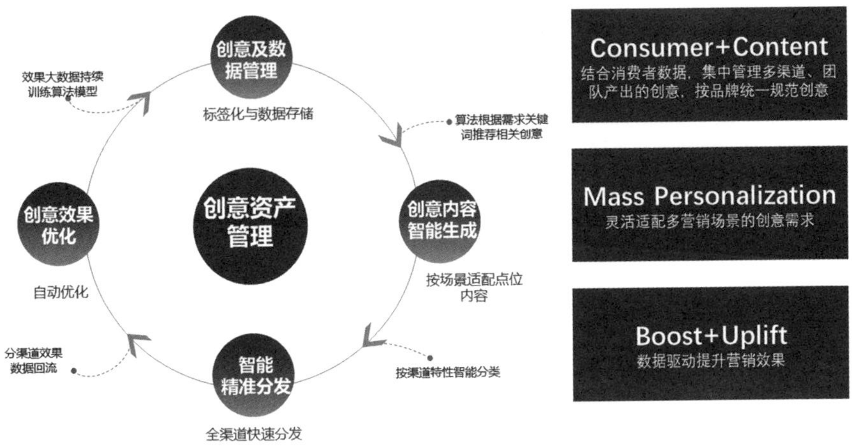

AI 创意资产管理，助力品牌实现统一的创意管理与营销效果的提升

代表案例

名称： 佰草集 2019 天猫“双 11”钻展 & 直通车两大触点投资回报率提升案例

背景： 佰草集属于上海家化集团，作为“新国潮”的护肤品牌，佰草集近年一直运用阿里妈妈大数据工具，以求聚焦优质流量，最大程度精准覆盖美妆护肤人群。面临“双 11”大促同品类竞争白热化的挑战，如何达成有效沟通，最终将优质流量变成实际转化，成为品牌方当下最大难题。

AI 创意解决方案：

筷子科技依托自身智能创意系统，作为创意集散中心，为佰草集提供创意智能制作、推送、优化、管理全链路闭环系统服务，实现不同触点下创意与不同人群 / 关键词的实时、精准匹配，持续有效促进流量转化。

- 历史创意数据分析形成阶段创意指引，提升创意技术；
- 千面创意机器生成，效率极大提升同时保证创意质量；
- 投放中算法实时迭代创意，提升创意与人群匹配度；
- 创意资产沉淀积累，形成系统化、标签化创意管理。

品牌生意效果提升：

通过投放中的实时 800 次以上的元素分析，投放回报率大幅提升，助力品牌“双 11”生意目标达成；钻展投放对比传统创意组投资回报率提升 86%；直通车投放对比传统创意组回报率效果提升 99%。

创意资产管理：

通过筷子科技的云创意库管理上万个创意，实现了不同营销渠道、不同营销场景、不同人群的统一的创意及其数据管理，保证了品牌调性的统一性。并通过大数据分析，总结不同人群、不同产品的创意内容洞察，指引内容策略，进一步提升品牌内容质量。

创新行动

1）让触达消费者的每一个内容都更契合个体需求，2020 年筷子科技将智能创

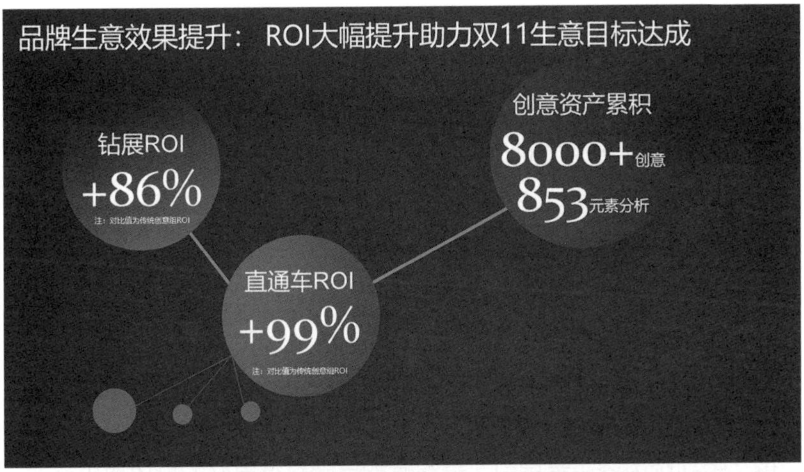

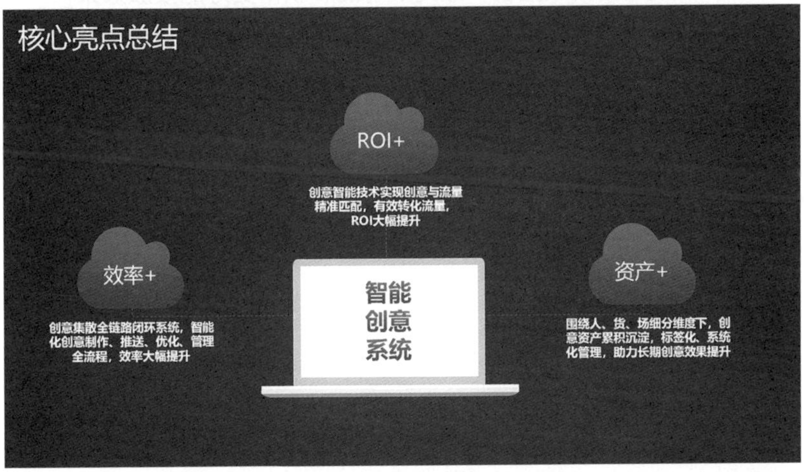

佰草集电商“双 11”优化解决方案

意技术的解决方案，从公域流量拓展向私域流量战场。

案例：与某美妆个护零售商合作 4 000 家线上商店的个性化内容推荐，通过 AI 创意技术，自动生成不同 SKU、不同风格的创意内容，为消费者推荐个性化内容，覆盖线上商店的主要 2 大内容触点“首焦”和“信息流推荐”，并且通过创意管理与大数据，持续丰富用户数据管理平台，打造“个性化国民美妆店”的品牌形象。

2）2019 年是短视频爆发的一年，以抖音为首的几大短视频网站成为品牌必争的流量主战场。筷子科技将创意大数据分析解决方案也覆盖了短视频内容大数据分析。

案例：与某头部快消品集团合作短视频内容分析，通过视频自动拆分技术和筷子独有的短视频创意标签分析体系，对品牌短视频 4 大关键决策流程提供内容指引。为品牌提供了短视频内容决策指引，最终赋能品牌获得更好的投放效果。

- 在短视频 4 大决策阶段，每个阶段应关注的核心指标与内容
- 从内容维度筛选匹配的 KOL 类型
- 头部短视频内容必备要素

43. 马马也（MATCH）

基础信息

成立时间：2016 年

员工数量：30 人

主要服务行业：电子产品、服装、美妆、日用品、旅游、电商等

主要服务客户：OPPO、统一、妮维雅、天猫、冈本、爱彼迎、美团、资生堂、斯凯奇、UGG、银联

类别：营销创意服务商

核心竞争力

马马也由原麦肯中国的董事长莫康孙（Tomaz Mok）创立，团队的合伙人都来自麦肯的管理层。旨在打造新媒体，新渠道环境下的新型创意代理商，助推客户业务的增长。

马马也能力圈

马马也把业务和能力圈界定为营销、内容、体验、渠道（Marketing、Content、Experience Innovation 和 Commerce）四个模块，也就是 CCME 体系。从策略制订、内容创造、体验创造和线上线下渠道转化来打通受众的脑和手，提升品牌的增长表现。

1）Marketing（营销）：做品牌主真正的合作伙伴，直接对接品牌的直接决策者，共同制订增长策略和品牌沟通策略。

提供多样性的策略形态：

- 通过引入经验丰富的策略合伙人和合作伙伴，不止负责开发品牌策略，整合社交媒体和电商端的增长策略，从代理商端来帮助整合品牌主的市场，品牌和电商组，推动策略自上而下的融合。
- 通过和优秀的咨询公司合作，在设计思维和体验模式再造上增加竞争力。

2）Content（内容 / 流量创造）:

- 创造高关注度、有传播性的推广。以内容思维来主导创意形式，提高品牌曝光和话题性。创意不被传播物料所限定。
- 与各个平台包括阿里、头条、腾讯、爱奇艺和苏宁的良好合作关系，使马马也相对于其他创意代理商对沟通 + 渠道的生态有更深刻的理解和运用。

3）Experience Innovation（体验创造）:

逐步加大对于体验设计的投入，包括团队和合作伙伴。随着数字化的深入，在体验设计方面有更多可能性去尝试。

4）Commerce（渠道）:

完成从兴趣到购买的转换，在线上或者是线下提升品牌的购买转换。加大了与线上平台内容合作，包括与阿里、小红书、腾讯和爱奇艺及 IP 授权商（如 Pop Mart）等的合作，通过富有创意的形式为客户渠道引流，并设计站内的承接方式来提升转化率。和阿里及清华大学建立深度的合作关系，提升创意的精准性和沟通的转化效率。实现品牌主的全渠道（Omnichannel）平台与系统的构建。

组织架构：组织匹配战略和战术，小团队高产出

- 合伙人制来引入行业的资深实战派，权责利高度统一，提升作业质量和效率。
- 柔性组织，面对客户的产出需求，保持灵活调整的组织方式，为了匹配项目的时间需求，组织跟随战术母队柔性调整。

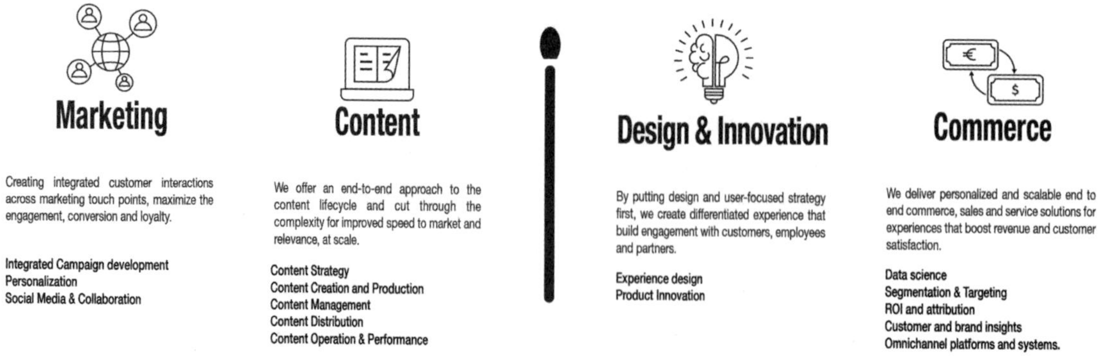

马马也价值链

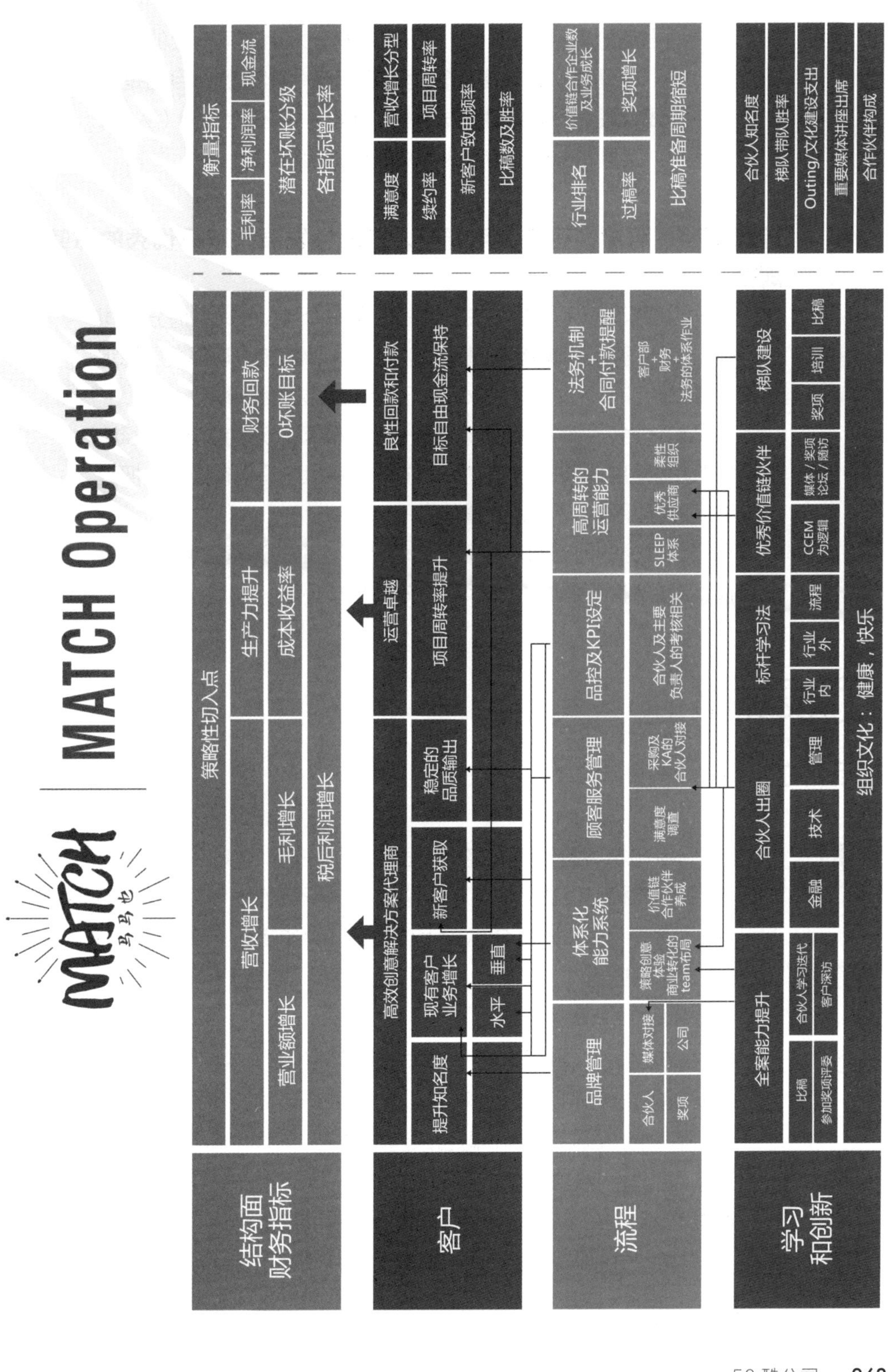
MATCH
马马也
MATCH Operation
结构面财务指标
策略性切入点
营收增长
营业额增长
毛利增长
税后利润增长
生产力提升
成本收益率
财务回款
0坏账目标
衡量指标
毛利率
净利润率
现金流
潜在坏账分级
各指标增长率
客户
高效创意解决方案代理商
提升知名度
现有客户业务增长
水平
垂直
新客户获取
稳定的品质输出
运营卓越
项目周转率提升
良性回款和付款
目标自由现金流保持
满意度
营收增长分型
续约率
项目周转率
新客户致电频率
比稿数及胜率
流程
品牌管理
合伙人
奖项
媒体对接
公司
体系化能力系统
策略创意体验商业转化的team布局
价值链合作伙伴养成
顾客服务管理
满意度调查
采购及KA的合伙人对接
品控及KPI设定
合伙人及主要负责人的考核相关
高周转的运营能力
SLEEP体系
优秀供应商
柔性组织
法务机制+合同付款提醒
客户部+财务+法务的体系作业
行业排名
价值链合作企业数及业务成长
过稿率
奖项增长
比稿准备周期缩短
学习和创新
全案能力提升
比稿
参加奖项评委
合伙人学习迭代
客户深访
合伙人出圈
金融
技术
管理
标杆学习法
行业内
行业外
流程
优秀价值链伙伴
CCEM为逻辑
媒体/奖项论坛/随访
梯队建设
奖项
培训
比稿
组织文化：健康，快乐
合伙人知名度
梯队带队胜率
Outing/文化建设支出
重要媒体讲座出席
合作伙伴构成
马马也运营管理模型

- 马马也充分尊重现场一线人员的判断，采用自下而上的管理方式。马马也认为较高的管理职务是派生出来的，目的是为了一线管理人员更好地完成任务，确保一线获得资源（人员，信息，工具和财务支持）来完成既定的目标。

运营策略：可测，可控，可调整，持续性发展并取得优秀的财务成就

马马也仅仅 30 人，公司的营收相当于一个 4A 公司上海分公司的当量，净利润率连续两年超速增长，业务、业绩和奖项都发展稳定迅速。成立两年半，仅有 3 位员工由于个人发展原因离职。

马马也认为公司的财务指标对外由客户驱动，对内由流程驱动，加上创新和学习的驱动力来推动公司向前，所以马马也在经营上把这四个维度进行拆解和分析，并量化目标。

马马也优秀的财务数字背后，有着环环相扣的运营思考和执行，配合权、责、利的分配，提升了运营效率和核心竞争力。

代表案例

项目名称： OPPO 美好新年奇幻上演

背景： 恰逢元旦和农历新年，而整个中国社会都在说“年味”越来越淡，一些传统仪式和习俗逐渐被年轻人淡忘。OPPO 作为年轻人喜爱的科技品牌，借着 R17Pro 新年款的上市场景，希望重新点燃中国年轻人对传统文化的热情。

创意执行： “美好新年，奇幻上演”。基于新年最常用的九个“祝福”，打造 OPPO“美好新年，奇幻上演”品牌战役。与西班牙艺术家伊格纳西 · 蒙雷尔（Ignasi Monreal）合作，融合东西方神话，演绎中国传统新年的美好祝福，古典主义和现实主义相融，加入数字化和年轻化的元素。结合独特的时间点和文化元素，拍和异想天开的创意想法和执行，为品牌注入了人文和时尚气息。从面到点，推升流量和关注度后，配合双渠道来承接推广，真正做到了品效合一。

- 时尚大秀开启了 R17 新年版的发布活动。网络视频博主和媒体的助阵，创造了大量的内容和话题。
- 户外媒体，朋友圈，微博平台的深度结合，微博之夜的共同主题宣发，锦鲤点赞等推广，品牌活动获取了大量的关注和互动。
- 社交平台最受欢迎的三幅画作进行视频再演绎，结合近场通信技术（Near Field Communication，NFC），超强夜拍，超级闪充三个主打功能，通过社交媒体投放。
- 限时精品店的推出和电商渠道的双管齐下，品效合一。

效果： 微博阅读量 28.7 亿，讨论量 2 735.7 万；4 亿户外浏览人流；553 万台销售达成，超过预期 86%，第四季度的销量逆势上扬，为 OPPO 的 2018 年国内市场销冠打上了最后一块拼图。

创新行动

1）**体验创造**：在产品既定的情况下，通过产品的二次体验设计，提升产品的话题和销售力。马马也为妮维雅洁面慕斯定制的洗脸刷，打造泡沫冰淇淋甜筒礼盒，激发了受众的话题和口碑，这个创意激发了天猫和线下渠道屈臣氏的喜爱，拿到很多渠道免费的推广资源，双渠道加持，提升了亮眼的销量表现。

2）**新技术运用**：不断尝试通过新技术为创意找到新的表现形式，增强消费者互动和转化。如某服装大牌的秋冬的上市计划，在每一个门店，我们设计了富有创意的数字化 AR 试镜方式，增强了线下的试穿体验，打通 CRM 会员体系，在 2 个月内为该品牌门店提升了 30% 的转化率。

3）**文化营销**：针对不同的族群文化群体，建立文化影响者矩阵，通过艺术、流行和品牌联合，影响年轻受众，提升品牌介入度。在 OPPO 新年的推广战役中，通过和古驰（Gucci）御用插画师伊格纳西 · 蒙雷（Ignasi Monreal）的合作，重新演绎了传统中国新年，让新年更新，让年轻人更爱传统新年，也提升了 OPPO 新年手机的市场销量，获得品牌主、受众和业界的一致好评，并拿下国内外创意金银奖项十余项。

4）**商业模式再造**：深度理解品牌主的生意需求和市场环境，通过创意为品牌主的商业模式赋能。

44. 特赞（Tezign）

基础信息

成立时间： 2015 年

员工数量： 200 人

主要服务行业： 互联网、美妆个护、食品饮料、金融等

主要服务客户： 阿里巴巴、拜耳、百威、碧桂园、联合利华、蚂蚁金服、蒙牛、平安集团、雀巢、腾讯、星巴克、雅诗兰黛等

平均服务时长： 1.5 年

类别： 营销创意服务商、整合营销服务商

核心竞争力

特赞构建了资源、流程、技术为核心的竞争力，通过平台化和智能化，建构创意资源的数字基础设施。

特赞拥有领先的创意供给平台，平台上有 3 万个优质创意团队，高效完成各类创意内容。

特赞的内容数据智能，对创意内容进行数据管理、智能优化、生成和分发。特赞帮助中大型企业实现创意生产、管理、优化和分发全链路数字化转型，赋能品牌在数字经济时代降本增效。

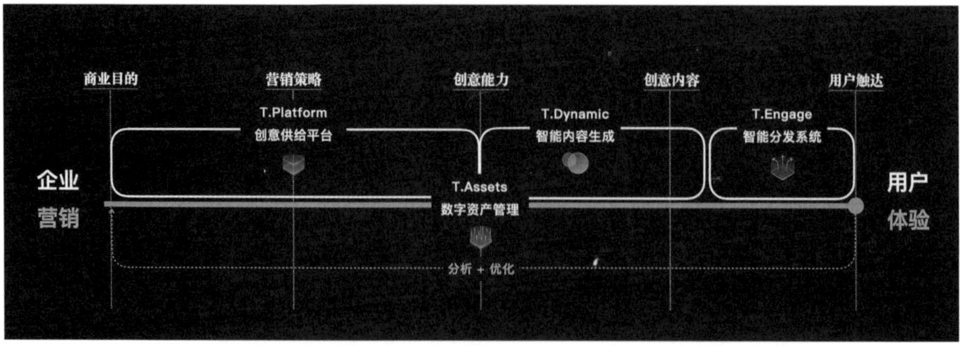

特赞构建创意供给侧的数字基础设施，全链路打通营销闭环

代表案例

名称： 2017 淘宝造物节“108 神店”

特赞作为 2017 淘宝造物节艺术联合伙伴，近 100 位世界各地艺术家创作了 108 神店艺术卡牌，全过程只用 3 周。通过特赞的创意供给平台，利用算法将创意能力按时、按需、大规模精准匹配给企业，实现 108 个不同性格的淘宝生活造物主与近 100 个不同故事的特赞艺术造物主精准智能匹配。

淘宝是拥有数亿注册用户，每天有超过数千万固定访客的网购零售平台，而特赞则拥有 30 000 多个创意方的平台，覆盖全面创意能力。平台的需求由平台来解决，淘宝 + 特赞达到的不是 1+1=2 的效果，而是淘宝 × 特赞的效果。

创新行动

创意通常难以被描述、衡量、计算。特赞最大的特点是将创意能力和内容数据化，进而帮助企业高效地调用、管理和评价相应的供应商和素材，节省成本，提升效率。

特赞通过数据挖掘和机器学习技术，对创意进行数据化和结构化，从而让创意的能力可被描述、创意的决策可被记录、创意的知识可被转化为未来创意的智能，帮助企业营销在“千人千面”趋势下，应对数字化转型。特赞打造了 Tezign.EYE（特赞眼：创意内容的图像处理引擎）和 Tezign.MIND（特赞脑：创意能力的机器学习引擎）为实时、智能、可靠、合规调用创意资源提供保证。

特赞搭建的创意资源的数字基础设施，通过创意供给平台和数据智能解决方案，为品牌一站式生成管理、跨渠道优化分发创意内容，改变传统的营销模式。创意资源的数字基础设施包括 CMGO 四个功能模块：

C=Create：创意供给平台模块（T.Platform）

通过云端海量的创意资源库多、快、好、省地实现创意内容的生产，为企业营销和消费者体验等场景高效、便捷地生产创意内容。精准匹配上万个创意方，透明管理并发项目，交付效率是传统供应商的 5—10 倍。

M=Manage：创意资源管理模块（T.Assets）

帮助品牌高效管理分散在各个渠道、不同类型的海量创意数字资产。营销素材、项目、创意供应商统一管理、追踪、协作，规避侵权风险，实现 100% 数字化。

G=Generate：智能创意生成（T.Dynamic）

通过人工智能技术，生成、优化和延展创意内容（图像和视频），为跨平台媒介提供个性化创意内容。提高 70 倍效果广告制作效率，一键尺寸延展、元素替换、H5 落地页生成、视频切片重组。

O=Optimize：智能创意分发（T.Engage）

进行创意内容的跨媒介智能分发、实时数据回流和分析；也可以针对不同人群画像进行个性化分发，通过精准内容提高投资回报率。一键投放主流渠道，数据实时回流，可视化效果归因分析，真正“千人千面”。

特赞创意资源的数字基础设施 CMGO 四个功能模块

客户评价

联合利华执行副总裁（EVP）北亚区主席罗希特·贾瓦（Rohit Jawa）：

“成功的品牌需要建立在营销的科学和艺术之上。我们首先要建构品牌高远的意义和价值，然后通过工具、技术和个性化放大品牌。特赞的产品帮我们建构了一个智能营销管理系统。”

阿里巴巴 CMO 董本洪（Chris Tung）:

“一个平台（阿里巴巴）的问题需要另一个平台（特赞）来解决。一个生态（阿里巴巴）需要另一个生态（特赞）一起共生。”

星巴克中国首席执行官王静瑛（Belinda Wong）:

“星巴克中国的增长，不能用简单的供应商扩张的方式，而需要接入特赞这种数字化平台。”

45. 熠幻科技（FANOX）

基础信息

成立时间：2017 年

员工数量：20 人

主要服务行业：快消、车企、美妆、服装

主要服务客户：亿滋、可口可乐、好时

类别：互动体验服务商

核心竞争力

上海熠幻网络科技有限公司（FANOX）是氩氪集团（ARKR GROUP）旗下的创新平台。通过前沿技术及广告人的创意嗅觉，把最新的 AR/VR/MR（Mix Reality，混合现实）全息投影等交互带入商业化应用，打破虚实边界，创造沉浸式体验。2017 年签约支付宝独立软件开发商（Independent Software Vendors，ISV），成为支付宝 AR 服务商。此后，品牌的支付宝 AR 项目即可通过 FANOX AR 后台制作上架。

FANOX 打破传统的营销模式，用新的技术和创意理念，完成媒介形式和内容的 AR 化，并进一步实现销售形式的 AR 化。突破时间和空间，让用户随时随地都能真切地体验到产品，体验从 2D 升级至 3D。依托 AI、全景球、陀螺仪、SLAM（Simultaneous Localization and Mapping，即时定位与地图构建）等黑科技，从营销创意出发，完美实现用户“与空间交互”“与产品交互”“与现实交互”的沉浸式 AR 体验。

品牌触达多样化升级

以创意为原生血液，用多元化的社交方式为客户带来流量与用户黏性；

用户体验从 2D 升向 3D

以科技为新生力量，用更富时代感的内容输出给市场带来视觉冲击；

构建以 AR 为主的营销生态

以支付宝为合作伙伴，秉承产品服务商家的先天基因，让创意触达用户、落地线下；FANOX 通过支付宝“万事万物皆可扫”的 AR 功能，以及支付、营销、卡券等功能接口，商家可以绕过繁复的媒介模式，直接通过产品包装、店面 Logo，或者任意一种品牌自带的标识，触达消费者。实现“品牌声量最大化”“销售导向清晰化”等终极营销目标。

代表案例

名称： 奥利奥 AR 赏金挑战赛

背景： 2018 年，奥利奥联合支付宝开启了 AR 游戏营销先河，给自身带来新定义为“AR+H5”的游戏者，如何突破去年佳绩，成为 2019 年品牌方的迫切需求。

目标： 用最前沿的黑科技打造奥利奥 AR2.0 升级体验，将品牌与消费者的交互实实在在地从 2018 年的 2D 升级到 3D。

策略： 让陪伴了几代人童年的“扭舔泡”随 AR 黑科技进行升级，延展出新的花式玩法，引发用户的共鸣。

创意： 以前的“扭舔泡”让奥利奥有了与众不同的定位，那么今天的“扭舔泡”就是我们升级 AR 黑科技，延伸花式玩法的最佳主角。

执行： 奥利奥已经不满足于初期的泛 AR 应用与交互，这次的“扭舔泡”小游戏利用 AR 黑科技领域最尖端的陀螺仪、全景球、SLAM、AI 技术，给用户以全新的 3D 游戏体验。

效果： 奥利奥 AR 赏金挑战赛总 PV（Page View，页面浏览量）：750 万以上；总 UV（Unit Visitor，独立访客）：670 万以上。支付宝蚂蚁庄园与奥利奥 AR 跳跳乐上线 1 个月 UV 达 2 500 万以上。

创新行动

脱离传统，定义广告新内涵

过去 AR/VR 技术大多只应用在电影和游戏领域，而 FANOX 则集合线上和线下的销售互动布局，领用新颖的“黑科技”手段，将 AR 技术植入广告营销，给消费者带来新奇互动性和沉浸感，用户参与的过程也是广告营销的过程，在体验中产生亲近感，加深品牌认知度。

构建以 AR 为主的营销生态

FANOX 以支付宝为合作伙伴，利用其稳定成熟的技术平台，通过 AR 黑科技领域最尖端的陀螺仪、全景球、SLAM、AI 技术，给用户以全新的 3D 游戏体验，让品牌取得更好的营销效果。

客户评价

奥利奥：

“静帧画面高级且美观，和品牌‘玩在一起’的理念一拍即合。游戏创意丰富，能够很快抓住我们想要向消费者传达的东西，并将其很好地执行出来。”

雪碧：

“活动流程清晰，对接人配合度高。将品牌形象制作成模型的还原度高，动画衔接流畅。”

46. 泛为科技

基础信息

成立时间： 2013 年
员工数量： 230 人
主要服务行业： 快消品、汽车、电商、金融、旅游等
主要服务客户： 美赞臣、必胜宅急送、奥迪、OPPO、强生、中信银行、京东、联想、长城汽车、吉祥航空、美利亚酒店等
类别： 营销媒介服务商、数字营销科技公司

核心竞争力

泛为科技是中国创新的数字营销技术公司，专注视频营销。目前拥有视频营销、移动营销、独家媒体整合营销、跨境营销四大主营业务。

泛为科技差异化地整合优质视频资源，为品牌广告主提供以“视频 +”策略为中心的一站式营销解决方案。通过系统化、智能化、数据化的投放方式，跨屏跨媒体跨内容打通各投放渠道，帮助品牌广告主更高效地管理传播专案、提升传播势能。

泛为科技与趣头条、米读小说、韩剧 TV 等多类别优质媒体达成品牌资源的独家代理合作，通过深入全面的媒体数据洞察、智能精准的消费者识别、互动有趣的整合营销策略，针对品牌主需求，结合媒体属性定制消费者触达方案，帮助品牌主更好地与全球消费者的沟通。

泛为科技通过旗下跨境营销平台“海纳互动”，利用其 Google、Facebook、Twitter 等多家全球主流媒体认证代理资格，以及在跨境新媒体营销、效果行销、数据分析范畴等优势，帮助更多的跨境合作伙伴成功打开海外市场，或者进入中国市场，真正链接中国与全球，链接广告与科技，实现有价值的增长。

泛为科技在数字营销领域取得突出成绩。自 2013 年成立以来，泛为科技成为爱奇艺、腾讯、优酷三大视频媒体第一梯队合作伙伴，2017 年实现亿级营业收入；2018 年独家代理趣头条、韩剧 TV 品牌资源，营收实现超越翻倍的增长；2019 年在深耕视频程序化、下沉市场、垂直营销领域的同时，又成为人人视频等核心媒体的代理商，再创新高。据统计，泛为科技共操盘项目 2 500 个，为快消品、汽车、电商、金融、旅游等超过 2 000 家知名品牌客户提供数字营销服务。

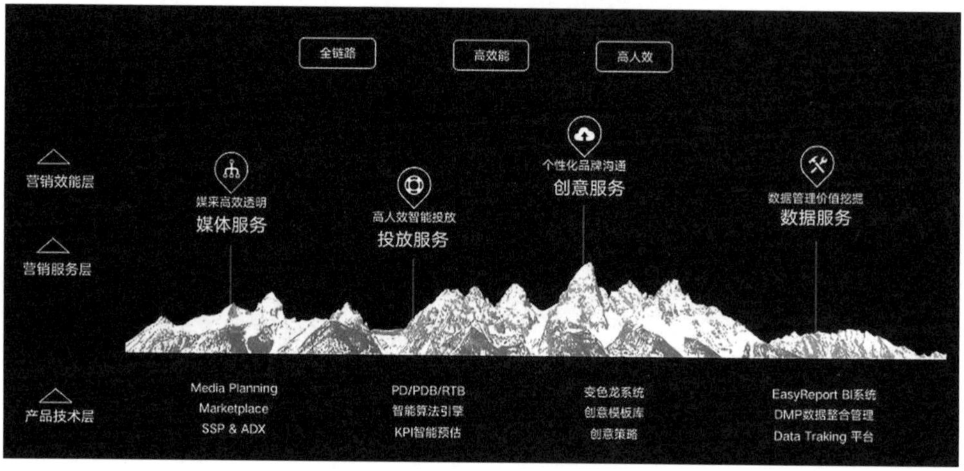

泛为科技 Martech 服务栈

2019 年泛为科技以更加务实的态度推动企业发展和数字营销服务的创新，在 Martech 上进行了很多创新与突破，切切实实去解决行业痛点，包括媒体服务、广告投放服务、智能创意服务、数据服务，研发了智慧决策系统、智能创意系统“变色龙”等，不仅提升营销效果，同时也显著改善人效，以最小的成本，实现最大的增长。

FancySMART 智能程序化投放平台

FancyDMP 交叉维度人群分析和数据管理平台

代表案例

名称： 美赞臣 OTV（Online TV，互联网电视）程序化投放

背景： 随着 85 后、90 后年轻一代的成长，已经是中国互联网主力消费群体的他们开始进入为人父母的人生阶段，生育理念、消费水平都已升级。作为互联网原住民，他们媒介接触习惯的改变，带来用户行为的全网碎片化，数据的来源、收集、整理等诸多因素的影响，让屏幕背后“人”的真实性存在诸多疑问。如何甄别出高质量的用户群体，同时匹配高质量的媒介渠道，对目标消费群体进行品牌沟通、品牌教育，让面对众多进口奶粉品牌选择权，且对婴儿奶粉来源敏感度高的新手父母，认识到“原装原罐”对安全性的保障。

方案： 1）受众定向精准锁定

想要高效触达定向目标人群，首先要从了解和挖掘广告主需求出发。荷兰铂金版原装原罐是美赞臣新推出的产品，它是针对 1—3 岁幼儿的配方型奶粉。优势在于不仅支持国际权威推荐 DHA 水平，核心卖点“原装原罐”更是“高品质奶粉”的标识。在本次推广中，品牌主想借助视频程序化营销，覆盖电脑与手机端，最大化触达以女性为主的中高端消费人群，实现品牌教育，提升品牌好感。基于对广告主需求的了解，泛为科技通过 FancyDMP，对自有 5 亿人群数据库进行交叉分析，对用户参与的社交话题、视频浏览记录、搜索行为等行为数据进行综合分析和挖掘，多维度锁定目标受众，可识别用户性别、年龄、地域，准确率达

90% 以上，辐射人群规模近 8 000 万人。

2）实时反馈动态优化

有了精准目标人群的定向，走出最关键的一步之后。在执行过程中，还需要根据实时反馈进行数据优化调整，对提高投放效果至关重要。本次推广中，泛为科技针对时段、媒体、素材等几方面制订更为精细化的执行策略：

- 时段优化：根据不同属性的用户媒介接触习惯，在工作日早高峰（7：30—9：00）、午休（12：00—14：00）、晚高峰（19：00—20：00）、周末晚间等这几个碎片化时段，根据不同人群属性，调整预算，在不同时间中消耗。
- 媒体优化：泛为科技拥有超过百亿的优质媒体流量，其中包括 50 亿网络视频流量。在第一阶段针对核心人群进行媒体测试投放后发现，目标用户在具有关联性的旅行游记、健康养生、游戏视频等内容点击及目标人群覆盖率效果较好，在进入第二阶段投放时，迭代一阶段有效曝光，扩大 cookie mapping（映射），加大在这些视频内容上的投放。
- 创意优化：强化突出产品卖点，吸引目标用户关注点击广告；并在投放过程中根据数据实时调整筛选。

创新行动

智能创意技术，提升营销效果

利用智能技术，实现海量创意批量制作，实时在线对广告创意内容进行智能制作和创意优化。

先进的高并发的技术架构，每日至少可处理 50 亿次创意优化，真正做到实时在线千人千面，可以帮助广告主投资回报率提升 30%—100%。

视频 VIP 会员触达技术，释放数据价值

泛为科技推出了视频 VIP 会员触达方案，先通过对会员人群与非会员人群体验路径差异的判断，将视频会员从用户池中识别出来。泛为科技拥有丰富优质的媒介资源，我们将会员人群生成一个视频 VIP 会员人群数据包，然后通过他们会产生触媒行为的媒介进行找回覆盖。

流量深耕新拓，提升品牌主投资回报率

泛为科技除拥有腾讯、爱奇艺、优酷、韩剧 TV、人人视频等多个优质视频媒体资源外，还与趣头条达成独家品牌资源的战略合作，利用“社交裂变”这不拘一格的玩法，以及泛为的数据、技术实力，将轻盈又好玩的激励广告价值在新兴市场得到释放，以帮助品牌主开拓下沉市场新流量阵地。

智能微信小程序，构建私域流量

通过媒体直跳小程序后，智能引导方式，帮助有构建私域流量意愿的客户，更加高效、智能、快速地进行用户引流。通过丰富的媒体资源优势，流量池广而深的优势，解决客户多元化的流量需求，从而构建私域流量，以获得转化。

47. 新片场

新片场

基础信息

成立时间：2012 年

员工数量：358 人

主要服务行业：新媒体影视作品的出品制作、传播发行及衍生业务

主要服务客户：爱奇艺、腾讯视频、优酷、抖音、人民日报、京东、天猫、玉兰油（OLAY）等

类别：商业化媒体

核心竞争力

新片场成立于 2012 年，专注影视创作人社区。多年来一直专注新一代创作人才的挖掘和扶植。截至 2019 年年底，新片场社区用户遍布 40 个国家和地区，注册用户超过 160 万。此外，社区还推出“新片场学院”“新片场素材”板块。

新片场影业依托社区而成立，专注网络电影、网络剧等在线付费内容的出品与发行。在 2019 年凭借《鬼吹灯之巫峡棺山》《至尊先生》《狼群行动》《火海营救》等多部高品质作品，在爱奇艺年度分账榜单中拔得头筹。

新片场短视频作为国内最大的 MCN 之一，专注短视频内容的生产与传播，目前拥有超过 20 个短视频内容品牌，签约超过 150 位红人创作者。并联合西瓜视频、企鹅号等短视频平台合作研发微剧微综艺等内容。

竞争优势

在新媒体影视内容方面公司加强内部内容审核制度建设，从源头上严格把控作品的内容品质。

在自制短视频栏目及网络电影方面，要求作品必须在迎合传播平台和广大消费者的偏好基础上不断创新。公司加大在数据挖掘和数据分析方面的技术投入，搜集、统计和分析影片的各项数据，精准设定和校准新媒体影视内容的创作方向，以“尊重市场”为原则，以数据算法和用户画像分析指导内容创作。

在内容制作、品牌运营、人才储备、资本运作、团队建设等方面不断提升公司的核心竞争力，通过与完美世界影视等影视行业翘楚结

成战略联盟，储备多个优秀系列影视内容 IP，实现资源互补，产生协同效应，助力公司快速发展。

已建立了和全网多家视频网站平台的良好业务合作，避免过分依赖某单个平台而造成的收入单一风险。公司在短视频广告营销方面加大投入，积极拓展品牌客户销售渠道，减轻客户集中度高的风险。

代表案例

名称： 新片场营销——京东 818“超能星机队”内容营销

背景： 此次项目为第十五届“京东 818 手机节”电商营销，“818”是京东通讯 S 级战略项目之一，手机作为京东旗下重点品类，营销必然为重中之重。

目标： 协助京东手机通讯顺利承载面对企业与面对消费者的双重意义，持续打造手机通讯“818 购机攻略”概念带动线上销售，同时专注“内容专业度”制造内容，强化用户认知，占领用户心智。

策略： 在“8 · 18”这个自带“网红”感的节日里，京东手机特邀了 7 位不同领域的跨界玩咖，集结科技、运动、旅行、极限、科普、游戏、摄影等不同领域的深度内容共创，并于各大短视频平台、新媒体平台进行宣发。站外多点击破之外，所有宣发内容都在站内落地、承接流量。不仅在“8 · 18”手机节内容会场、京东私域、京东视频等多个频道同时上线“818 手机节”的内容，还结合京东 App 首页下拉的视频问答创新玩法，基于京东手机大数据锁定精准用户人群，用一套漂亮的营销组合拳，将流量握在手里、实现“好看又能打”的种草转化。同时，京东手机更在行业精准科技媒体——数字尾巴上设立分会场，以 PGC 文章为引导，结合“上半年新机扒一扒”“做个硬核玩家”“5G”等相关热点话题引发用户热烈讨论，以专业生产内容带动用户原创内容，释放话题影响力，让消费者各寻所爱，各有所聊。

创意： 打造“超能星机队”，达人形象 IP 化；“做个硬核玩家”内容共创跨平台种草；“5G 追踪”超硬核视频，专业性强输出。

效果： 覆盖两微一抖，7 大共创内容 44 位自媒体 KOL 参与话题互动。截至 8 月 23 日，站外总曝光量高达 1.6 亿，视频播放量 2 450.2 万；“做个硬核玩家”话题阅读量：8 248.7 万，互动总量：21.9 万，整体站外用户口碑反映好，形成良好的互动氛围。

创新行动

1）新片场影业在网络电影工业化上进行了一系列的探索，包括：

- 网络电影的标准。视频平台对于网络电影做出了定义，这对于发行方来说起到很好的指导作用；其次是数据的公开透明；再者是内容的标准。
- 做量化，以新片场发行的一部作品为例，内容方可以看到这部影片从第一分钟到最后一分钟用户的收看指数。视频平台的播放数据，包括观看人次都是公开可查询的，所以可以针对影片的点击量做一定的分析比较。
- 可复制。虽然网络是一个新兴事物，但是也在积极不断地向院线电影的水平靠近。在做内容创作的时候，也会引入一些好莱坞、院线电影的剧作方法。
- 成规模。组织形式扁平化，做到快速地响应和规模化的生产。再者就是众创，如新片场在 2019 年上线的《这里是中国》就是一部众创作品。最后是教育，新片场作为国内最大的影视创作人社区，通过线上影视教育和线下影视培训相结合，挖掘培养人才。

2）新片场学院是中国影视行业在线教育平台，是系统影视全领域学习平台。涵盖了 16—40 岁影视相关人员的学习内容，从应试艺术考试、影视相关研究生学习直至从业人员的影视专业技能，知识内容应有尽有，在线教育行业内最系统的影视人才成长平台。目前已有近十万影视爱好者加入新片场学院学习。新片场学院独创的在线闯关的系统学习模式，让学员在线上以闯关的形式，完成从零基础到职业人的转变。解决了很多学生因为地域因为时间，不能脱产到培训机构系统学习的核心痛点，并且还大幅地提高了学生的学习效率，外加线上协作项目实战，真正地解决了就业问题。

3）新片场素材库和全球知名多媒体素材库 POND5 达成战略合作，新片场社区目前已拥有超百万忠实用户，作为创意作品展示平台，我们也在积极探索新的业务方向，以更好地服务客户。

客户评价

新片场社区创作人：

“新片场素材交易平台通过引入国内外正版视频音频素材库，按照新片场素材交易规则分类整理上架，为我方提供包括素材供应、甄选服务、专业授权、价金支付、发票申请到版权保护的全流程服务。”

新片场营销客户：

“目前合作看来，新片场营销团队的执行力和策划能力都是业内最好的策划和执行团队。他们可以深入地了解到我们品牌方的最深诉求，站在品牌方的角度，提出对品牌方最好的方案，以最优的状态完成执行。在传播的过程中，也以对市场深刻的了解角度下，精准化的营销推广，给我们品牌方带来最大的曝光量。”

48. 优盟

基础信息

成立时间：2009 年

员工数量：315 人

主要服务行业：食品、日用品、药品、工业、旅游业、服饰、奢侈品

主要服务客户：艾克森美孚、统一、强生、好时、澳大利亚旅游局、香格里拉酒店集团、美国运通、美泰等

类别：营销媒介服务商

核心竞争力

我们相信更好的科学与创意结合，将为客户创造更好的传播效果。我们发挥商业分析及实时数据智能的巨大力量，为客户实现科学优化，并通过提供与媒介相关的创意优化助力品牌的发展：

更科学的业务分析及消费者洞察：集中在数据和技术的融合，继续加强以受众为核心的消费者数据平台来更好指导媒介策划及购买服务。

更科学的媒介传播策划：通过数据及策略来增强以“情境”驱动的传播活动，

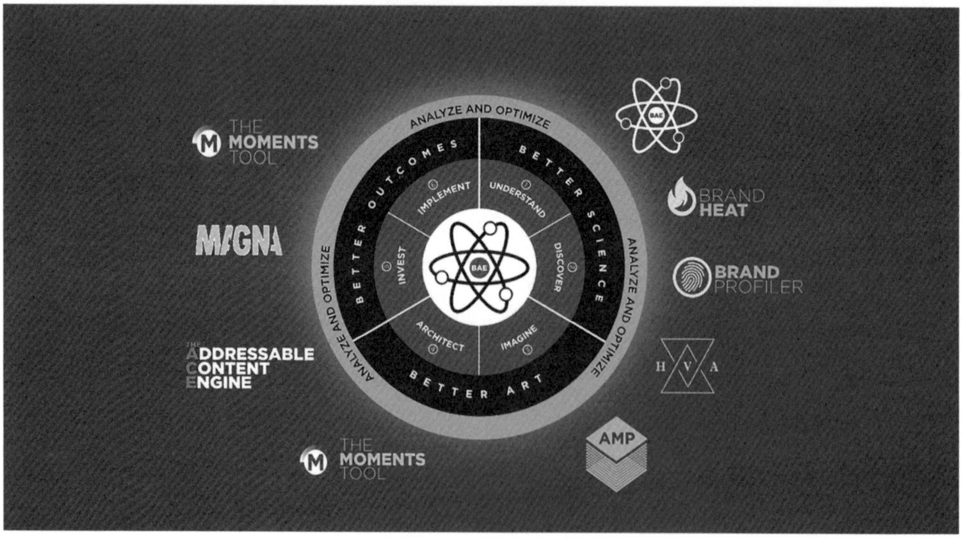

优盟的策划与执行流程

创造更个人化的传播路径及传播内容。

更科学的效果衡量及优化：在建立更自动化衡量及优化平台的基础上，深耕媒介优化工具的开发及应用。

核心产品

商业分析引擎（Business Analysis Engine，以下简称 BAE）：利用先进的模型分析方法论，帮助品牌理解媒介、市场和业务之间的关系。BAE 深入我们策划流程的方方面面，从而确保数据解决方案是我们的核心工作。主要的产出结果有：帮助分配跨品牌市场预算、跨地域市场预算、不同媒介的预算花费分配，以及预测对销量的产出贡献比等。

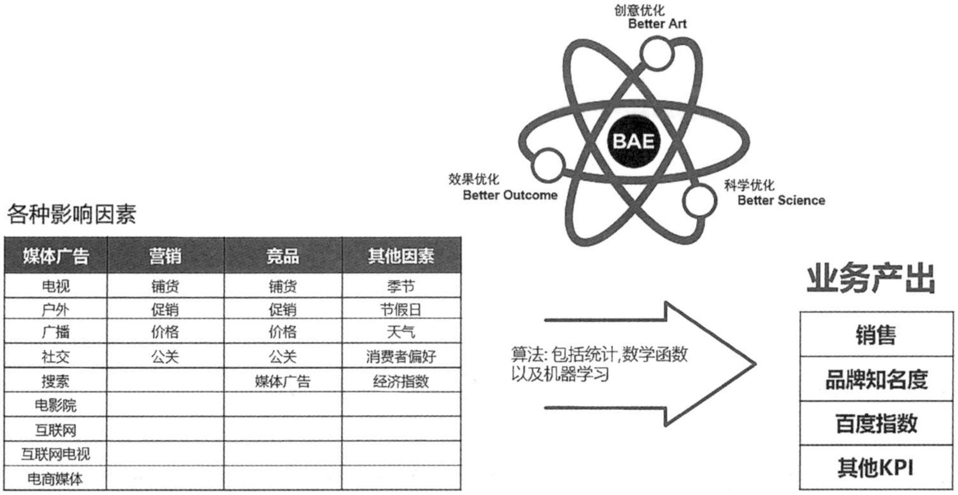

媒体广告	营销	竞品	其他因素
电视	铺货	铺货	季节
户外	促销	促销	节假日
广播	价格	价格	天气
社交	公关	公关	消费者偏好
搜索		媒体广告	经济指数
电影院			
互联网			
互联网电视			
电商媒体			

商业分析引擎（BAE）

目标受众管理平台（Audience Management Platform，以下简称 AMP）：结合连通了线上线下数据，以人为核心基础建立的数据库，由盟博媒介策划集团所建立，对旗下各公司开放独一无二的数据配置可扩展和私有化的人群数据管理平台。利用机器学习和人工智能，高度提升人群定向精准度。

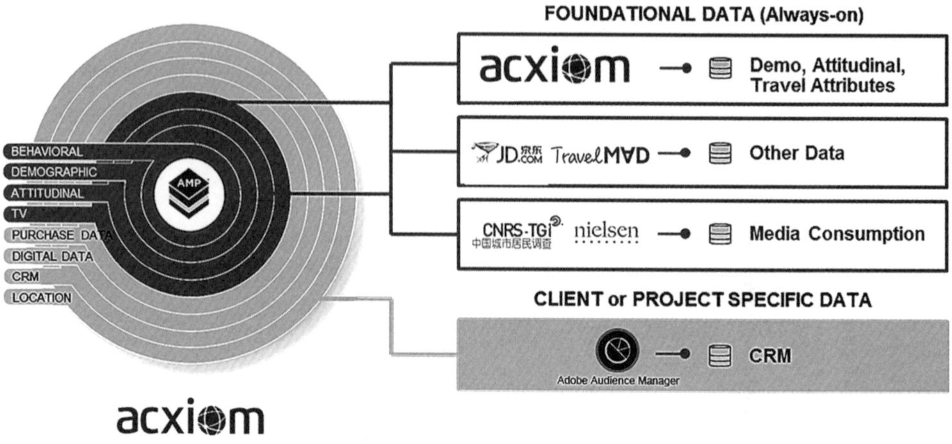

目标受众管理平台（AMP）

全媒体策划系统（THE MOMENTS TOOL）将商业和市场营销目标转换为沟通目标，确定最有效的沟通渠道，基于给定的预算和时间周期进行方案优化，以实现最大的影响力／知名度。

优盟内容工作室（UM Studios）：通过数据赋能，使个人化内容成为可能。我们利用独有的数据驱动内容产品（Addressable Content Engine，简称 ACE），为优盟的客户——澳大利亚旅游局和桃丝熊，实现了点击率成倍的增长。

MOMENTS工具可在策划流程的各环节协助媒介策划工作

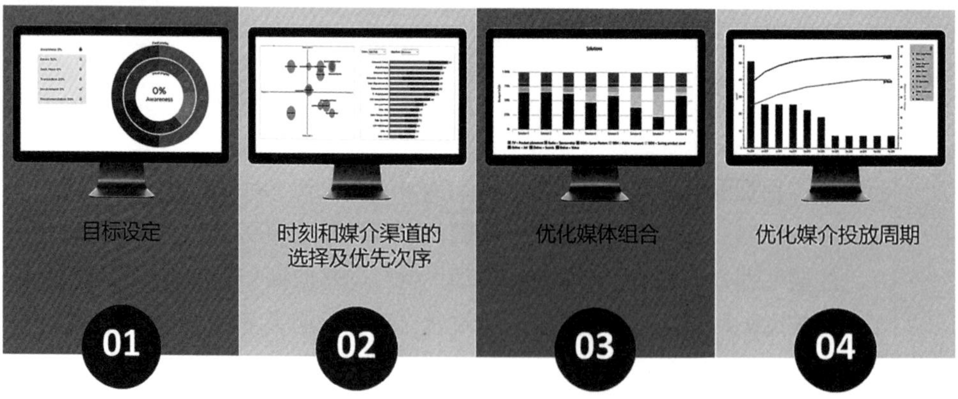

全媒体策划系统

代表案例

名称： 澳大利亚旅游局——探索“道不尽的澳大利亚”

背景： 随着高价值游客出境游的经验愈加丰富，悉尼、墨尔本和黄金海岸这些传统的热门景点对于他们来说已经显得不够新潮和时尚，因此缺乏立刻出行的动力，他们不再满足于走马观花的打卡，目的地的新奇和稀有性才是他们最想立刻体验的。

目标： 给高价值游客展现和“种草”更多澳大利亚新奇、潮酷的体验和目的地，提升品牌的话题讨论度，让他们主动参与并分享；精准触及高价值游客的兴趣点，提升澳大利亚标志性目的地以外的旅游产品搜索量和订单量。

策略： 精准定位高价值游客的兴趣焦点，多维度深层次地展现澳大利亚鲜为人知的目的地和别出心裁的旅行体验，提高社交讨论度，扭转传统认知，激发更多高价值游客玩得更深玩得更广。

创意： 挖掘人群兴趣关注点——萌宠派和风光咖，量身定制投放策略和动态创意。

执行： 和旅游平台马蜂窝深入合作，利用官方攻略和达人游记种草，通过线上画报、线下分享并联动马蜂窝的电商平台进一步促进出行；研发一体化视觉体验，配合户外动感灯箱流动画面技术，更立体展现澳大利亚新奇时尚的美景；在社交平台上以“太 _____ 啦！”等开放式命题，激发大家来共同描绘新奇独特的美景和体验，分享引发热议。

效果： 线上线下曝光人次比预计提升 23%；微博“道不尽的澳大利亚”话题近 1 亿阅读量；“太 _____ 啦”互动 H5 用户参与比预计提升 56%；马蜂窝攻略游记阅读量比预计提升 90%；澳大利亚旅游局官网浏览量也比预计提升了 24%。

创新行动

数据驱动的咨询解决方案

以商业分析引擎（BAE）为基础，通过持续建立集团级别的线上合作伙伴（京东九数、阿里妈妈）及线下合作伙伴（述源传媒、京东钼媒等），持续整合并打通线上线下的数据和效果，并以此开发了一系列咨询解决方案，赢得了新的咨询类客户。

数据驱动的个人化创意内容

通过数据赋能使个人化内容成为可能。利用优盟内容工作室（UM Studios）独有的数据驱动内容产品（ACE），持续结合天时、地利、人和的数据，创作、分发并优化高度个人化广告信息和内容，并为客户带来至少 300% 的点击转化率提升。

持续发掘并引领未来的中国媒介趋势

中国团队与全球及亚太的 IPG 媒介实验室（IPG Media Lab）进行紧密合作，每年针对性地研究中国的 3—5 个新兴媒介趋势，并结合独有的创新营销模型（90/9/1）找到可能的品牌营销解决方案特别是快速迭代的行业，这样的前瞻性研究和解决方案也为优盟赢得了领先的互联网品牌——小猪短租和美团等业务。

客户评价

澳大利亚旅游局：

“优盟的服务团队对于我们的生意有极大的帮助。他们有持续不断的创新想法和敏锐的洞察力，且有很强的能力提升我们的媒体策略。优盟服务的重要价值在于，他们勇于突破媒介沟通的界限，为我们的媒介投放带来源源不断的新亮点。”

强生：

“优盟 J3 团队能敏锐地捕捉到关键的商业洞察，因此他们能为品牌在中国的发展提供一个合适的媒介解决方案。J3 团队也拥有一个强大的区域策略团队作为后盾，区域策略团队能在整合沟通策划方案上，有效助力中国策划团队和强生品牌。”

49. 纸箱哥

基础信息

成立时间： 2015 年

员工数量： 100 人以上

主要服务行业： 母婴、食品饮料、金融服务、汽车、美妆、在线教育等

主要服务客户： 银联、宝马、卡夫、网易、福特、CJ、建设银行、小蓝象等

平均服务时长： 6 个月以上

类别： 营销媒介服务商

核心竞争力

大数据： 累计服务 100 万家以上电商商家。覆盖 5 亿网民，500 亿个纸箱包裹广告。

精准触达目标人群： 累计 3 000 个细分行业画像。

丰富的投放渠道： 与淘宝 / 天猫卖家、京东、斑马会员等电商平台以及全网快递企业都已达成战略合作。

众多主流品牌的认可： 如中国银联、卡夫、宝马、福特、强生、腾讯视频、老板电器、中国建设银行等大品牌案例。

获得行业众多奖项： 如 2017 年金触点社会化与粉丝营销类金奖、2017 年亿邦未来零售大会“智能商业创新奖”、2018 年 7 月，荣获麒麟奖“创新场景类”铜奖、2018 年 12 月，荣获金触点最具创新类商业模式奖等。

代表案例

名称： 小厨狐萌萌包裹广告营销方案

背景： 消费者越来越重视对下一代子女的培育。在婴幼儿食品方面，妈妈们对产品的营养卫生要求也越来越高。小孩子希望零食能够尽可能地好吃。品牌 IP 越来越被消费者所看重。雀巢上线期下新品“小厨狐萌萌”，通

过包裹广告营销进行新品传播。

目标： 品牌精准曝光；传播 IP 故事；增加消费者互动。

策略： 通过本次营销，传播雀巢旗下新品上市。突出狐萌萌从父母和他们的关注点出发，打造“健康又好吃的儿童零食”理念。通过包裹广告营销，促进家长与亲子的互动，呼吁家长关注儿童健康、体能，给孩子们带来无限童年乐趣。

创意： 筛选定位妈妈人群进行包裹广告投放，确保广告信息精准到达目标用户群体。通过公众号点读、IP 游戏、IP 玩偶等形式，增强消费者和品牌间的互动，加强消费者的参与度。

执行： DM（Direct Mail Advertising，直邮广告 / 直投杂志广告）单以包裹进行广告投放，品牌 KOC 向消费者传播品牌信息，间接促进消费者购买产品。

效果： 新品上线曝光量达 800 万以上。

创新行动

1）项目亮点：覆盖淘宝、京东、有赞、斑马会员等各大电商平台包裹媒介资源。可触达千万级优质宝妈 KOC 人群，覆盖 5 亿网购人群。

- 场景：拆包裹，是网购必达的场景。到达率 99%，扫码率高达 10%—20%。
- 人群：电商包裹触达的人群，网购习惯强、消费能力高，是互联网公司和品牌的核心消费人群。
- 数据：我们通过分析消费者购物行为，帮助品牌方触达精准目标用户。

2）创新作用：

- 更低的获客成本：通过电商卖家包裹广告位的展示，能降低品牌主的获客成本。
- 赋能品牌主的同时，也给广告投放点位赋能。联动电商品牌与品牌主的互动传播，促成创新联合营销。

- 提升消费者互动感：通过创新的互动模式，扫码、刮刮卡、拼车模改造等形式，促成消费者对品牌主的认知、分享。

客户评价

小蓝象：

“和纸箱哥的合作，主要看中了包裹广告的‘场景化’和‘精准化’，我们通过母婴包裹，把品牌信息传递给精准妈妈人群，对品牌的精准曝光，提供了精准的流量通道。”

卡夫：

“网购，是趋势。通过一系列的包裹广告营销，对卡夫新品传播、事件营销造势，与网购年轻消费者的互动更强，更容易传播。”

六、电商营销服务商

50. 凯淳

基础信息

成立时间： 2008 年

员工数量： 1 700 人

主要服务行业： 航空、汽车、快速消费品、轻奢、饰品、美妆、母婴、食品、服饰、零售、银行等

主要服务客户： 东方航空、上汽通用、联合利华、施华洛世奇、双立人、欧莱雅集团、皮尔法伯集团、路威酩轩集团、百胜中国、金佰利、美素佳儿、Superdry、屈臣氏、兴业银行等

平均服务时长： 10 年

类别： 电子商务服务、电商整合营销、客户关系管理、客户服务中心

核心竞争力

在做好服务的同时，始终坚持以品牌思维为主轴，建立从销售→营销→运营全服务理念，提供电商、EIM（E-Commerce Integrated Marketing，电子商务整合营销）、CRM、数据、分析、会员忠诚度、客服、物流等的全价值链企业服务，是赋能品牌从 0 到 MAX（最大化）的全价值链全渠道企业服务独角兽。

其中，电子商务服务，提供基于品牌的综合全渠道服务，专注为知名企业提供 B2C 运营服务支持，跨境联动服务与销量并行；电商整合营销，做到比 4A 更懂电商，比传统电商代运营更懂营销，不仅提供数字营销、社会化营销、线下活

动公关和站外推广，同时涵盖从消费者洞察到内容创意的电商全渠道营销解决方案；客户关系管理，通过大数据分析和消费者洞察为品牌提供商业资讯及定制化全渠道 CRM 战略解决方案，包含策略与咨询、数据分析与商业智能、运营管理、IT 系统等一站式服务；客户服务中心，具备高效的 COPC（Customer Operations Performance Center，客户服务绩效管理系统）、4PS（4PS Contact Center International Standard Organization Limited，4PS 联络中心国际标准）等运营管理能力、ISO27001 管理体系及创新的人工智能管理能力，一站式全流程全渠道全平台的综合型服务中心。

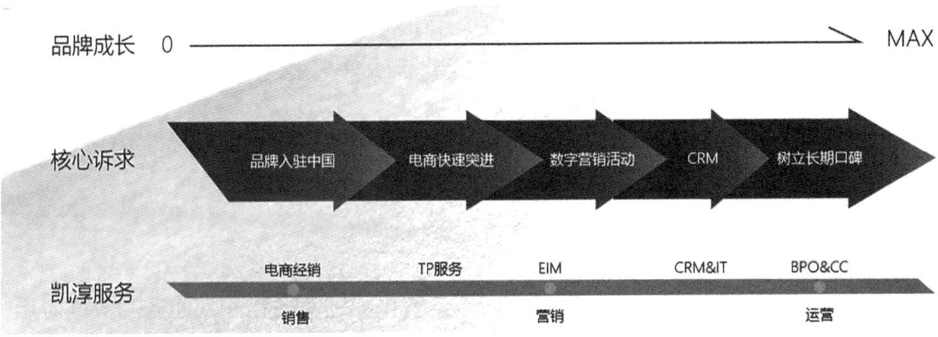

凯淳赋能品牌从 0 到 Max

代表案例

名称： COSTA“杯杯讲究如你所愿”圣诞积杯数据营销案例

背景： 基于提升会员体验、提高会员消费贡献的目的，开展精准的营销活动，进一步强化会员与品牌黏性，并促动会员到店消费和线上线下互动。

创意： 根据会员大数据界定不同消费行为会员的频次提升目标：积杯奖励目标分别为 3 杯（低频客）/6 杯（中频客）/9 杯（高频客）；合理的措施提醒复购，预防活动战线过长引起的参与者流失。

精准筛选沟通人群，提高销售转化。

丰富积杯玩法：引入好友邀请机制达成招募裂变，响应新会员招募指标。根据历史会员消费数据及行业经验预测礼品库存量，并精准分配资源至全国 220 多家线下门店，确保会员礼品兑换顺畅且避免资源浪费。

执行： 活动机制：结合品牌季度主题“杯杯讲究如你所愿”，规划会员圣诞季积杯活动；

多维度细分精准沟通：按照活跃会员历史行为细分沟通人群，充分利用自媒体和短彩渠道，多渠道分时段沟通活动信息，持续提升活动热度。门店台卡、会员中心、最新活动、公众号推文、微信导航栏、短信彩信多渠道全方位联动沟通。

效果： 双周会员消费频次较控制组频次提高 4%。活动期间会员消费 3/6/9 次的占比较活动前分别提升 1%、8%、6%；

各组沟通人群响应率较控制组均有提高，高至 2.1 个百分点。

活动期间累计招募会员较去年同期活动增长 28.8%，总体会员销售贡献较去年同期活动增长 68.1%。

创新行动

品牌在经营中积累了大量数据，但缺乏系统化数据管理和深入业务的数据应用，面对越来越严重的市场挑战和增长压力，该如何激发数据的价值，克服挑战，保持增长？凯淳通过逾 10 年的运营，创新研制而出的高效解决方案 KAYNETICS IT 能够有效地帮助品牌解决这一难题。

目前，KAYNETICS IT 解决方案已经在餐饮、美妆、宠物、母婴、轻奢、航空、消费电子、耐用品等行业得到充分的应用，积累了丰富的经验，多行业触达且合作时间不少于 3 年，这充分体现了凯淳 KAYNETICS IT 解决方案高效成熟。

凯淳顺应时代所趋，拥抱新兴技术，自动智能化运营，其中应用的核心是全生命周期的数据资产整合应用，能够快速集成品牌一方数据（天猫、京东、官网、微信、社交媒体、客服中心、App 等）、内部系统（SAP、ERP 等）、线下门店数据、第三方合作数据等所有消费者相关数据，为品牌搭建消费者标签体系、数据分析洞察、数据模型设计、业务场景应用、全域数据监控等。凯淳目前已实现全渠道消费者触达，品牌与经销商、门店、消费者四方形成数字化互联、实时互通，最终实现品牌在消费者基数、忠诚度、活跃度、贡献等多维度以几何级效应复合型成长，端到端助力品牌完成整个消费者运营过程和结果。

客户评价

联合利华：

“感谢凯淳团队多年合作以及‘双 11’期间的辛苦付出，为联合利华店铺以及力士店铺的销量以及运营做出了重大的贡献，未来请继续推进两家店的生意，期待更多更好的合作。”

东方航空：

“感谢凯淳团队十年来的精诚合作与辛苦付出，为东航数以万计的旅客提供优质服务，让我们共同携手打造顾客首选、股东满意、社会信任的世界一流航空公司！”

致 谢

这是胖鲸发起关于“品牌拍档 20 | 50”研究的第一年。在前期筹备时，我们的内心是忐忑的，不确定是否能得到足够充分的行业伙伴支持并搜集到足够丰富的营销代理商资料。而事实是，在历时大半年的研究过程中，众多行业伙伴积极贡献了宝贵的信息与经验，在此谨代表胖鲸团队对所有参与和支持这份研究的行业伙伴表示由衷感谢。

首先，感谢所有提交了评估材料的营销代理商。在评估材料中包含大量与营收相关的经营数据、核心竞争力与解决方案的珍贵信息，感谢你们的信任，将珍贵的数据与信息交予我们。同时，还要感谢百忙之中抽出时间与我们深度分享思考与实践经验的营销人们。他们是来自马马也、欧唯特、宝尊电商、蓝色光标数字营销机构、华扬联众、利欧数字、久其数字、群邑、传立媒体、秒针、安客诚等营销代理公司的高层管理者及业务精英，以及来自联合利华、网易、锐澳、复星集团、Superdry 等品牌方的高层管理者和业务精英。感谢你们的无私分享，相信你们的实践与理念将继续引领行业的进步方向。

还需澄清的是，因未及时提交材料或涉及商业机密等因素，以及名额限制，有一部分优秀的公司未能出现在今年“品牌拍档 20 | 50”的名单中，这是今年的研究中最大的遗憾。期待在未来的研究中，能够有更多优秀行业伙伴的加入。

最后，这份研究原本计划在原定 2020 年 3 月举办的“2020 上海国际广告节”上发表，但因为新冠疫情的影响，线下的发布被推迟。在这个非常时期，很多企业都遭受了不同程度的冲击，也让整个营销代理行业陷入低迷。但同时，我们也看到大量在危机中的坚守与探索，新的机会在被挖掘、新的解决方案在被尝试。相信阴霾会过去，也希望在这个非常时期的蛰伏，让大量转型中的品牌主、代理商以及营销人更好地厘清自身价值，为更稳的起飞做好准备。

再次感谢参与这份研究以及在研究过程中为我们提供帮助的行业伙伴们，是你们的参与和分享，成就了这份研究的价值。